Korean SW
세계가 무대다

남영호 저

脫 해외제품 중국시장
SW 종주국 미국시장
무결점 요구 일본시장

창민사

머리말

본인이 한국소프트웨어진흥원의 해외협력단장으로 일하던 2001년의 일이다. 당시 한창 뻗어 나가는 게임개발사들을 위하여 정부로부터 글로벌 퍼블리싱 육성 정책을 세우라는 요청을 받았다. 정보통신부의 관계자는 이 사업을 위하여 정부 예산 200억 원을 따로 떼어놓았으니, 이 예산으로 글로벌 유통 기업의 신규 설립도 검토하라는 의견을 덧붙였다.

그런데 조사를 하면 할수록 신규 설립은커녕 글로벌 퍼블리싱에 참여하는 것이 불가능하다는 결론에 도달하였다. Electronic Arts와 같은 해외 굴지의 퍼블리셔들이 이미 세계 시장을 장악하고 있었으며, 이들을 통하지 않고는 현실적으로 글로벌 유통이 불가능하였다. 이들만의 리그 속에서 우리 게임을 위한 유통 기업이 활동할 수 있다면 기적에 가까운 일이었다.

그런데 몇 년 지나지 않아서 기적이 일어났다. 게임 유통 패러다임이 바뀌었고 글로벌 퍼블리싱도 재편이 되었다. 기존의 PC게임, Video게임과 유통방식이 전혀 다른 온라인 게임이라는 장르가 새로이 탄생한 것이고, 우리가 종주국이 된 것이다. 자연스럽게 새로운 게임 시장에 넥슨, NCsoft와 같은 우리의 퍼블리싱 기업이 하나둘씩 생겨나서 현재와 같이 세계적인 온라인게임 퍼블리싱 기업이 되었고, 자연스럽게 게임 생태계가 이루어진 것이다.

우리나라의 SW산업의 생태계는 한마디로 엉망이다.

국산 SW제품을 유통하는 제대로 된 판매채널은 거의 없다. 즉, 개발한 기업이 판매까지 해야 되는 실정이다. 개발사마다 영업조직을 갖고 있고 고객과 각개 전투를 하고 있다. 개발자는 소위, 월화수목금,금,금에 허덕인다. 이러하니 누가 개발자를 자원하겠는가? 개발하는 방식도 글로벌 스탠다드를 따르는 업체는 거의 없다. 오죽하면 스파게티코드라고 칭하겠는가?

SW기업의 오너들은 자식에게 물려줄 수도 없는 중소기업을 꽉 잡고 있다. SW제품의 판매 트랜드가 SaaS로 바뀌어 가는데도 정신을 안 차리고 있다. 해외 진출을 희망하면서도 글로벌 마인드를 갖지 못하고 있다. 충분한 자금이 있어야 해외 진출이 가능한데도 구멍가게식 운영을 지속하고 있다. 기업간의 전략적인 제휴와 M&A를 통하여 기업을 키워야 함에도 모두 자기 자리를 차지하고 움직이려 하지 않는다.

우리나라 SW산업에도 온라인 게임과 같은 기적이 일어나기를 기대하고 있지만 일말의 기미도 보이지 않고 있다. 엉망인 SW산업 생태계 중에서도 가장 심각한 구조적 문제점은 유통채널의 미발달이다. SW기업은 라이선스 장사이고, 유지보수 장사이다. 일단 개발에 성공하고 제품화가 완성된 이후부터는 30~40%의 영업이익률이 나와야 누적 손익분기가 가능하고, 후속 제품 개발전쟁에 들어갈 실탄을 보충할 수 있는 것이다. 이러한 선순환을 가능하게 하는 것이 유통채널의 역할이다. 옥석을 가리고, 대박이 나는 제품을 탄생시킬 수 있는 채널이 있어야 개발사들이 편안히 좋은 제품, 필요한 제품, 그리고 甲질을 안 당할 수 있는 제품을 만들 수 있다.

게임산업도 문제는 많지만 대작이 나오면 좋은 퍼블리셔가 달려들어서 글로벌 퍼블리싱으로 돌입한다. 일인칭 총싸움 게임인 *스페셜포스*를 글로벌 퍼블리싱한 피망이 있었고, 이에 대항마로 개발된 *서든어택*의 퍼블리셔 넥슨이 있었기에 드래곤플라이, 게임하이와 같은 대박 개발사가 탄생한 것이다.

업계에서는 Korean SW의 미래에 대한 비관적인 견해가 너무나도 팽배해 있다. 오라클, IBM, SAP이라는 골리앗에 대항하는 다윗들이 나타나야 하는데 그런 분위기가 전혀 아니다. 인터뷰 과정에서 자조적인 견해를 자주 들을 수 있었다. *개발력이 약한데 어떻게 글로벌 기업으로의 변신이 가능하겠냐? 불을 피우려면 장작이 있어야 하는데 우리의 개발인력으로는 불쏘시개도 안 된다, 실리콘밸리와 같은 생태계가 구축되지 않는 한 제값 받기는 글렀다* 등등 비관적 견해들이다. 본인의 낙관론은 이러한 비판에 부딪혀서 몇 번이나 좌초했는지 모른다.

맞다. 본인도 동의할 수밖에 없는 견해이다.

SW개발에 불이 안 붙는다. SW판매에는 한국의 전형적인 거래 문화인 "갑", "을" 간의 계약 형태와 이에 따른 甲질이 대세이다. 甲인 고객은 자신만의 커스터마이제이션을 요청하고 개발사는 이를 거절하기가 힘들다. 개발자들은 3D산업의 함정 속에서 체념하고 빨리 관리자로 올라가기를 바라고 있다. SW기업 창업자들은 기업을 움켜쥐고 은퇴가 없는 자기만의 아성을 쌓고 있다. 정부는 애꿎은 IT서비스 기업들만 주리를 틀고 있다. 중국 정부와 같이 해외 기업을 초토화시키는 초강력 정책을 쓰지 못 할 바에는 공공기관 발주라도 확실히 책임지는 것이 더 나을 것 같다.

현재의 우리의 SW산업이 과거의 양복점 산업과 유사하다. 20년 전까지지 그 잘나가던 양복점들은 모두 어디로 갔는지 모르겠다. 브랜드 양복의 생태계에 밀려서 구석 변두리로 밀려나갔다. 우리의 SW기업들이 해외 메이저들에게 밀려나가고 있다. 세계적으로 SW 개발 산업을 가진 국가는 몇 안 된다. 미국의 실리콘밸리 출신 기업들의 글로벌 유통망에 하나둘씩 넘어가서 우리나라와 중국 정도가 악전고투하면서 싸우고 있는 실정이다.

우리나라의 시장은 자급자족하기에 너무 작다.

글로벌로 나가서 시장을 키워야 하는 당위성을 가지고 있지만, SW기업의 글로벌화에는 이보다 더 큰 이유가 있다. 글로벌 시장 경험은 우리 SW산업의 생태계를 재건하는데 일익을 할 것이다. 해외 시장에서 성공한 기업이 금의환향한다면 생태계 재건이 가능할 것이다. 국산제품이 글로벌 시장에서 제대로 대접을 받는다면 국내 고객에게 甲질을 당할 리가 없다. 아무리 국내 시장에서 고객의 甲질이 횡행해도, 글로벌에서 인기있는 국산 제품 앞에서는 고객이 乙이 될 수밖에 없다.

본서에서는 불을 잘 피우는 데에 필요한 불쏘시개와 장작을 준비하는 것, 즉 개발인력을 공급하고, 기술수준을 올리는 것에 대해서는 다루지 못 하였다. 본인의 능력 밖의 일이기도 하지만, 동시에 굴뚝의 능력에 대한 강한 신념 때문이기도 하다. 불을 잘 피우기 위해서는 불이 잘 빠질 수 있는 굴뚝이 더 중요하다고 생각한다. 굴뚝이 잘 서면 불쏘시개들은 제 몸을 던져서 불사를 것이라고 믿는다. 여자 프로 골퍼들이 증명을 하고 있다. TV 골프경기에서 심심치 않게 아무개 3, 아무개 4들이 나온다. 얼마나 많은 여자 골퍼들이 프로 등록을 하면 같은 이름 가진 골퍼가 3명, 4명이 나오겠는가?

우리나라 국민들의 쏠림 현상은 대단하다. 이 쏠림 현상은 단순히 쏠림 현상으로 끝나지 않고 대박을 터뜨리는 산업 기반을 제공할 수 있다. 만약 세계시장에서 성공하고 금의환향하는 기업이 하나둘씩 생겨난다면, 생태계가 회복될 것이라고 믿는다. 글로벌에서 받는 수준의 제값(?)을 받을 것이고, 유지보수율도 15% 이상 될 것이다. 해외 시장에서 성공한 우리나라 SW기업들이 우리의 산업생태계를 리드할 것이고, 국내 시장도 국내외 기업들의 공정한 경쟁 시장으로 바뀌어 갈 것이다. 하나둘씩 나타나는 글로벌 진출의 성공신화가 우리 SW 생태계의 굴뚝 역할을 할 것이고, 수많은 불쏘시개가 그들의 몸을 불사를 것이다. 본인은 SW산업에서도 기적이 나타날 수 있다고 확신을 한다.

그래서 Korean SW, 세계가 무대다.

2007년도에 처음으로 우리 SW기업의 해외진출 연구를 시작할 때의 의도는 미국, 일본, 중국 시장을 전체적으로 조사하고 분석해 보자는 것이었다. 그러나 연구 시작하자마자 발견한 사실은 일본 시장에서는 정착하는 기업이 나타나고 있는 반면, 많은 기업이 미국 시장에 발을 들여놓지만 성공은커녕 정착한 사례도 없다는 것이다. 그리고 중국 시장은 아직 미숙하여서 논의를 할 방도를 찾기가 어려웠다. 그래서 일본 시장만을 집중적으로 연구하였고, 감사하게도, 매경-비트 컴퓨터 최우수 논문상도 탈 수 있었다.

본서를 구체적으로 구상하기 시작한 것은 2013년도에 미래창조과학부가 발주한 해외IT지원센터 신규 설립을 위한 프로젝트를 맡고서부터 이다. 인터뷰를 통하여 일본과 중국 시장에서 악전고투를 하고 있는 우리 SW기업인의 지식과 지혜를 얻을 때마다 이를 체계화하고 국내 시장에 알려야 되겠다는 생각을 하게 되었다. 그래서 일본에서의 성공담을 정리하였고, 중국에서의 실패경험을 소개하고 새로운 전략을 제시하려고 노력하였다. 미국 시장에 관해서는 진출 전략을 제시하기보다 진출이 어려운 이유에 대한 분석에 중점을 두었다.

결국 처음에 구상한 미·일·중의 주요 삼국을 골고루 다루어보자는 계획을 포기하고, 현재 가장 많은 관심을 받고 있는 중국 시장 위주로 본서의 내용을 꾸리게 되었다. 중국 시장은 불법복제가 판치고 진짜 엉망이어서 들어가기가 어렵다. 적절한 파트너를 잡기도 어렵고, 또한 파트너십를 맺어도 제값 받고 팔기가 어렵다. 그러나 이렇게 무질서한 시장일수록 엉망인 생태계에서 잔뼈가 굵은 우리 기업인들에게는 호기인 것이다. 본서에서는 중국의 실패사례를 유형화하고 이러한 실패를 피하고 성공으로 갈 수 있는 방법을 모색하였다. 아직까지 안 가본 길이기에 正道는 모른다. 아니 正道가 없을지도 모른다. 여러 전략을 시도하면서 차근차근 배워가는 자세가 필요하다.

2007년부터 100회가 넘는 인터뷰를 하였다. 매 인터뷰 때마다 많이 배웠고, 해외 시장에서의 악전고투 고생담을 들을 때마다 뭉클한 감동을 받았다. 본서는 이분들의 집단지성을 나름대로 체계화, 단순화 해놓은 것이다. 이분들이 잘 설명하여 주셨는데도 불구하고 빠진 부분도 많이 있을 것이고, 또한 잘못 이해한 부분도 있을 것이다. 모두 본인의 미욱함 때문에 생긴 것이고 다음에는 더 잘할 수 있을 것이라고 위안한다.

본서를 집필하면서 교수가 저술한 저서에서 흔히 맡을 수 있는 學者然한 냄새를 안 내려고 노력을 하였다. 20여년을 학교에 몸담고 있는 사람으로서 아마도 헛된 노력이었겠지만, 최대한 기업체 사장님들의 눈높이에서 보고, 이해하고, 기술하고자 노력하였다.

본서의 출판에 집사람의 속 깊은 내조가 일익을 하였다. 소위, 마나님 장학금이 있었기에 일 년에 5, 6번씩 중국, 일본, 동남아 출장을 갈 수 있었고, 수많은 인터뷰가 가능하였다. 또한 인터뷰를 준비하고 자료를 정리하여 준 부문혜 박사, 박선희 석사, 그래픽을 맡아준 이성일 군 및 표지디자인의 고유정 씨의 노고가 본서의 구석구석에 담겨 있다. 마지막으로 출판업계가 불황이어서 자비 출판까지 염두에 둘 수밖에 없던 차에 창민사의 윤동구 사장님이 출판을 맡아주셨고, 소프트웨어정책연구소와 영림원소프트랩이 선뜻 도와주시겠다고 나서서 큰 힘을 얻을 수 있었다.

2016년 5월

춘천 덕린헌에서 저자 씀

감사의 글

본서 집필을 위하여 지식을 나누어 주시고, 정보를 제공하고, 원고를 읽으면서 도움을 주신 분들이 무척 많습니다. 감사의 마음으로 회고를 해 봅니다.

우선 본인을 SW산업으로 인도하여 주시고 고마운 담금질을 하여 주신 이단형 전 한국소프트웨어진흥원(KIPA) 원장님께 감사드립니다. 그리고 ICT분야의 존경받는 멘토로서 과거 20여 년 동안 저자에게 무한한 지원을 하여 주신 김진형 소프트웨어정책연구소 소장님께 존경과 함께 감사드립니다.

본인에게 처음으로 SW개발의 실무를 접하도록 만들어 준 기회는 1991~93년도의 인도네시아 과기청 예산회계 프로젝트였습니다. 프로젝트 책임자이신 유성재 교수님, 팀원으로서 함께 티격태격 하면서도 서로 격려를 아끼지 않았던 삼성 SDS의 김영기, 이종욱, 김영호 동기에게 감사드립니다. 이종욱 씨는 이후 티맥스소프트 부회장 등을 역임하여서 이 책을 쓰는데 필요한 자양분을 듬뿍 공급하여 주셨습니다. 그리고 국민대학교의 김인규, 이춘열, 최은미 교수 및 ABC Tech의 김익환 대표, SW개발에 관한 문외한을 지도하시느라고 수고하셨습니다.

중국 ICT 시장에서 활동하시는 아우님들이 큰 도움을 주었습니다. 서만교, 유기선, 박정수, 황인창, 김규영, 장상천. 계속 도와주십시오. 집필과정에서 시도 때도 없이 물어보고 토의하였던 KIPA OB(old boy)에게도 많은 신세를 지었습니다. 지석구, 이상은, 신재식, 김정수, 모영주, 조윤홍, 정호교, 김복영, 하영철, 이은중, 박영준, 김종갑, 김형일, 차봉석, 원준영, 박창은, 오창열, 김도연, 김준연, 이재윤, 임형규, 김유진, 이관규, 김선아, 나오이, 최방글, 등등.

인터뷰 과정에서 해외 시장을 이미 경험한 기업인들이 본인의 경험을 나누어 주셨습니다. 일본 시장의 생리를 소상히 알려주신 아이온커뮤니케이션즈의 양재혁, 알서포트의 안천홍, 티맥스소프트의 이기환, 다산핸디의 이상선, 누리텔레콤의 스즈끼, 웨어밸리의 다케다, 아시스토 이타끼, 노랜의 카츠다, 동경IT지원센터의 다까하시 등에게 감사드립니다. 그리고 중국 시장의 속살을 여과 없이 알려주신 앤코어의 윤현집과 정보위, 알티베이스의 옹건남, 로진택의 차순철, 아이요넷의 신동욱, 넥서스의 최유철, 안랩의 김인호, 마이다스아이티의 강의영과 성종수 등에게 감사드립니다. 동남아 시장 현황을 알려주신 비트컴퓨터 태국 법인의 이근준, 다산네트워크 베트남 법인의 박종현, 현대정보기술 베트남 법인의 차상용 등에게 감사드립니다.

국내외 ICT 관련 기관에서도 많은 도움을 받았습니다. 정보통신산업진흥원(NIPA), 소프트웨어정책연구소(SPRI), KOTRA, 한국데이터베이스진흥원(KODB), 한국소프트웨어산업협회(KOSA), 정보산업연합회(FKII), IT서비스산업협회(ITSA) 등의 국내 기관과 상해·화동 한국IT기업협의회, 일본의 JISA, 베트남의 VINASA, 그리고 중국의 소프트웨어산업협회에서 실질적인 도움을 주셨습니다. 특히 KODB의

임성준, KOSA의 우정민, FKII의 손정배, KOTRA의 공정훈, 변용섭, ITSA의 윤일선, 한국유에코산업협회의 박태서 등이 국내외 인터뷰를 섭외하여 주셨고, 각 산업별 판도를 생생하게 알려 주셔서 호강을 하면서 연구를 할 수 있었습니다.

우리나라의 SW산업의 미래에 대하여 격의 없는 토론을 할 수 있는 황금같은 시간을 제공하신 우리나라 SW기업 리더들에게 감사드립니다.

영림원소프트랩 권영범 대표와 오영수 부사장, 소프트온넷 송동호 대표, 마크애니 최종욱 대표와 손주영 부사장, 핸디소프트 이상산 대표, 테크데이타 강운식 대표, 비트컴퓨터 전진옥 대표, 웨어밸리 손삼수 대표와 김범 상무, 지란지교 오치영 대표, 데이터스트림즈 이영상 대표, 비아이매트릭스 배영근 대표, 파수닷컴 조규곤 대표, 파이오링크 조영철 대표, 스콥정보통신 노연명 부사장, 한국스마트카드 박영욱 상무, 오픈베이스의 송경수 상무, 나모인터랙티브 김상배 대표, 아이온커뮤니케이션즈 오재철 대표, 윌비솔류션 염장필 대표, 이거브컨설팅 최창학 대표, 이에스이 박경식 대표, 김포빅테이터 전동욱 대표, 인텔리안시스템즈 이강만 부사장, 그리고 우리나라 SW기업이 글로벌 리더가 될 때까지 함께 나누고 협력하는 모임인 KGIT를 이끌고 계시는 강태헌, 김규동, 김상배 회장단께 심심한 감사를 드립니다. 그동안 많이 배웠습니다.

모두들 큰 꿈을 이루시기를 바라겠습니다.

추천사

세계는 소프트웨어 중심사회에 진입하지만 우리나라의 소프트웨어 능력과 활용은 많이 모자랍니다. 우리나라의 소프트웨어 산업은 영세하여, 우리의 시장 규모는 세계의 1% 밖에 되지 않습니다. 그래서 우리의 소프트웨어 산업의 성장을 도모하려면 해외로 진출할 수밖에 없습니다. 그러나 소프트웨어 시장은 승자독식의 치열한 경쟁시장이고, 소프트웨어는 문화적 배경을 갖고 있기 때문에 상당한 기술력을 갖추거나 당사국 문화를 이해하지 못하고는 해외 시장에 진출할 수가 없습니다. 미국 시장이 크고 탐나지만 진출한 우리 기업이 많지 않은 것은 이러한 이유 때문입니다. 당연히 문화 배경이 비슷하고 거리상으로 근접한 일본이나 중국 진출을 기대합니다. 그러나 철저한 준비 없이 무작정 진출한다면 실패할 수밖에 없을 것입니다.

남영호 교수가 우리 SW의 세계 시장 진출을 도모하며 그 전략을 제시하는 책을 집필하였습니다. 남 교수는 우리나라의 소프트웨어 정책 분야에 깊은 식견을 가지신 몇 안 되는 학자입니다. 남 교수는 미시간주립대학에서 박사학위를 받은 후에 과학기술연구원의 책임연구원으로서 7년간 근무하였습니다. 1996년부터는 국민대학교 경영대학에서 교수로 근무하면서 우리나라의 과학기술정책, 정보화 정책에 관하여 많은 연구를 수행하여 왔습니다. 또 2000년부터 2003년까지 한국소프트웨어진흥원의 해외협력단장으로서 근무하면서 우리 소프트웨어의 해외 수출 진흥 업무를 직접 진두지휘하기도 하였습니다.

중국 시장을 이해하기 위하여 자주 중국을 방문하였고, 오랜 시간 머물며 많은 중국 바이어들을 만나기도 하였습니다. 중국의 SW시장의 특성을 잘 이해하고 중국 SW기업의 성장 비결을 깊이 있게 이해하고 있습니다. 따라서 남 교수의 소프트웨어의 해외 진출 전략, 특히 중국 진출 전략은 그 어느 분보다도 깊이가 있고 현실적입니다. 우리 기업들이 남 교수가 집필한 이 책을 해외 진출의 참고서로 활용하여 큰 성과가 있기를 기대합니다.

소프트웨어정책연구소에서도 이 책을 한 줄 한 줄 금을 그어가며 세밀하게 읽고 분석할 것입니다. 그래서 남 교수가 우리 정부에 당부하는 정책이 잘 집행되도록 뒷받침할 것입니다.

소프트웨어정책연구소장 김진형

추천사

남영호 교수의 이력을 보면 참으로 탁월한 재능이 있다는 생각이 안들 수 없습니다. 미국서 회계학 박사학위를 받고 귀국하여 바로 과학기술정책관리연구소(STEPI) 책임연구원으로 부임한 이듬해 인도네시아 과기청 MIS 프로젝트의 PM을 맡아 정보시스템 구축 현장에서 1년 반의 경험을 쌓고, 대통령 비서실에서 경쟁력강화기획단 정보화촉진반 반원으로 대한민국 IT가 나아갈 길에 대한 전략 수립에 참여하셨습니다.

국민대 교수로 부임한 이후에 2000년부터 3년 간 한국 소프트웨어진흥원(현 NIPA 전신)의 해외협력단장을 맡아 초창기 우리 기업들의 해외 진출을 지원하는 현장의 책임자를 역임하셨습니다. 그 이후에도 줄곧 우리 SW기업들의 해외 진출을 돕기 위해 학교 연구실과 기업 현장을 오가며 다양한 노력을 해 오셨고, 이제 그동안의 경험과 노력을 한 권의 책자로 집약하여 발간하게 되어 매우 의미 있는 결실을 거두었다는 생각이 듭니다.

사실 책의 초고를 작성한 후에 한번 보고 의견을 달라는 요청을 받고 기쁜 마음으로 원고를 읽으면서 진작 이런 책자가 발간되었다면 본인 회사의 일본 사업도 결과적으로 성공시킬 수 있지 않았을까라는 생각이 들었습니다. 의견을 주기 위한 원고 읽기가 아니라 해외 진출에 대한 나의 생각을 가다듬는 아주 소중한 시간을 보낼 수 있어서 오히려 남 교수께 감사를 드리고 싶었습니다.

작년에 기회가 되어 남 교수와 중국 남경의 소프트웨어 파크를 시찰할 기회가 있었는데, 유창한 중국어 실력은 물론이거니와 중국 문화에 대한 탁월한 식견을 지니고 있어 매우 놀라왔는데, 미국과 일본 문화에 대한 이해도 전문가 수준으로 깊은 것을 보고 참으로 부럽기도 하고 배울 게 많은 분이라는 생각이 들었습니다.

사실 그간에 우리나라 소프트웨어 기업들의 해외 진출 전략에 대해 이처럼 명쾌하고 실질적인 도움을 줄만한 책이 없었던 것 같습니다. 이러한 책의 저술은 연구실에 앉아 연구만 하는 교수님이 쓸 수가 없고, 또한 현장 경험만 오래 쌓아 온 사람이 쓰기에는 더욱 쉽지 않은 일이라는 생각이 듭니다. 또한 미국, 일본, 중국에서의 SW 비즈니스의 본질에 대한 통찰력이 밑받침이 되어야지만 나올 수 있는 역작이라고 할 수 있습니다.

70년대 중동을 비롯한 해외 건설의 외화벌이가 그 이후 30년의 한국 경제 발전을 이끄는 시발이 되었듯이 21세기에 한국의 SW산업 해외 진출이 한국의 신경제를 이끄는 터닝포인트가 될 수 있기를 기대하며, 이 책이 한국의 SW기업 종사자들한테 해외 진출에 대한 좋은 영감을 줄 수 있을 것이란 확신으로 일독을 권합니다.

영림원소프트랩 대표이사 권영범

차례

그림 차례

표 차례

본서의 구조

본서는 네 편으로 나누어져 있다. 제1편은 서론으로 개별 시장으로 들어가기 전에 알아야 할 주요 시장에 대한 분석이다. 제2편과 3편은 각각 일본 시장과 중국 시장에 관한 내용으로 본서의 중심 내용이다. 마지막 제4편에서는 정부 정책에 대한 제언을 하였다.

구체적으로 제1편의 제2장에서는 해외 파트너와 유통망의 구조를 분석하였다. 우리 기업이 해외에서 만나는 파트너들을 파트너의 유형이 명확한 일본 시장을 중심으로 분석하고, 채널이 잘 발달된 미국 시장의 유통채널들의 유형을 소개하였다.

제2편의 제3장에서는 일본진출 전에 알아두면 좋은 내용을 소개하고 제4장에서는 일본 시장에 적합한 진출 전략을 검토하였다.

제3편의 제5~9장은 중국의 거래관행, 시장의 구조, 중국 정부의 정책 및 우리 기업의 진출 실패 및 향후 전략에 관한 내용이다. 실질적으로 중국 시장에 진출하고자 하는 기업에게 중국의 현황을 생생하게 전달하기 위하여 다소 주관적으로 기술하였다. 특히 제5장과 제6장의 중국 시장에 대한 우리의 편견과 시장의 복잡다기한 가치사슬 분석은 필자가 과거 10여 년 동안 관찰한 내용을 정리하여 기술하였다. 제7장

에서 중국 정부의 정책을 수요, 공급 그리고 기술개발이라는 측면에서 다면적으로 분석하였다. 제8장의 중국 진출의 사례 분석에서는 실패한 사례의 유형별로 원래의 의도와 실패의 원인을 대비하여서 분석하였고, 제9장에서는 향후 진출 전략을 다각도로 제시하였다.

결론 편의 제10장에서는 우리나라 기업의 해외진출 현주소를 알아보고 글로벌 스탠다드를 좇기 위해서 하여야 할 일을 정리하였다. 특히 우리기업의 해외진출 小史와 더불어 미국, 일본, 중국 시장의 진출 결과를 평가하였다. 제11장에서는 개별 기업 진출을 지양하고 뭉쳐나가기의 바람직한 진출 방법을 검토하고, 정부의 기존 정책분석과 동시에 몇 가지 정책 방안을 제시하였다.

매 장 끝부분에 〈퍼온 글〉, 〈만든 글〉을 추가하였다. 이 글들은 필자가 직접 작성하거나 퍼온 글로서 다른 각도에서 본문의 이슈를 이해할 수 있는 내용들이다.

제1편

해외로 나가기 전에

제1장

SW기업 사장님들의 염원

국내 매출이 200억 원 이상 되는 SW기업의 사장님들의 염원은 무엇일가?

일단 국내 시장에서 발판을 굳혔고 SW제품의 완성도가 높아진 상태이라면 당연히 해외 진출을 생각할 것이다. 그리고 그 다음 생각은 틀림없이, 언제? 어디로? 어떤 전략으로? 일 것이다. 그러고 나서 자금 소요액과 현실적 능력에 대한 셈을 해볼 것이다.

특히 어디로? 에 대해서는 생각이 많을 것이다.

어디로 갈 것인가?

우선 떠오르는 시장은 미국, 중국, 일본, 동남아 시장이다. 그리고 유럽, 중동 등이 떠오르지만 뚜렷한 연고가 없으면 바로 지워버릴 것이다. 유럽, 중동 시장은 지리적으로도 멀지만 무엇보다도 심리적으로 거리감을 느낀다. 그 반면 동남아 시장은 지리적, 심리적 거리감이 적지만 시장이 지역적으로 분절화 되어 있고, 아직 덜 발달되어서 패키지 SW업체로는 "*글쎄*"일 것이다.

결국 미국, 중국, 일본 시장이 남는다.

일본에 정착한 국내 SW기업들이 늘어나면서 일본 시장에 관심이 많아지고 있다. 비록 일본 시장에서 성공하는 기업들이 나타나고 있지만, 쉬운 시장이 아니다. 매우 신중하고 장기적인 접근이 필요하다. 오늘 간다고 결심해도, 그리고 첫발 딛기에 성공해도 제대로 첫 매출이 일어나는 데는 평균 4~5년 정도 소요된다. 총 투입자금을 회수하는 데에는 이보다 훨씬 오랜 시간이 걸리는 시장이다. 성미 급한 우리 기업인들에게 그렇게 만만한 시장은 아니다.

그 반면 중국 시장은 조용한 시장이 아니다. 말도 많고 탈도 많으며 빠른 속도로 성장하고 있는 시장이다. 기업인들뿐만 아니라 우리 국민 모두가 굉장한 관심을 갖고 지켜보고 있는 시장이다. 그리고 여러 가지 상반된 주장이 난무하는 시장이다. 빨리 진출해서 자리를 잡지 않으면 우리 기업에게는 설자리도 없으니 오늘 현재 시점이 진출하기에 좋은 시기라는 주장이 있는 반면에, 2000년대 초반에 중국에 진출하여서 중국 기업에게 호되게 당한 기업인들은 "*서해 바다 쪽은 돌아보기도 싫다*"라고 할 정도로 치를 떨며 손사래를 치기도 한다. 무슨 일을 당했는지 구체적으로는 모르지만 매우 억울한 일을 당한 기업인들이 많이 있는 것 같다.

중국 시장은 조용한 시장이 아니다.
말도 많고 탈도 많으며 빠른 속도로 성장하고
있는 시장이다. … 중국 기업에게 호되게
당한 기업인들은 "*서해 바다 쪽은 돌아보기도
싫다.*"라고 할 정도로 치를 떨며
손사래를 치기도 한다.

미국 시장은 군침이 넘어가는 시장임에는 틀림없다.

과거에 SW기업인들이 미국 시장에 가겠다고 선언하면서 동시에 첨언하는 말이 있다.

"*미국 시장이 힘든 시장이지만 일단 레퍼런스를 만들고 나면 다른 시장으로 가기에 아주 쉽다.*" 그리고 한마디 더 한다. "*실리콘 밸리에 가서 눈을 크게 뜨고, 귀를 활짝 열어서 돌아가는 상황만 알아도 SW 트랜드를 읽을 수 있으니 미국 진출은 일거양득이다.*"

당연하다. 세계 시장의 약 45%가 미국에서 소비된다. 그리고 미국 기업이 전 세계 매출의 85%를 발생시킨다. 일본이 세계 시장의 약 7% 정도를 차지하고 중국이 약 3%이며, 우리나라는 약 1%를 차지한다. 이러한 점에서 미국 시장은 엄청나게 매력적인 시장임에는 틀림이 없다. 또 세계의 우수한 개발 인력이 실리콘 밸리에 몰려든다.

그런데 문제는 태평양을 건너서 말 설고 물 설은 서구 시장으로 들어가야 한다. 영어권으로 들어가야만 한다. 우리의 치명적인 약점이 적나라하게 들어나는 시장이다. 더구나 필자는 아직까지 미국 시장에서 성공했다는 SW기업 이야기를 들어 본 적이 없다. "*진출했다, 계약을 했다, Gartner의 좋은 평가를 받았다.*" 등등의 주식시장의 바람잡이 같은 소식은 접했지만 진짜로 지속적으로 매출을 올리고 있다는 사례는 접해 본 적이 없다.

결국 미국 시장도 아닌 것 같다.

더 이상 넋두리를 하기 전에 분석적인 시각으로 세계 시장을 다시 보자. 개별적 시장에 대한 현황을 이야기하기 전에 세계 시장이 어떻게 구성되어 있는지 살펴보자.

세계 시장의 모양새

1. SW 소비시장

〔그림 1〕에서 보듯이 2014년도의 글로벌 시장의 총 규모는 약 1조 달러 정도이다. 글로벌 SW시장의 2010년부터 2015년까지의 성장률(CAGR: compounded annual growth rate)은 매출 규모로 볼 때 4.4%로서 꾸준히 성장을 하고 있다.

IT서비스는 6,000억 불 정도이며 패키지SW는 약 4,000억 불 정도이다. IT서비스 대 패키지SW의 비율은 약 6:4 정도로 매우 안정적이다. 그림에서 알 수 있듯이 시간이 갈수록 패키지SW 시장이 확대되어 있는 것을 알 수 있다. 특히 SaaS(Software as a Service) 방식의 매출이 늘어날수록 패키지SW 시장의 확대와 동시에 IT서비스 시장의 축소 경향은 빨라질 것이다.

그림 1 글로벌 SW시장 규모 및 성장률 (단위: 억불)

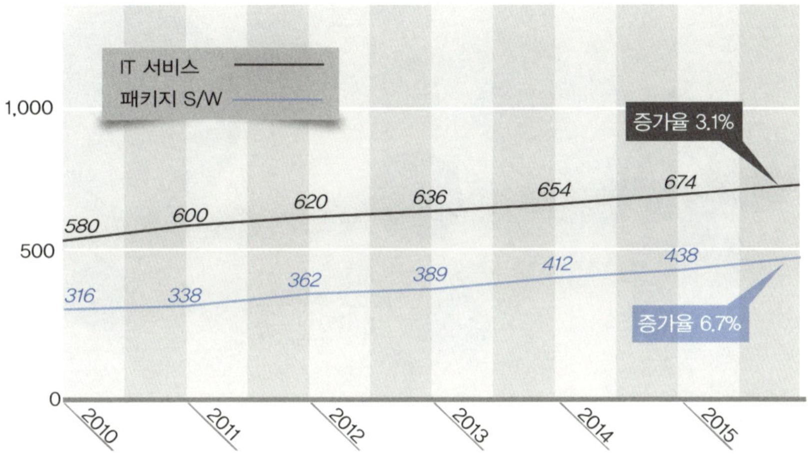

출처: SPRI (2015)

권역별 성장세

글로벌 SW시장은 크게 미국, 유럽, 아시아의 세 개 권역으로 나누어져 있다. PwC(2010)에 따르면 세계 SW시장 점유율은 미주 44%, 유럽 36%, 아시아 20%이다. 과거 10여 년 동안 미국과 유럽의 소비시장의 변화는 크지 않지만, 아시아 여러 나라의 경제가 빠른 속도로 발전함에 따라 세계 SW시장에서 아시아 시장의 비중이 커지고 있다.

〔그림 2〕는 주요국의 SW시장 규모를 상위 10위권까지 열거한 것이며 비교를 위하여 세계 17위인 우리나라 시장 규모도 함께 기재하였다. 미국 시장이 세계 시장의 40% 이상을 차지하고 있다. 나머지 60%의 시장을 그 외의 국가들이 나누어 가지고 있으므로 미국 시장이 전 세계 소비시장에서 독점적 지위를 누리고 있다고 하여도 과언이 아니다.

그림 2 주요국 SW시장 규모

(단위: 십억 달러)

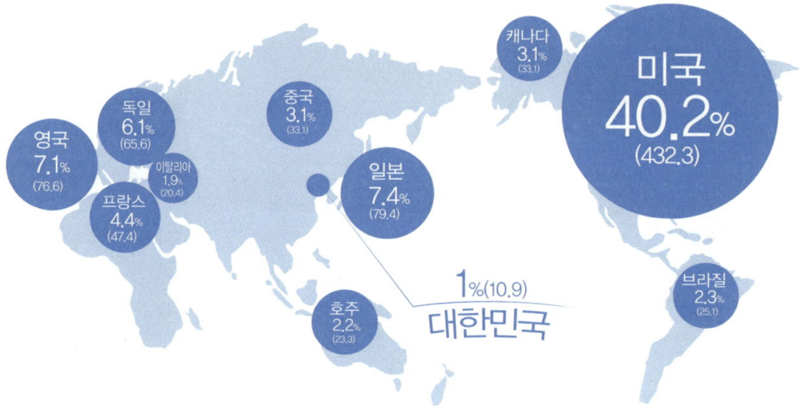

출처: SPRI (2015)

그 다음으로 일본, 영국, 독일이 약 6~7% 대로 유사한 비중을 가지고 있다. 중국 시장의 규모는 313억 불로 세계 시장에서 3% 밖에 차지하지 않지만 매년 약 30% 대로 성장을 하고 있으므로 조만간 세계 시장에서 비중이 급속히 커질 것으로 예상한다. 중국 시장의 상세 분석은 별도로 하겠다.

2014년도 발표된 통계에 따르면 우리나라는 109억 불 정도의 시장을 형성하고 있으며 세계 시장에서의 비중은 1%이다. 수년간 우리나라의 SW시장이 세계 시장에서 차지하는 비중은 거의 변동이 없다. 그림에는 표시가 되어 있지 않지만 중국, 동남아시아, 인도 등의 시장 확대 속도가 매우 빠르므로 수년 내로 아시아권역이 세계 시장에서 차지하는 비중은 막대할 것으로 예상한다.

2. SW 공급시장

미국의 독점적 지위

앞에서 보았듯이 미국은 SW 소비시장에서 약 40%의 점유율을 기록하고 있다. 그런데 공급시장 즉, SW 개발시장은 이보다 더 심한 미국 편중 현상을 보여준다. 공급 측면에서 본다면 미국이 완전한 독점적인 지위를 가지고 있다.

〈표 1〉에서 보듯이 글로벌 20위 SW기업 중에서 14개 기업이 미국 기업이며, 매출액 면에서 81.7%를 차지한다. 제조업 중심 기업인 Hitachi(SW비중이 5.7%), Fujitsu(2.2%), Siemens(2.4%)를 제외하면, 미국에 본사를 두지 않은 기업은 독일의 SAP, 스웨덴의 Ericsson, 그리고 프랑스의 Dassault 뿐이다.

글로벌 100대 기업의 과거 5년 치 자료(PwC, 2010; 2013; 2014)를 분석하여 보면 몇 가지 특징을 발견할 수 있다.

첫째, 글로벌 우량 기업들의 독점적 위치를 잘 알 수 있다. Microsoft, IBM, Oracle, SAP 등 Big 4의 순위는 변하지 않고 유지되고 있다. 이 기업들의 매출액의 합계액이 1,316억 달러로서 글로벌 100대 SW기업의 매출액의 절반 이상을 차지할 정도로 어마어마하다. 이 네 기업은 해당 기업이 속한 세부 분야에서 강력한 시장지배력을 가지고 있는 기업이다.

둘째, 세계 SW 공급시장은 매우 안정적이며 글로벌 기업의 시장 구도는 변함이 없다. 이러한 현상은 글로벌 100대 SW기업의 순위를 살펴보면 알 수 있다. 즉, 〈표 1〉에서 2014년도의 순위와 표의 가장 오른쪽 항에 있는 2010년의 순위를 비교해보면, 글로벌 10위 안의 SW

표 1 Global 20 SW기업

(단위: 백만 달러)

순위	2014년도 기업명	본사	SW매출	SW매출/총매출 (%)	2010년도 기업명
1	Microsoft	미국	58,432	80.1	Microsoft
2	IBM	미국	28,846	27.6	IBM
3	Oracle	미국	27,710	74.2	Oracle
4	SAP	독일	16,616	78.1	SAP
5	Ericsson	스웨덴	8,048	23.0	EMC (VMware포함)
6	Symantec	미국	6,417	93.8	Symantec
7	HP	미국	5,512	4.6	HP
8	EMC (VMware제외)	미국	5,128	30.0	CA
9	Adobe	미국	4,334	98.4	Intuit
10	CA Technologies	미국	4,304	92.0	Adobe
11	VMware	미국	4,239	92.1	Apple
12	Fujitsu	일본	3,130	5.7	Fujitsu
13	Salesforce.com	미국	2,805	94.1	Sage
14	SAS	미국	2,662	92.8	SAS
15	Hitachi	일본	2,528	2.2	BMC software
16	Intuit	미국	2,464	59.1	Cisco Systems
17	Infor	미국	2,464	92.7	NEC
18	Siemens	독일	2,441	2.4	Hitachi
19	Dassault Systems	프랑스	2,368	90.9	Autodesk
20	Autodesk	미국	2,263	98.1	McAfee
합계			192,711		
100대 SW기업의 매출 총계			255,221		

출처: PwC (2014), PwC (2010)

기업은 그 순위가 거의 바뀌지 않는다. 2010년도 글로벌 10위 내에 있던 기업이 2014년도 조사에서 빠진 기업은 Intuit 하나로 10위에서 16위로 강등된 것을 알 수 있다.

Microsoft, IBM, Oracle, SAP 등 Big 4의 순위는 변하지 않고 유지되고 있다. 이 기업들의 매출액의 합계액이 1,316억 달러로서 글로벌 100대 SW기업의 매출액의 절반 이상을 차지할 정도로 어마어마하다.

향후 세계 시장의 변화

세계의 SW 소비시장에서 중국의 위치가 격상되고 있는 것을 보았는데 공급시장에서도 이러한 현상이 나타나고 있다. PwC의 SW 상위 100대 글로벌 기업의 순위 상에서 2010년도에 96위에 있던 Neusoft(東軟)가 2014년도 조사에서는 71위로 상승하였고, 또한 2010년도에는 순위 밖이었던 Yonyou(用友)가 99위로 새로이 랭킹되었다.

또 다른 중요한 변화는 기술 패러다임의 급격한 변화라고 생각한다. 패러다임 변혁의 기본이 되는 3대 기술 변화인 빅데이터, 사물인터넷(IoT), 클라우드 컴퓨팅이 모바일 인터넷과 연계 되면서 SW산업에 여러 가지 변화를 몰아오고 있다. Salesforce.com의 급속한 성장이 이를 대변한다. Salesforce.com은 1999년도에 설립된 클라우드 컴퓨팅의 선두기업으로 2010년도에 글로벌 24위에서 2014년도에 13위로 상승했다.

SaaS 방식의 도래

전통적으로 SW산업과 연관이 없던 기업들이 클라우드 컴퓨팅 산업으로 진입하고 있다. 대표적으로 Amazon, Alibaba 등이 처음에는 자체적인 수요를 충족하기 위하여 시스템을 구축하였지만, 시스템 구축을 통하여 기술을 축적한 후에는 이를 상용화하여서 클라우드 컴퓨팅 서비스를 제공하기 시작하였으며, 현재 클라우드 컴퓨팅 서비스 제공 분야에서 세계 최고의 기업으로 성장하였다.

클라우드 컴퓨팅이 점점 일상화되어 가면서 SW를 구매하여서 기업의 소유지역 내에 설치하거나 IP라이선스를 통하여 무형자산의 사용권을 획득하는 방식에서 SW를 사용한 만큼 비용을 지불하는 SaaS(SW as a Service) 방식으로 SW의 사용방식이 바뀌고 있는 것을 알 수 있다. 현재 글로벌 기업의 SaaS 방식으로 인한 판매수익은 2~3% 미만이지만 동남아, 중국과 같이 기존의 판매방식이 고착되지 않은 시장에서는 급속한 판매 성장이 가능하다. 수년 내로 이러한 환경변화를 이용하는 기업을 중심으로 산업의 재편이 일어나게 될 것이다.

아시아의 양대 시장

아시아 시장의 규모는 매우 빠르게 확대되고 있다. 특히 중국의 경우에는 SW산업의 발전과 이에 따른 시장규모의 확대는 괄목할 만하다. 그 반면 일본은 매우 안정적인 분위기에서 시장이 발전하고 있으며 사물인터넷(IoT)이 발전함에 따라 전통적으로 강한 경쟁력을 가진 HW 전문기업들, 예컨대 Hitachi 등이 SW의 도입에 열을 올리고 있다. 일본과 중국의 시장을 개괄적으로 살펴보자.

1. 일본 시장

IT서비스 위주의 시장

일본 시장의 가장 중요한 특징은 인터넷 관련 서비스산업이 5년간 19.2% 성장의 엄청난 호황을 누리고 있는 반면, SW산업은 최근 5년간 마이너스 성장(-1.2%)을 보이고 있는 점이다. 특히 SW산업 구조는 IT서비스 산업을 중심으로 발달되어 있으며, 패키지SW 개발업은 매우 취약한 현실이다. 통계상으로 IT서비스와 패키지SW의 매출은 2013년도에 6.3조 엔대 1.1조 엔으로 비율상으로 85%대 15% 정도이다. 세계 평균인 6대 4의 비율과 큰 차이가 난다.[1]

전자·전기·통신 관련 대형 기업들이 IT서비스업을 주도하고 있다. 통신의 NTT그룹, 제조의 Hitachi, Fujitsu, NEC 그룹 등과 최근에 등장한 Softbank 및 관련 기업들이 독자적인 계열을 이루며 시장을 과점하고 있다.

패키지 개발업의 약세

일본의 패키지SW 산업은 활발하지 않다. 개발 인력이 적고 SW개발 기업의 창업도 활발하지 않다. 그 이유는 매우 복합적이지만 일본에서 행한 인터뷰를 종합적으로 정리할 때 기본적으로 일본인의 위험기피 성향 및 완벽주의 등 일본인의 특성과 밀접한 관계가 있다고 한

---

1 일본 경제산업성은 정보통신산업을 정보서비스업과 인터넷 관련 서비스업으로 분류하고 있다. 정보서비스업은 다시 SW업과 정보처리 제공서비스업으로 분류하고 있다. SW업은 주문형 SW 개발업(customized SW development)과 SW제품 개발업(SW products)으로 나눈다. 전자는 IT서비스로, 후자는 패키지SW로 간주하여 자료분석을 하였다.

다. 간단히 말해서 장기간의 개발기간이 필요하며 사업의 성패가 모험적인 SW 개발을 시도하지 않는다고 한다.

이러한 현상은 우리 SW기업에게 매우 좋은 기회를 제공한다. 우선적으로 경쟁적으로 참여하는 일본기업이 적기 때문에 시장 요구에 맞추어서 차근차근 안정적으로 일본 진출을 시도할 수 있다. 또한 불법복제 등의 위험이 매우 적으므로 소스코드 공개와 공동개발을 통한 제품의 현지화 과정을 진행할 수 있으며, 일본 파트너 기업과 매우 긴밀한 협력을 할 수 있다.

2. 중국 시장

글로벌 기업의 각축장

중국 시장의 특성은 일본 시장과 거의 정반대라고 단언하여도 큰 무리가 없다. 중국 SW시장의 특징은 빠른 성장이다. 중국 경제가 급속히 팽창함에 따라 이를 뒷받침하는 SW산업도 동반 성장하고 있다. 약 30%의 연성장률이 지속되면서 10년 동안 시장규모는 10배 이상 커졌다. 현재 SW산업의 시장 규모는 약 3조 위안 정도로서 아직 미미하여서 전 세계 시장의 3% 정도를 차지하지만, 성장속도가 매우 빨라서 조만간 시장의 규모 면에서 세계 5위의 자리에 오를 것으로 예측한다.

우리나라와 마찬가지로 해외의 대형 SW기업들이 시장을 잠식하고 있다. 최근까지 중국의 국산 SW의 개발은 그다지 활발하지 않았었다. 그러나 최근 정부의 강력한 지원 속에서 중국 토착기업들의 약진이 두드러진다. 정부의 강력한 지원 정책은 크게 토착기업의 역량을 올리는 정책과 해외기업의 잠식을 막는 정책으로 나누어진다. 특히 후자는

2013년에 시작된 "去IOE운동"으로 대변된다. 이에 따라 해외 기술흡수에 대한 열망이 대단하다. 중국 정부의 여러 가지 정책에 관하여서는 뒤에서 상세히 설명하겠다(제7장의 〈만든 글: 신조어 이해하기: 去IOE와 Internet +〉 참조).

중국 체제의 특수성

중국 SW시장의 또 다른 특징은 시장이 지역적으로 세분화되어 있다는 점이다. 시장이 지방 거점도시별로 발달되어 있어서 지방마다 특수한 상황을 이해하여야만 시장 진입이 가능하다. 다시 말하면 지방정부를 기반으로 하는 지방 SW기업들은 지방 거점을 중심으로 유통망을 형성하고 있으며 전국적인 유통망을 구성하고 있는 기업들과 연계되어 있다. 따라서 중국 시장을 파악할 때 지역 행정단위인 성(省)을 중심으로 32개의 시장으로 구성되어 있다고 생각하는 것이 현실적이다.[2]

중국의 또 다른 특징은 정치 체제가 SW산업과 시장구조에 깊숙이 들어와 있다는 점이다. 중국의 국유기업의 비중은 어마어마하여서 국유기업의 매출액은 중국 GDP의 약 45%를 차지한다.[3] 국유기업들과 중국 지방정부의 SW 소비 행태가 유사하므로 이들을 합쳐서 관·공(官·公) 고객으로 분류할 수 있다. SW고객 중에서 관·공고객의 비중

---

2 중국 행정단위는 4개의 직할시(북경, 상해, 천진, 중경), 23개의 성, 5개의 자치구(신강, 서장, 영하, 광서, 내몽고), 2개의 특별행정구(홍콩, 마카오)로 구성되어 있다.

3 국유기업은 중앙정부가 관할하는 국유기업과 지방정부가 관할하는 국유기업으로 나눌 수 있다. 중국석유화학공사, 공상은행 등의 중앙국유기업(앙기)은 규모가 어마어마하며, 국제적으로 잘 알려진 기업들이다. 앙기가 중국 500대 제조기업 내에서 차지하는 비율은 매출액 면에서는 약 65%이며, 세금부담 면에서는 82%를 차지한다.

은 매우 크며, 특히 교육, 의료, 금융, 통신 산업에서 관·공고객의 비중은 90%를 넘어선다.

마지막으로 중국 정부는 SW산업의 기술 변화에 매우 신속하게 대응하고 있다. 예를 들면 중국의 리커창 총리는 2015년 정부 보고회에서 Internet+(互联网+)라는 새로운 용어와 이에 따른 정책을 공식적으로 제창하였다. 중국사회의 정보화 인프라가 완전히 확충되지 않은 상태이므로 중간단계를 생략하고 이러한 새로운 기술을 이용하여서 기존 산업의 발전을 이루고자 하는 것이다. 특히 빅데이터, 클라우드 컴퓨팅, IoT의 삼대 기술과 통신망, 방송망, 인터넷망의 삼망 융합(三网融合)을 활용하여서 전통적인 산업을 촉진시키려는 정책을 강하게 밀고 있다. 스마트 씨티, O2O(Online to Offline), 중국제조 2025 정책도 이러한 맥락에서 탄생하였다.

그래서 어디로 갈 것인가?

"일본 주식·채권시장의 호황도 한국계 증권사들에는 '그림의 떡'일 뿐이다. 금융감독원 도쿄사무소 관계자는 '수년간 공을 들여도 결과는 없고, 앞으로 좋아질 것이란 희망도 없는 데다 일본 자본시장에서 더 배울 것도 없다는 생각에서 떠나는 것'이라고 말했다."

『난공불락 일본 금융시장… 韓 증권·보험사들 사실상 '철수'(한국경제, 2015)』이란 기사의 한 문장이다. 위의 인용문 중의 금융시장을 SW시장으로 바꾸어 넣어서 읽어보면 미국, 일본, 중국 시장에서 철수하는 기업인들의 마음을 이해할 수 있다.

일본 시장을 좀더 들여다보자.

일본의 ICT산업 중에서 패키지 SW 개발업은 매우 빈약하다. 일본 개발자들이 위험성이 높고 시간을 다투는 SW개발에 발을 들어놓지 않기 때문이다. 이런 연유로 아직도 일본 시장에 들고 갈 수 있는 국산 SW제품이 있다고 한다. 단지 일본 시장의 신뢰를 얻는 데에는 매우 오랜 시간이 걸린다. 아무리 우수한 기능이 있어도 시장의 반응을 단시간 내에 기대할 수 없다. 또한 새로운 것을 그다지 좋아하지 않으므로 일본 시장에서 활동하면서 오랫동안 적절한 제품군 선정에 대한 고민을 해야만 한다.

그럼에도 SW시장의 질서가 잡혀 있기 때문에 우리 기업이 가서 도전해 볼만한 시장이다. 제값을 받을 수 있고 유지보수비도 제대로 인정하고, 유통망도 안정적이며 불법복제 위험도 매우 적은 시장이다. 일본 시장에서는 2000년대 초반부터 고생한 국내 기업들 중에 안정권에 들어간 기업들이 나오고 있다.

일본 시장에서는 2000년대 초반부터 고생한 국내 기업들 중에 안정권에 들어간 기업들이 나오고 있다.

미국 시장을 다시 살펴보자.

그런데 아무리 살펴보아도 "*아니다.*"라는 답만 나온다. 미국 시장은 그림의 떡이다.

『조성문의 실리콘밸리 이야기』라는 웹진에 한국 기업의 미국 진출이 어려운 이유를 매우 조리 있게 정리해 놓았다(〈퍼온 글: 한국 소프트웨어 기업의 미국 진출에 대하여〉 참조).

첫째, 돈이 많이 든다.

둘째, 친구와 가족이 적다. 미국에서 자란 분이 아니라면 당연한 이야기이다.

셋째, 어색한 영어 표현들이 일을 망친다.

마지막으로 미국에서 만들어져야 미국 시장에서 신뢰를 받을 수 있다.

첫째, "*돈이 많이 든다.*"라고 하는데 얼마나 들까? 웹진 기업인 민트 (mint.com)가 실리콘밸리에서 직원 5~6명으로 팀을 구성하고 1년에 약 60만 달러 정도를 썼다고 한다. 제품개발 후 필요한 어마어마한 홍보비용 등을 감안하면 수십 억 원을 쏟아 부어야 제대로 영업 준비가 될 것이다. 결국 벤처캐피탈이 달려 붙지 않으면 불가능하다.

위의 첫째, 둘째, 셋째까지의 장벽은 그런대로 넘을 수 있는데 마지막 장벽은 진짜 최후의 결정타 (finish blow)이다. *미국에서 만들어져야 한다* 라는 것은 *국산 제품은 안 된다* 라는 말을 돌려서 한 것 아닌가?

중국 시장에 진출하면 성공가능성이 있는가?

일본 시장은 오래 버티면 버틸수록 가능성이 높다. 그리고 미국 시장은 현재로서는 정말로 어렵다라고 잠정 결론을 내렸는데 중국 시장에 대한 결론은 어떠한가?

어쨌든 간에 중국 시장은 일본 또는 미국 시장과 확연히 다르다. 오래 버틸수록 희망이 있는 시장은 아니다. 그렇다고 미국처럼 난공불락 시장도 아니다.

만약 중국 시장이 원하는 기능이나 기술을 가진 제품을 가지고 있고, 적절한 시기에 적절한 파트너를 만나서 협력하여 진출한다면 가능성이 있다고 생각한다. 마이다스아이티의 예가 이를 입증한다. 마이다스아이티는 2002년에 불모지대인 중국의 토목설계 SW시장에 진출한 후 꾸준히 성장하여서 2015년 현재는 북경, 상해 법인과 중국 각처의 10개의 지사에서 약 200명의 직원이 근무하고 있다.

중국 시장에서 성공하기 위해서는 은근과 끈기만 필요한 것이 아니다. 중국 시장의 급변하는 정황을 파악할 수 있는 혜안이 필요하다. 예를 들면 2015년도에 가장 필요한 SW제품은 DBMS 관련 기초 SW이거나 핀테크, 스마트 씨티에 관련된 SW라고 한다. 중국 시장이 안달이 나서 찾고 있는 기능을 구비한 SW제품이 있다면 중국의 유수기업들이 달려들 것이고, 그렇지 않으면 거들떠보지 않을 것이다.

티맥스소프트가 중국 서버시장의 최강자인 Inspur(浪潮)와 대등한 협력을 할 수 있었던 배경에는 현재 중국 시장에서 미국산이 아닌 중국산 DBMS 제품을 개발하고자 하는 염원이 있는 것이다. 소위 "去IOE"라는 미국산 제품 배척운동을 하고 나서 당장 Oracle을 대체할 만한 중국 제품이 없는 딜레마를 해결하기 위한 노력의 일환이다. 벌써 티맥스소프트와 Inspur가 협력하여 *K-DB*라는 제품을 만들어서 Inspur의 서버에 탑재했다는 소식이 들린다. 사진에서 보듯이 지난 12월 북경에서 거행된 양 기업의 MOU 체결에 중국의 공업정보화부(工業和信息化部) 장관까지 나온 것을 보면 중국 정부의 열망이 느껴진다. 결국 시장이 필요로 한다면 중국 시장은 매우 빠른 시장이다.

2015년 12월 16일에 우리나라의 미래창조과학부 장관과 중국의 공업정보화부 장관이 배석한 가운데 티맥스소프트와 중국의 최대 서버제조 기업인 Inspur의 협약식이 맺어졌다. (티맥스소프트 홍보자료, 2015)

중국 시장에서 성공하기 위해서는 알아야 한다.

중국의 상징은 용(龍)이라고 한다. 누구도 용을 본적이 없다. 여기저기 그려진 상상도만 알고 있다. 용은 9가지 종류의 동물의 모습을 합성한 모습을 하고 있다고 한다. 즉, 얼굴은 낙타, 뿔은 사슴, 눈은 토끼, 몸통은 뱀, 머리털은 사자, 비늘은 물고기, 발은 매, 귀는 소와 닮았다. 입가에는 긴 수염이 나 있고 등등.

중국 SW시장은 바로 용과 같은 느낌의 시장이다. 현실적으로 중국은 34개의 지방 행정단위로 나누어져 있으며 개별 시장마다 독특하다. 통일된 원칙도 없으며 수준차이도 매우 크다. 또 어제와 오늘의 변화는 상상을 초월한다. 중국 상하이의 아파트 값 변화 추세만 보아도 얼마나 빨리 움직이는지를 알 수 있다. 막강하고 거대하고 꿈틀거리는 시장이지만 누구도 이거다 하고 이야기하기가 어려운 시장이다.

그리고 용이 몸을 틀면서 움직이는 것처럼, 중국 시장도 매우 동적이며 복잡하게 꼬여서 돌아간다. 중국 시장에서 성공하기 위해서는 조사와 공부를 많이 해서 내공을 쌓아야 한다.

퍼온 글

한국 소프트웨어 기업의 미국 진출에 대하여

'벤처의 해외 진출—마르지 않는 주제'라는 글에서 언급했듯, 해외 진출, 특히 미국 진출 계획이 없는 회사는 거의 없다. 전에 내가 한국에 있을 때도 그랬지만, 지금은 어느 때보다도 더 관심이 많은 것 같다. 거대한 시장의 크기가 주는 매력도 있지만, '미국에서 성공했다'는 것이 큰 뉴스거리가 될 만큼 고무적이고 감동적인 이야기라서 그런 것 같기도 하다. 예전부터 '다큐멘터리 성공시대'에서는 항상 뚝심과 인내로 미국 시장을 뚫어 성공한 사람들의 이야기가 나오곤 했고, 나도 그런 것을 보고 감동을 받으며 자랐다. 게다가, 미국에서 성공하면 그것을 발판 삼아 다른 시장에 진출하기가 상대적으로 쉽다. (중략)

그동안 많은 스타트업이 시작하고 성장하는 모습을 보아 왔다. 동시에, 미국 진출을 시도한 많은 한국 회사들도 관찰할 수 있었다. 어떤 회사들은 이곳에 사무실을 차리고 직원들을 뽑았고, 어떤 회사들은 영어 웹페이지와 영어 버전을 만들어 홍보를 시작했고, 어떤 회사들은

'현지인' 한 명을 뽑아 그 사람을 통해 미국 진출을 시도했다. 또 어떤 회사들은 미국 진출을 처음부터 고려했으나 몇 번의 고민 끝에 결국 중단하고 한국 시장에 주력하고 있다.

아직 시간이 더 지나야 알 수 있겠지만, 아쉽게도 아직 성공 사례는 많지 않다. 적어도 내가 알기로는 미국에서 장기적, 지속적 성공을 이룬 한국 소프트웨어 회사들이 많지 않다. 다만, 게임 쪽에서는 의미 있는 성과를 거둔 회사들이 있다. 엔씨소프트, 넥슨 등 1세대 3D 온라인 게임 회사들을 비롯해서 게임빌과 컴투스 등이 여기에 해당된다. 작년에 GREE에 인수된 파프리카랩 역시 '히어로 시티(Hero city)'를 통해 미국을 비롯한 해외에서 의미 있는 성과를 거둔 것으로 알고 있다. 한편, 기술 기반 회사의 진출 성공 사례도 있다. 차상균 교수 실험실에서 만든 티아이시스템은 2001년에 실리콘밸리에 진출한 것을 계기로 글로벌 기업인 SAP에 매각된 후 HANA라는 인-메모리 기술을 공동 개발해 2011년 6월 출시 이후 18개월 동안 $700M의 매출을 만들어냈다. 하지만, 웹 서비스 또는 애플리케이션으로 미국에서 의미 있는 성공을 거둔 회사는 잘 떠오르지 않는다. 참 어렵긴 어렵다는 생각이 든다. (중략)

지금은 애플과 구글이 만들어준 생태계 덕분에 전 세계 시장으로 모바일 애플리케이션을 파는 것이 쉬워지기는 했다. 앱스토어에 올리고 영어 버전을 만들기만 하면 누군가가 이용할 수 있게 되었다. 하지만, 그 소프트웨어를 널리 알리고 그를 이용해 돈을 버는 것은 또 다른 차원의 이야기다. 여전히, 한국 스타트업의 미국 진출은 어렵다. 왜 어려울까 생각을 해봤다.

첫째, 한국에 비해 비용이 많이 들어간다. 게임빌의 미국 진출을 경험하며 뼈저리게 느꼈던 부분이고, 미국에 살면서 더 크게 느끼는 부분이다. 자동차와 전자 제품 등 몇 가지를 빼면, 한국에 비해 여기에서는 뭐든지 비싸다. 가장 비싼 것이 인건비이다. 다음은 민트(Mint.com)의 창업자인 애런 팻저(Aaron Patzer)가 했던 강연에서 본 것이다. 아래 표는 그가 초기에 서비스를 만드는데 들었던 비용을 설명한 슬라이드이다. 직원이 5~6명인 팀을 구성한 후 1년에 얼마가 들었는지를 계산한 것인데, 연간 약 $600k(6.6억 원) 정도였다. 비싼 건강 보험료에 돈이 꽤 들어가고, 1년에 5만 달러나 소요된 변호사 비용도 무시해서는 안 된다. 한편, 미국에서 특허 출원 및 등록을 하려면 건당 2만 달러 정도 든다고 들었다.

Mint.com 초기 소요 비용

Expenses*	Cost	Annual
Salaries	$50 ~ 90k / yr	$450k
Overhead	+20%	$100k
Legal	$25k (incorporation) $2k / mo (general)	$50k
Total Surn		=$600k / yr

* 팀원들 연봉으로 일인당 5만 달러에서 9만 달러 사이가 들었고, 사무실 및 복지 등에 연간 10만 달러, 그리고 변호사 비용이 1년에 5만 달러. 그래서 합해서 총 60만 달러가 들었다.

이건 순수하게 엔지니어 및 디자이너를 고용하기 위해서만 드는 비용이고, 홍보에 비용을 쓰겠다고 하면 즉시 큰 비용이 추가된다. 웬만한 홍보용 비디오 제작비용이 1만 달러에 달한다. 여기에 사무실 임대 비용 등이 있다. 만약 캘리포니아에서 살겠다고 생각하면, 아파트 렌트와 생활비 등으로 최소한 월 3천 달러 정도를 잡아야 한다. 방 한 개

짜리 아파트 월세가 2,000달러 정도 하는데, 1년이면 2만 4천 달러이다. 샌프란시스코에서는 월세 3,000달러가 쉽게 넘는다. (중략)

마지막으로, 사람들은 제품이 어디서 만들어졌는지를 많이 따진다. 스타벅스는 시애틀에서 시작되었고, 애플, 구글과 페이스북은 실리콘밸리에서 만들어졌다. 오래 전부터 애플 제품에서 흥미롭게 보았던 것이 하나 있는데, 모든 애플 제품은 중국에서 제조, 조립되지만, 항상 제품 뒷면에는 'Designed by Apple in California'라고 선명하게 새겨져 있다는 점이다. 애플 본사를 방문해본 사람이라면 중국, 인도 출신 엔지니어들이 엄청나게 많다는 것에 깜짝 놀랄 것이다. 그렇게 생각하면, 제품의 상당 부분이 중국인들에 의해 만들어졌다고 해도 과언이 아니지만, 사람들은 애플을 생각할 때 캘리포니아를 떠올린다.

소프트웨어 제품의 경우 이 경향이 더 명확하다. 미국에서 인기를 누리는 소프트웨어 및 서비스 대부분이 미국에서 만들어졌다. LinkedIn, Pandora Radio, Evernote, Yelp, OpenTable, Flixster, Instagram, Netflix, Shazam, Zillow 등등. 사람들이 이런 소프트웨어들이 어디서 만들어졌는지 일일이 따지면서 사용하지는 않겠지만, 아마도 '자신과 비슷한 사람'이 만든 제품에 자연스럽게 더 끌리기 때문이 아닐까 싶다. 미국 제품은 제품 이름, 로고, 유저 인터페이스 디자인 등 구석구석에서 티가 난다. 유럽과 아시아에서 만든 제품들도 그 자신만의 '색깔'이 있다. 그 색깔을 살려야 더 성공할 수 있는 드문 경우가 아니라면, 아무래도 미국 소비자들에게는 미국에서 만든 제품이 더 자연스럽게 느껴진다. 미국 진출 실패 사례로 많이 언급되는 싸이월드(Cyworld)는 그런 면에서 너무 이질적이지 않았나 싶다. '싸이버월드'를 줄인 '싸이월드'라는 이름이 어색하게 들리는데다, 소셜 네트워크 사이트라는 느낌이 안 들고, 디자인이나 유저 인터페이스가 당시 미국에서 인기 있었던 소셜 네트워크였던 마이스페이스와 비교하면 이질적으로 느껴진다. (이하 생략)

출처: 조성문(2013)

제2장

해외 파트너란 누구인가?

해외 출장을 떠나는 기업인에게 출장의 목적을 물으면 대답은 거지반 비슷하다.

"파트너 만나러 간다."

그러면 다시 물어야 한다. 파트너와 무슨 일을 하는가? 즉 어떤 성격의 파트너인가에 대하여 다시 묻게 된다. 이렇듯 우리 기업인들은 해외에서 만나는 여러 종류의 조력자를 통칭으로 파트너라고 부른다. 해외 사업에서 만나는 파트너에는 여러 종류가 있으며 파트너에는 성격에 따라 각기 다른 기능을 수행한다. 또한 그 이름도 달리 불리며 만나는 순서도 정해져 있다.

파트너를 만나러 간다

파트너의 유형

가장 먼저 필요한 파트너는 해외의 적절한 '파트너'를 소개해 주는 파트너이다. 자신의 인맥 또는 관계를 이용하여서 현지의 적절한 기업을 소개하는 개인 또는 조직으로서 나라마다 불리는 이름도 다르고 활동범위 및 보수 지급방식이 다르다. 이들은 에이전트, 컨설턴트, 고문 등의 이름으로 불리지만 여기서는 링크(link)라고 부르자.

다음 단계로 만나는 파트너는 현지화 협력 파트너이다. 이 파트너들은 기본적으로 두 가지 기능을 수행한다. 첫째, 제품을 현지 사정에 맞게 바꾸는 역할이다. 언어의 현지화뿐만 아니라 최종소비자의 요구에 맞게 제품을 고쳐야 하므로 이 파트너는 일정 수준의 기술적 능력을 가진 기업이며, 국내의 기술진과 많은 의사소통을 하여야 한다. 둘째, 제품의 현지화가 어느 정도 진행되면 적절한 현지 유통채널에 연계시켜 주면서 현지 마케팅에 대한 조언을 하는 것이다.

이러한 파트너는 국내 기업과 MOU, NDA(Non-disclosure Agreement; 비밀유지협정), 그리고 협력에 관한 계약 등을 맺은 후 제품의 현지화, 마케팅의 현지화를 위하여 장기간 밀접하게 협력한다. 이러한 의미에서 이러한 종류의 파트너를 현지화 협력 파트너 또는 짧게 협력 파트너라고 부를 수 있다.

해외 출장을 떠나는 기업인에게 출장의 목적을
물으면 대답은 거지반 비슷하다.
"파트너 만나러 간다."
그러면 다시 물어야 한다. …… 어떤 성격의
파트너인가에 대하여 다시 묻게 된다.

협력 파트너와 협력을 통하여 제품의 현지화가 완성되면서 대 고객 활동이 시작된다. 이때 필요한 파트너는 유통채널상에서 활동하는 기업들이며 채널 파트너라고 부를 수 있다. 이들은 기존의 자체 유통망을 가지고 있으면서 이를 활용하여서 해당 제품을 최종소비자에게 인도하는 유통채널상의 기업이다. 채널 파트너는 그 이름도 다양하여서 디스트리뷰터, 리셀러, 양판점, SI, VAR, OEM 등으로 불린다. 이에 대하여서는 다음 절에서 자세히 다루겠다.

이제까지 소개한 바와 같이 링크, 협력 파트너, 채널 파트너 등 다양한 파트너들과 협력을 통하여 해외로 진출하게 되는데 이들의 기능과 능력은 나라마다 차이가 있다. 이하에서는 파트너의 역할이 잘 정립되어 있는 일본 시장을 예로 들어서 파트너의 기능과 역할을 설명하고, 유통채널이 매우 세분화되어 있으며 기능정립이 잘 되어 있는 미국 시장을 중심으로 유통채널에서 활동하는 채널 파트너의 성격을 분석하겠다. 중국의 경우에는 이러한 구조가 아직 형성이 되어 있지 않은 상태이므로 중국 시장을 설명하는 장에서 시장 구조에 대하여 언급하겠다.

우리 기업과 파트너의 상관관계도

여러 기능을 하는 파트너사와 관계를 우리나라 SW 개발 기업의 관

그림 3 **우리나라 기업의 해외 가치사슬**

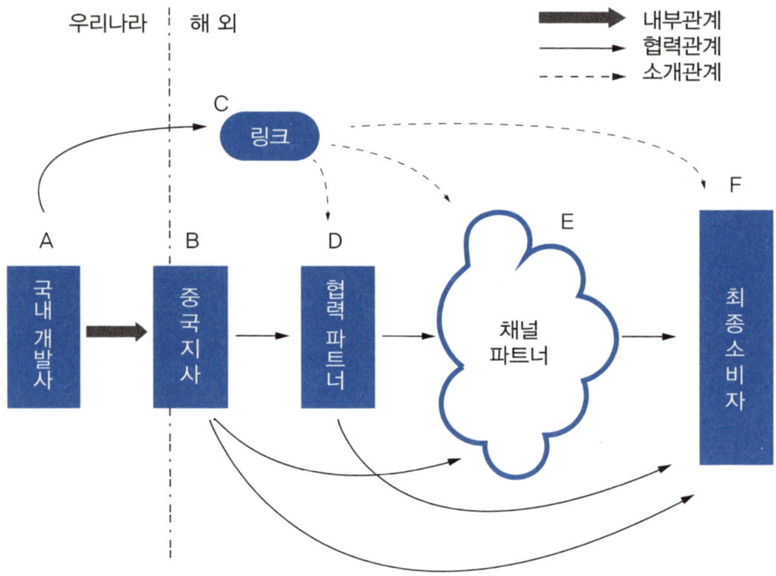

점에서 다시 그려 보면 위 그림과 같은 구도가 될 것이다. 그림에서 보는 바와 같이 중앙에 있는 선을 중심으로 왼쪽이 우리나라 시장 영역이며 오른쪽이 해외 시장 영역이다. A는 우리나라 개발사이고 F는 최종 고객이다. C는 해외 시장에서 독특한 위치를 차지하고 있는 개인 또는 소규모 조직으로 링크(link)라고 명명하였다. 링크의 역할은 협력 파트너, 채널 파트너 또는 최종 고객을 소개시켜 주는 것이다. 우리 기업의 진출 초기에 일정 기간 동안 진출단계를 순조롭게 넘어가도록 도와주는 길잡이(path-finder) 또는 연계(link) 도우미 역할을 한다.

해외 영역에 있는 D사는 국내 기업과 계약 또는 전략적 제휴를 통하여 국내 기업의 해외 진출을 도와주는 협력 파트너사이고, E사는 해외의 기존 유통채널에 해당하는 기업군으로 채널 파트너사이다. 유통채널은 상호 복잡하게 얽혀 있으며 이들의 구조는 유동적이므로 E는 인터넷망을 표시할 때 사용하는 구름모양을 이용하여 그려 놓았다. 우리나라와 해외 영역에 걸려 있는 B는 A사의 연락사무소 또는 현지법인이다. 물론 B는 진출 초기에는 해외 시장 담당자의 출장부터 시작되지만 사업이 진전됨에 따라 현지사무소가 설립되어서 거점 역할을 하며, 필요에 따라서 현지법인 또는 해외 기업과의 합작기업으로 바뀔 수도 있다.

해외의 파트너사들

링크의 역할

링크는 진출 초기에 우리나라 기업들이 무엇부터 시작해야 될지 몰라서 망막할 때 도움을 주는 개인 또는 소규모 조직이다. 미국에서는 C를 컨설턴트 또는 비즈니스 개발(Business Development) 컨설턴트라고 부르며 하나의 직업군으로 형성되어 있는 반면, 일본 시장에서의 링크의 위치는 정식 컨설턴트라기보다 과거에 맺어진 인맥이나 얻은 정보를 활용하여 쌍방을 연결하는 중개인, 소위 에이전트의 역할을 한다.

필자의 해외 조사에서 밝혀진 링크들의 전 직장은 다양하였다. 예를 들면 삼성 Japan에서 우리나라의 제품을 일본에 소개하였던 분도 있었고, Hitachi, Fujitsu 등에서 한국 시장과 관계되는 일을 하는 분들이 일본 시장에 필요한 국산 SW를 발굴하여서 일본 시장에 소개하는 링크의 역할을 하는 경우도 있었다.

링크는 일반적으로 제품 현지화 등 기술적인 문제에 직접 관여하지 않지만, 제품을 필요로 하는 해외 기업에게 연계를 시켜주고 활동비를 받거나 향후 수년간 발생하는 매출 또는 이익의 일정 부분을 받는 조건으로 계약을 맺고 일을 한다. 링크는 A사의 제품이 해외 시장에 적합한지를 판단할 수 있고, 최종 고객이 누구이고 어떤 성격인지를 잘 알고 있어야 한다. 또한 적합하다면 어떤 방식으로 최종 고객에게 전달할 것인지에 대한 조언을 하여 줄 수 있어야 한다.

링크의 가장 중요한 역할은 아직 우리 기업과 신뢰관계가 형성되지 않은 해외의 파트너사, 유통기업 또는 최종 고객을 소개시켜 주면서 링크가 쌓아왔던 신뢰관계를 이전시키는 것이다. 일본의 경우 신뢰관계는 모르는 사이에서는 단기간에 생기기가 어렵다. 따라서 우리나라 기업이 아무리 우수한 제품을 가지고 있어도 쉽사리 받아드려지지 않는다. 이러한 상황에서 링크가 일본의 예상 협력 파트너와 기존에 쌓아놓은 신뢰관계 또는 본인의 명성을 바탕으로 소개를 하여줌으로써 비로소 일본 기업과 연계가 가능한 것이다.

협력 파트너사는 누구인가?

국내 기업과 연계된 협력 파트너사(D)의 기업 유형 및 규모는 매우 다양하며 그 활동 범위와 수익 분배 방식도 천차만별이다. 국내 개발사와의 관계의 정도에 따라 기본 역할만을 수행하기도 하고 더 넓은 범위의 활동을 수행하기도 한다. 일반적으로 국내 개발사와 해외 시장 채널과의 중간에 위치하면서 제품 현지화 등 기술지원을 한다.

국내 개발사가 해외 진출 초기에 만나게 되는 협력 파트너사는 일반적으로 규모가 크지 않은 기업이지만 기술적 능력을 가지고 제품의 현지화를 도와줄 수 있어야 한다. 10여 명의 인력을 가지고 있는 조그만 SI기업일수도 있고 주식회사 아시스토처럼 800여 명의 인력으로 해외 제품을 일본에 소개하는 대규모 기업일 수도 있다. 또한 NTT의 자회사 또는 손자회사인 IT서비스 기업이 파트너사인 경우도 있으며, Fujitsu의 자회사와 합작기업을 만들어서 제품 현지화의 기술지원을 하는 경우도 있다. 다음의 그림과 글은 협력파트너 역할을 하는 아시스토의 홈페이지(http://www.ashisuto.co.jp/korean/)에 있는 한국어판 홍보 화면을 그대로 캡처해 온 것이다.

이들의 역할은 무엇인가?

파트너사의 기본 역할은 현지 소비자에게 맞는 제품군을 골라내고 해당 제품을 현지 시장에 맞게 바꾸는 일이다. 현지어판 제품 매뉴얼 제작을 지원하며 더 나아가서는 고객의 환경에 맞게 제품을 수정하는 작업을 도와준다. 부가적인 역할로는 해당 제품에 적합한 유통채널에 대한 조언을 하기도 한다. 제품 현지화가 진행되면서 제품은 적절한 유통채널에 중개하고, 판매방식을 결정하는 등 마케팅 현지화를 지원한다. 따라서 적절한 협력 파트너사를 만나는 것이 해외 진출의 첫걸음이라고 할 수 있다.

협력 파트너는 국내 기업이 제품 현지화를 하기 위해서 해외 시장에서 반드시 만나야 하는 파트너이다. 진출 초기에 이들의 도움 없이 국내 인력만으로 제품 현지화를 한다는 것은 어불성설이다. 해외의 사회를 이해하는 것도 어려운데, SW를 사용할 최종 고객의 기업 문화를 이해하고 이를 반영하는 제품을 만들기란 더욱 어렵다.

아시스토

아시스토는,패키지 소프트웨어의 「독립계」 판매대리점 입니다.

아시스토는 패키지 소프트웨어의 「독립계」 판매대리점 입니다. 주식회사 아시스토는 일본 기업에서 사용하는 컴퓨터 패키지 소프트웨어를 제공하는 일본 기업입니다. 아시스토는 1972년 설립 이래 순조로운 비지니스 성장을 이루어 왔습니다. 2014년 4월 현재, 종업원 수는 850명. 토쿄, 삿포로, 센다이, 나고야, 마츠모토, 카나자와, 오사카, 히로시마, 후쿠오카의 전국 9개 도시에 사무소를 설치하고 있습니다. 아시스토의 매출중 대부분은 비지니스용 소프트웨어 제품 판매 및 서포트가 차지하고 있습니다. 참고로 아시스토는 소프트웨어 제품의 개발은 하지 않습니다. 2013년도 매출은 약 211억 엔입니다. 아시스토는 소프트웨어 판매대리점으로서, 소프트웨어 개발회사나 소유자가 제품을 일본 시장에 적합하게 만들어 가는 것을 지원합니다. 아시스토가 제공하는 소프트웨어 제품은 한자를 포함한 일본어를 지원할 필요가 있고, 일본의 관습과 상거래 관행을 따르며, 일본 내에서 일반적으로 보급되어 있는 하드웨어(머신 및 주변장치)에서 가동 가능한 것이 전제조건입니다. 또한 일본어로 제작된 마케팅 자료와 매뉴얼이 준비되어 있어야 합니다. 아시스토에서는 일본기업에 제공할 수 있는 소프트웨어 제품을 찾고 있습니다. 아시스토를 통해 일본기업에 소프트웨어 제품을 제안하고 싶은 파트너는 아래 연락처로 연락주시기 바랍니다.

주식회사 아시스토 홍보부

E-Mail: kouhou@ashisuto.co.jp

채널 파트너

현지화 협력 파트너의 협조 속에서 현지화가 어느 정도 진행이 되면 유통채널과 접촉을 시작하게 된다. 유통채널(E)은 인터넷망의 구조와 유사한 구조이므로 그림에서 구름 모양으로 그려 놓았다. 즉, 채널 구름에 속해 있는 기업에 연계된 후에는 복잡한 여러 단계를 거쳐 최종소비자에게 도달하는데 외부에서는 구름 안의 네트워크 경로를 알기가 어렵다.

채널 파트너사는 다음 절에 소개하는 바와 같이 총판대리상, 재판매상, VAR(value-added reseller)들이다. 이들은 일반적으로 특정 제품의 기술적인 면을 상세히 알지 못한다. 기술적 노하우를 가지고 있는 집단이라기보다 최종소비자에 연계되어 있으면서 소비자의 요구를 감지하고 이에 맞는 제품을 찾아서 자기가 이미 개척한 채널을 타고 제품을 흘려보내는 역할을 한다. 특히 일본의 SW 유통채널은 전통적으로 형성된 가전제품의 유통채널이 컴퓨터 등을 판매하면서 SW산업으로 영역을 확장하면서 변형된 형태이다.

채널 파트너사는 제품 현지화를 도와주지 않는다는 점이다. 제품 현지화나 제품의 기술적 부분을 잘 알지 못하며…… 일반적으로 알려고 하지도 않는다.

협력 파트너와 채널 파트너의 차이점

협력 파트너사(D)와 채널 파트너(E)의 역할의 차이점에 대하여 확실히 이해하여야만 시장 진출 전략 수립이 용이하다. 비록 협력 파트너와 채널 파트너의 기능이 완전히 다르지만 현실적으로 혼재되어 있어서 혼동이 일어난다. 가장 중요한 차이점은 유통채널상에서 만나는 채널 파트너사는 제품 현지화를 도와주지 않는다는 점이다. 제품 현지화나 제품의 기술적 부분을 잘 알지 못하며 최종소비자에게 판매를 위하여 필요한 경우가 아니면 일반적으로 알려고 하지도 않는다.

또한 유통채널에서 활동하는 채널 파트너사는 제품에 애정을 가지고 있지 않다는 점이다. 우리나라 제품은 이들이 취급하는 여러 제품군 중의 하나일 뿐이다. 고객이 찾으면, 그리고 마진율이 좋다면 해당 제품을 적극적으로 팔아준다. 그렇지 않다면 별로 애정을 가지고 제품을 다룰 이유가 없는 것이다. 알티베이스가 대만에서 큰 SI업체를 채널로 선정했을 때를 반성하면서 다음과 같이 회고하고 있다.

"그 업체는 우리 제품을 하나의 부품정도로만 생각하고 열정을 가지지 않았습니다. 예를 들자면 백화점에 전시된 하나의 물품처럼만 전시를 했을 뿐 제품에 대한 지식과 교육에는 성의를 보이지 않았습니다." (정보통신산업진흥원, 2011, 53쪽)

최종소비자에게 가는 방식에는 정도가 없다.

우리 기업들이 만나는 C, D, E 기업이 우리 개발사가 해외 시장에 진출하는 데 모두 필요한 것은 아니며 기업마다 활용하는 방식이 다르다. 유통채널(E)을 활용하지 않고 파트너사인 D사가 직접 최종 고객사에게 판매를 하는 경우도 있으며, D사를 이용하지 않고 채널기업인 E사와 합작으로 설립한 조인트벤처인 B사가 직접 고객과 거래하는 경우도 있고 최종 고객인 F사와 일괄계약을 하여서 OEM방식 또는 ASP(application services provider)방식으로 수수료 수익을 올리는 경우도 있었다. 어쨌든 국내 개발사가 해외 시장에 정착해감에 따라 파트너사의 개수가 늘어나며 파트너사의 유형도 다양해지는 것이 일반적이다.

미국의 유통채널 구조 분석

미국의 SW 유통채널은 Microsoft와 Apple이 컴퓨터 관련 SW를 박스에 넣어서 팔기 시작한 후 형성되었다. 그 이후 많은 SW 개발사 즉, ISV(Independent SW Vendor)들이 개인 및 법인 고객을 위한 다양한 제품과 서비스를 개발하였고, 이에 따라 제품군별로 전형적인 형태의 채널망이 형성되었다. 유통채널의 역할과 분류도 매우 정교하게 발전되었다. 이하에서는 미국의 유통채널을 중심으로 국내 기업이 해외 시장에 들어갈 경우 접하게 되는 채널 기업의 유형과 기능을 분석하겠다.[4]

총판대리상(distributor)과 재판매상(reseller)

일반적 유형재화의 유통채널은 distributor와 reseller로 나눠진다. 전자를 총판대리상 그리고 후자를 재판매상이라고 부를 수 있다. 일반적인 산업에서 양자의 가장 큰 차이는 재고자산의 유무이다. 총판대리상은 재고자산을 가지고 있는 반면, 재판매상은 재고자산이 없다. 이에 따라 총판대리상이 하위에 재판매상을 거느리고 있다.

그러나 최근의 SW산업에서는 SW제품을 박스로 포장하여서 판매하는 것보다 시리얼넘버를 제공하거나 온라인으로 판매하기 때문에 이러한 구분은 의미 없게 되었다. 이러한 의미에서 SW산업에서 양자의 구분은 총판대리상이 채널의 위계상 상위에 위치하며, 그 반면 재판매상은 총판대리상보다 그 권한과 책임이 작으며 위계상 총판대리

---

4 SW 유통채널에 자세한 내용에 관하여 이강만(2012) 또는 Bech(2015)를 참조하기 바란다.

상 하위에 위치한다는 것으로 해석하는 것이 적절하다. 특히 국내 기업이 해외 시장에 익숙지 않으며 브랜드 파워가 없을 경우에 현지 채널과 총판대리상과 계약을 맺으며 총판대리상에게 많은 권한을 주고 지역적 또는 산업별 재판매상을 거느리도록 하는 경우가 많다.

VAR(Value-added Reseller)

SW제품 중에서 유통채널이 제품을 최종소비자에게 전달하는 것만으로 판매가 끝나는 제품은 극히 드물다. 대부분이 소비자가 사용할 수 있게끔 만들어 주어야 한다. 하드웨어에 장착하고, 네트워크와 연결하여야 할 뿐만 아니라 고객들에게 사용 교육을 제공하여야 하며, 지속적인 유지보수를 통하여 판매 후 관리를 하여야 한다. 이러한 지원뿐만 아니라 해당 SW를 효과적으로 사용할 수 있도록 지원하는 부수적인 SW도 함께 제공하여야 한다.

VAR는 단순 reseller가 아니라 이러한 기능을 제공하여서 부가가치를 올리는(value-added) 기업이다. 대부분 기술적 능력을 가지고 있으며, ISV로부터 기본적인 교육지원을 받은 후에 자신의 브랜드와 함께 해당 제품을 판매하는 것이다. 해당 제품이 판매될 때마다 약속한 마진을 가지고 가며, 해당 제품의 마케팅을 지속적으로 실시하여서 재판매의 수익이 나오도록 노력한다.

SI(System Integrator) 및 OEM 계약

SI업체는 최종소비자에게 SW를 사용할 수 있도록 필요한 모든 서비스를 제공한다는 점에서 VAR와 매우 유사하다. VAR가 SW를 판매하면서 부가가치를 제공하듯이 SI업체도 SW와 함께 HW 및 네트워크를 통합하여서 제공하고 사용교육을 제공하며 유지보수를 하여 준다. SI업체가 VAR와 구별되는 점은 누구의 브랜드로 제품을 판매하는가이다. VAR는 해당 제품의 브랜드를 홍보하며 판매하기 때문에 ISV와 최종소비자의 계약에서 유통채널로서 중개인 역할을 한다. 그 반면 SI업체는 해당 제품의 브랜드를 밝히지 않고 자신의 이름으로 계약을 하며, 해당 SW를 프로젝트 안의 한 구성품으로 사용한다. 일반적으로 SI업체는 해당 제품의 홍보 마케팅을 하지도 않으며, 지속적인 판매를 보장하지 않는다.

ISV와 해외 기업 간의 OEM(Original Equipment Manufacturer) 계약은 해당 SW가 겉으로 들어나지 않는다는 점에서 SI업체와의 계약과 유사하다. 이러한 점에서 SI업체와의 계약이나 OEM업체와의 계약을 유통채널 파트너십 계약이라기보다 최종 고객과의 계약으로 이해하는 것이 중요하다. 채널 계약은 해당 제품의 인지도를 올리고 시장을 넓히는 방법이며 최종소비자에게 접근하는 장기적이고 전략적인 방법인 반면, SI업체와 계약이나 OEM계약은 중요 고객과의 거래라고 생각할 수 있지만 시장의 접촉면을 넓히는 장기적이고 전략적인 방법으로 사용할 수는 없다.

SI업체와 계약이나 OEM계약은 중요 고객과의 거래라고 생각할 수 있지만 시장의 접촉면을 넓히는 장기적이고 전략적인 방법으로 사용할 수는 없다.

VAD(Value-added Distributor)

국내 기업이 일반적으로 해외 시장에서 맺는 채널 계약은 VAD와 맺는 것이라고 할 수 있다. VAD와의 계약 내용은 VAR와의 계약과 유사하다. VAR와 마찬가지로 VAD도 소비자에게 해당 SW의 서비스 제공방식, 유지보수 및 교육훈련 제공에 대하여 지원을 하여야 한다. VAD와 VAR와 차이점은 총판대리점(distributor)와 재판매상(reseller)의 차이점과 같다. 즉, VAD는 최종소비자에게 서비스를 제공하는 것 이외에 추가적으로 하위에 reseller망을 갖추고 이들에게 다시 여러 가지 지원을 제공한다. 그 반면 VAR는 하위 네트워크를 갖추고 있지 않으며, 단지 최종 고객에게 이러한 서비스를 제공한다.

해외 시장 개척시 VAD의 역할은 매우 중요하다. 해외 시장의 구조를 잘 모르는 국내 기업은 VAD에 의존하여서 시장을 개척하여야 한다. VAD는 지역이나 산업별로 총괄판매 대리권을 갖고서 지역의 reseller 판매망을 구축하여서 ISV의 한계를 보완하여 준다. 또한 마케팅 전략 등도 함께 세우면서 시장 개척을 하므로 이들의 마진율은 기타 유형의 채널보다 훨씬 높게 된다. 특히 우리 기업이 현지 직접 채널을 구축하기 전에 중국 시장 파트너와 맺는 계약은 대부분 VAD 계약이라고 볼 수 있다.

세일즈 에이전트(sales agent)

세일즈 에이전트는 소규모 기업이나 개인으로서, ISV를 대신하여서 고객으로부터 수주 받는 것을 도와주거나 유통채널을 발굴하는 것을 도와준다. 앞의 해외 시장 분석에 언급한 링크(link)가 전형적인 세일즈 에이전트이다. 일반적인 산업에서 세일즈 에이전트는 매출발생시 수수료 계약, 즉 커미션 계약을 맺고 일하지만 SW산업과 같이 매출 수익 발생이 매우 오래 걸리는 거래에서는 일반적인 매출 수수료 계약을 맺지 않는다. 그 대신 매월 일정액과 활동비용의 정산 방식으로 보수를 받는다. 더불어 활동 후 목표달성에 따른 보너스와 매출이 발생시 일정 마진을 받기도 한다.

제2편

일본 시장 현황 및 진출전략

제3장

일본 시장 진출 전 알아야 할 ABC

일본 시장은 국내 기업인에게 지리적 거리감뿐만 아니라 심리적 거리감이 적은 시장이다. 이로 인하여 국내 기업인들은 이미 일본의 많은 부분에 대하여 알고 있는 것으로 생각하기 쉽다. 특히 재벌구조, 종합무역상사 제도 및 정부 직제 등이 우리와 유사하며, 일본 가전제품 생산업체의 이름들이 친숙하여서 우리의 방식이 일본 SW산업에도 적용되는 것으로 오해하기가 쉽다.

신뢰가 바탕이 된 사회

동경 iPark의 추억

필자가 iPark 동경(현 KOTRA산하 동경 IT지원센터)을 개소할 때 겪은 일화는 일본 사회의 단면을 잘 보여 준다. 한국소프트웨어진흥원

(KIPA) 해외협력단장으로 근무하던 시절인 2000년에 신가스미가세키 빌딩의 한 층을 임차하기로 결정하고 삼정(三井)부동산의 도움을 받은 적이 있다. 그런데 삼정 부동산 중개인과 일정을 의논하던 중 예상치 못한 문제에 봉착하였다. 당시에 KIPA의 상위기관인 정보통신부에서는 빠른 시일에 개소하기를 원하고 있어서 당장 계약을 진행해야 하는데, 건물주가 임대 의사결정을 하고 행정처리를 하는데 일주일 이상이 걸린다는 것이다. 건물주가 계약에 서명을 하기 전에 임차인의 신분 등을 조사해야 하기 때문에 이 정도의 기간이 필요하며, 이러한 일정은 일본에서는 일반적인 관행이라는 것이다.

이 빌딩은 일본 최초의 마천루 빌딩인 가스미가세키 빌딩(霞が関ビルディング)의 바로 뒤편에 있으며 특허청, 문부성 청사가 바로 붙어 있어서 임차인을 골라서 집어넣는 것으로 유명하였다. 본인은 중개인과 계약을 앞당길 수 있는 방안을 다각도로 토의하였다. 그 한 방안으로서 빌딩주에게 iPark이 한국 정부의 예산을 받아서 운영되는 정부기관이라는 증빙과 법규를 보내 주었다. 이를 확인한 건물주는 계약을 일사천리로 진행하여서 2일 만에 모든 것을 끝낼 수 있었다.

이러한 부동산 거래 일화는 일본 상관행을 잘 말해주고 있다. 상호신뢰관계가 형성되기까지 기간이 오래 걸리고 매우 신중한 자세를 취하지만 일단 신뢰관계가 형성되면 행정적인 절차가 걸림돌이 되지 않는다. 이후 iPark 동경에 시설 예산을 송금을 하기도 전에 사무실 집기, 문구 등을 구매하고 설치하였다는 소식을 들었다. 신가스미가세키 빌딩의 임차인이라는 신용 때문에 주변 상점들이 외상을 제공하였다고 한다.

일본 사회에서 신뢰란 무엇인가?

일본 시장은 신뢰를 바탕으로 한다는 소리를 수없이 들어왔다. SW 제품은 무형자산이며 사용하기 전에 검증을 하기도 어렵다. 오로지 거래 상대방에게 신뢰를 주면서 이를 바탕으로 판매가 이루어지고, 이어서 신뢰가 쌓이면 반복 구매를 하게 된다.

우리나라는 인맥이라는 유대관계를 통하여 신뢰가 전달된다. 우리나라에서 인맥을 만들 수 있는 가장 쉬운 길은 동창관계라고 생각한다. 그리고 같은 직장 출신도 인맥의 기본이 된다. 중국도 꽌시라는 가족, 친지 및 아주 가까운 사이의 inner circle을 만들면서 사회의 안전망을 대체한다. 그러면 일본 사회에서 신뢰란 무엇인가? 그리고 어떻게 신뢰관계를 만들 수 있을까? 이에 대하여 일본인과 재일교포 분에게 자주 질문을 던져 보았다.

대답들을 종합해 보면 일본의 신뢰관계는 우리와는 다소 다른 것 같다. 우리는 동창, 직장 동료 등과 같은 인맥이 신뢰의 바탕이 된다. 그러나 일본인들은 인맥보다 지속적으로 거래를 하고 상호이익을 주는 관계, 소위 호혜관계를 오래 유지하는 사이에서 신뢰가 생긴다. 단순히 말하면 오랜 기간 알고 지내는 사이에서 신뢰가 생긴다. 즉 혈연, 지연, 학연 등의 구분이 없이 오랫동안 믿고 지낸 사이에서 신뢰가 형성된다. 외국인과의 신뢰관계도 일본인 사이의 신뢰관계와 마찬가지로 장기간 접촉하면서 성립된다. 이러한 신뢰관을 바탕으로 일본 시장에서는 일단 거래관계가 이루어지면 이것이 관행이 되어 계속적으로 관계를 유지하려고 한다. (〈퍼온 글: 일본 기업이 생각하는 신뢰의 의미〉 참조)[5]

---

5 이우광(2008)에 일본 기업 간 거래의 신뢰에 관하여 자세히 논의되어 있다.

시간이 신뢰를 만들어낸다는 사실은 일본 진출 초기에는 절대로 신뢰를 얻을 수 없다는 딜레마에 봉착한다.

오래 버틴 기업이 계속적으로 살아남을 확률이 높다는 주장은 바로 이런 일본인의 信頼觀에 기인한다. 우리 기업들은 전략적으로 이러한 일본판 신뢰의 속성을 이용하여야 한다.

첫째, 신뢰의 이전이 중요하다. 시간이 신뢰를 만들어낸다는 사실은 일본 진출 초기에는 절대로 신뢰를 얻을 수 없다는 딜레마에 봉착한다. 그러나 신뢰의 이전이 가능한 것이 일본사회이다. 즉 상호 신뢰를 가지고 있는 인사나 기업이 중간에 소개를 하면 이들을 통하여 신뢰관계가 연계된다는 것이다. 중간 소개인인 링크 또는 협력 파트너를 잘 만나야 하는 이유는 이들의 소개를 통한 신뢰관계가 활용되기 때문이다.

둘째, 신뢰를 만들기 위하여 가장 현실적인 전략은 담당 직원이나 법인장을 바꾸지 않는 것이며 이미 잘 알고 있는 일본인을 법인장으로 임명하는 것도 좋은 방안이다. 물론 더 좋은 방법은 사장 또는 최고위급 임원이 지속적으로 관여하는 것이 성공의 비결이다. 모 기업 사장은 일본 진출 후 줄곧 일주일의 반은 동경에서, 그리고 다른 반은 서울에 살고 있다고 하여서 필자가 놀란 적이 있다. 이 분 왈 "*국내 기업은 본인이 없어도 돌아가지만 일본 판매는 조금만 방심하여서 실수를 하면 신뢰가 깨지고 바로 영향을 미치니 안 그럴 수가 없다.*"

세 가지 거리감

우리나라 SW기업이 서양 기업보다 일본에서 성공할 수 있는 가능성이 높은 이유는 지리적 근접성 뿐만 아니라 사회적, 문화적 유사성이라고 할 수 있다. 이러한 사회적, 문화적 유사성을 흔히 '심리적 거리(psychic distance)'가 좁다라고 말한다. 일제 강점기를 통하여 성립된 교육제도, 정부기관 조직구조, 기업의 품의제도, 법률시스템 등 많은 사회제도의 유사성으로 인하여 일본 시장을 심리적으로 멀지않게 생각한다. 또한 국내 기업에게 환영받은 SW제품이 일본 기업에서도 적용될 수 있는 가능성이 다른 나라에 비하여 높다. 특히 기업 간 거래 관행 등이 우리나라의 그룹과 유사한 계열(係列; keiretsu) 내에서 형성되어 있기 때문에 계열과 연계된 유통채널을 이용한 영업활동이 우리 기업에게는 익숙하다.

과연 심리적 거리감이 적을까

일반인들은 우리나라와 일본의 심리적 거리감이 적다고 느끼지만, 정작 일본통들은 SW제품의 선호도, 업무 활용도, 시장 반응 등에서 양국 시장에서의 차이가 존재하며 특정 분야에서는 매우 크게 나타난다고 한다. 이들이 공통적으로 지적하는 거리감의 예를 들어 보자.

첫째 예로서 우리나라 시장에서는 소비자가 새로운 제품에 열광하고 시장이 빨리 반응하면서 폭발적인 수요가 나타나서 대박을 치는 경우가 많은데 일본의 경우에는 이러한 쏠림현상이 매우 적다고 한다. 시장의 반응 속도가 우리보다 느릴 뿐만 아니라 새 것을 별로 반기지 않는다. 그 반면 완성도 면에서 부족한 것을 절대로 용납하지 않는다고 한다.

이러한 점을 감안하여 진출 시기를 잡아야 한다. 품질이 완전하지 않은 제품을 빨리 출시하여서 시장을 선점하려는 전략보다는 완전히 일본화를 시키면서 시간을 가지고 파트너를 찾는 노력을 하는 것이 현명한 전략이다.

시장의 반응 속도가 우리보다 느릴 뿐만 아니라
새 것을 별로 반기지 않는다.
그 반면 완성도 면에서 부족한 것을
절대로 용납하지 않는다.

둘째, 고객이 선호하는 제품은 기능의 참신성 또는 다양성 등이 아니라 안전성 또는 안정성이라고 한다. 검증된 제품을 더 좋아하기 때문에 새로운 제품을 처음으로 시도하는 것을 꺼려하게 된다.

일본에 진출한 콜센터 SW의 사례가 대표적인 예이다. 우리나라 시장에서는 동영상 기능을 탑재한 콜센터 SW의 인기가 많은데, 일본 시장에서는 동영상 부분을 빼고 콜센터 제품을 구성하였다고 한다. 이 동영상 기능은 매우 유용한 기능으로서 문제가 발생한 부분을 스마트폰으로 찍어서 전송하면 콜센터 직원이 직접 동영상을 확인하고 바로 수리할 수 있는 편리한 기능이다. 일본 소비자가 이 기능을 꺼려하는 이유는 하자있는 부분의 동영상을 찍는 과정에서 개인의 프라이버시가 노출되는 것이 불안하기 때문이라고 한다.

"일본의 IT편리성 추구가 늦어지는 것은 국민성에 기인하는 것으로

생각됩니다. 편리성보다 '안전성'을 더 중요시 여기는 일본인들은 '안전성'에 조금이라도 불안을 느끼면 '편리성'을 추구하지 않는 게 일반적입니다."(KOTRA 도쿄 IT지원센터, 2012, 72쪽).

셋째, 기업 내의 의사결정 방식도 우리나라와 상당한 차이가 있다. 우리나라 기업 고객의 IT제품 구매 의사결정은 최고경영층에서 일어나며 기술직의 의견은 참고사항으로 여기는 것이 관행이지만 일본 기업은 최고경영자가 독단적으로 의사결정을 하지 않는다.

"일본 기업에게 제품 판매를 추진할 계획이라면 상대방 경영진을 만나는 단계에서 관련 안건의 담당 부문과 그 부문의 책임자를 소개해 달라고 부탁해야 합니다. 부분 책임자에게 충분히 설명하고 이해를 이끌어 내야 합니다."(KOTRA 도쿄 IT지원센터, 2012, 74쪽).

일본 기업에서는 이직률이 낮으며 직원들의 직무 간 이동이 많지 않기 때문에 구매 의사결정에서 담당 직원의 의사결정 권한이 매우 중요한 역할을 한다. 우리나라에서는 담당자가 기술적인 우월성, 품질의 우수성 등을 모두 검증한 후 구매 의사를 보이고 나서도 경영진이 기타의 이유로 이를 번복하는 일이 왕왕 있다. 일본 기업의 담당 직원이 SW의 기능을 충분히 이해하고 품질의 우수성을 인식할 때 비로소 구매 의사결정이 시작되며, 이후에 기업 내의 많은 의사결정자들과 내부 토의를 거쳐서 매우 신중하게 구매 결사결정을 내리게 된다. 따라서 담당 직원에게 충분히 설명하는 과정이 매우 중요한 단계이다. 더구나 최고경영자는 바뀌어도 담당자가 쉽게 바뀌지 않는 것이 일본의 기업문화이므로 담당자에게 제품을 설명하고 완성도가 높다는 것을 인식시키는 것이 매우 중요하다.

품질거리감을 극복 못하면 백전백패

미묘한 심리적 거리감도 심각한 차이라고 할 수 있지만 제품의 품질에 대한 인식의 차이는 더욱 크다. 즉, 우리 기업인이 느끼는 제품의 품질 완성도와 일본 기업인이 느끼는 품질 완성도의 차이는 매우 크다. 이러한 거리감을 '품질거리감(quality distance)'이라고 정의할 수 있다.

인터뷰에 응했던 모든 분들이 한목소리로 일본 시장에 진출하는 제품의 완성도는 국내에서 생각하는 것보다 훨씬 높아야 한다고 강력히 주장하였다. 우리 기업인들은 SW란 지속적으로 보완하고 업그레이드하는 것이기 때문에 초기에는 80~90% 품질 수준에서 시장에 선을 보이고 난 후에 100%까지 품질 수준을 끌어 올리는 것을 당연하게 생각한다.

이러한 인식은 일본 시장에서는 쉽게 통하지 않는다. 일본은 메카트로닉스(mechatronics) 기술의 왕국이라 불릴 정도로 메카트로닉스 산업이 발달되어 있다. 메카트로닉스란 기계(mechanics)와 전자(electronics)의 융합기술로서, 지능형 로봇, 반도체/디스플레이 제조장비, 각종 자동화장비 산업의 기반이 되는 기술이다. 메카트로닉스 기술이 적용되는 제품들은 한 치의 오차도 허용되지 않는다. SW제품의 완성도를 이러한 기술이 적용되는 제품의 완성도와 동일하게 생각하는 것 같다. 우리 시장에서는 SW제품은 대부분 버전을 올리면서 완성도를 높이는 것이 관례인데 이러한 속성이 일본 시장에서는 용납되지 않으며, 처음부터 100%의 품질로 출시하여야만 호평을 받을 수 있다.

빨리빨리와 꼼꼼의 충돌

심리적 거리감, 품질거리감을 고려할 때 일본 시장에서 적절한 협력 파트너를 만나는 것도 어렵지만 이들과 협력하는 것도 우리 기업이 넘어야 할 과제이다. 협력이 어려운 주요한 이유는 기본적 가치관의 현격한 차이 때문이다. 우리나라의 '빨리빨리 대충' 문화와 일본의 '위험기피 꼼꼼' 문화의 충돌이 일어나게 되면 양쪽 중의 누구 하나는 나가떨어지게 된다. 우리는 시장의 반응에 즉각적으로 움직여야 생존할 수 있다는 빨리빨리 가치관을 일본 시장에서도 적용하고자 하는 것인 반면, 일본 SW 기업인들은 제품의 완결성이 보장되지 않은 상태에서 시장에 내놓다는 사실을 부끄럽게 여긴다. 특히 일본의 유통기업은 전자제품 등의 HW 제조, 판매 문화에 익숙하여서 품질이 완전하지 않은 것을 용납하지 않는다. 그 반면 우리나라 기업인들은 SW제품이란 일단 출시하고 나서 지속적인 하자수정과 버전을 올려가면서 완전한 제품으로 바꾸어 간다는 사고를 하기 때문에 이러한 문화적 충돌이 일어난다.

일본의 '위험기피 꼼꼼' 문화의 단면을 이야기하는 우스갯소리가 있다. 우리 속담에 위험한 일을 할 때에 "*돌다리도 두들겨 보고 건너라*"라는 훌륭한 행동지침이 있다. 일본에서는 이 속담이 이렇게 바뀐다고 한다. "*돌다리를 두들기고 두들겨서 결국 무너진다!*" 일본인들은 돌다리를 두들겨 보고 건너는 것이 아니라 돌다리를 두들겨 보고도 불안해서 건너지 못할 뿐만 아니라 계속 두들기다가 결국 무너뜨리고 건너지를 못 한다는 우스갯소리이다.

"*다리도 두들겨 보고 건너라.*"라는 훌륭한 행동지침이 있다. 일본에서는 이 속담이 이렇게 바뀐다고 한다. "*돌다리를 두들기고 두들겨서 결국 무너진다!*"

실질적 진출은 품질거리감이 없어졌을 때

국내 제품이 완성도가 높다고 자부하면서 일본 시장에 진출한 기업도 제품을 일본화하는 데 예상보다 훨씬 더 긴 시간이 걸린다. 국내에서 제품의 완성도를 최대한 대로 올린 다음에 진출하여도 일본에 맞는 제품 현지화를 하는데 최소 1년 이상을 소비한다고 한다. 시간이 지연되면서 시장의 호기를 놓칠 수도 있고, 파트너와 부조화가 생기는 등 무수한 암초에 걸려서 결국은 진출을 포기하게 된다. 또한 제품 현지화가 완전히 끝나지 않은 상황에서 유통채널에게 제품을 소개할 경우 제품에 대한 나쁜 이미지를 주면서 신뢰관계를 형성하지 못함에 따라 향후 중요한 상황에서 더 이상 거래를 하지 못하게 되는 경우가 발생할 수 있다.

일본 SW시장 가치사슬의 특징

일본에는 개발사가 없다.

일본이 우리나라 SW 개발 기업에게 매력적인 시장이라는 이유 중의 하나는 일본 내에는 SW개발사가 없다는 사실이다.[6] 일본에서는 이미 오래 전부터 SW 개발이 기피 업종으로 전락하여서 SW 개발업이 발달되어 있지 않다. 그 대신 해외 SW제품을 일본화시켜서 사용하는

6 "개발사가 없다"라는 단언은 어폐가 있다. 일본 정보서비스산업협회(JISA) 간부의 말에 따르면 개발인력이나 개발 제품의 범위를 고려할 때 일본 개발사의 존재는 매우 미력하다고 한다. 더구나 우리 기업이 개발한 제품이 시대 선도적인 성격의 제품인 점을 감안할 때 일본 개발사의 존재는 국내진출 기업에게 별로 위협적이지 않다.

것이 관례화되어 있다. 따라서 일본 내에서 우리 기업의 경쟁 상대는 일본 제품이 아니라 미국, 독일, 대만 제품들이다.

물론 일본의 IT서비스 기업은 일본 내수뿐만 아니라 글로벌 시장을 대상으로 활발히 움직이고 있다. 일본의 IT서비스 기업들은 일본 내의 인력난을 극복하기 위해서 중국, 베트남, 인도 등에 있는 아웃소싱 기업을 활용하여서 SI사업을 운영하고 있으며 해외 유통사업에도 뛰어들고 있다. 이 기업들은 SW제품 및 솔루션을 국내외로 유통하고 SI성 프로젝트에 사용하고 있지만 직접 개발하지는 않는다.

일본 시장 내에 자국 개발사가 없어서 일본 기업과 경쟁을 하지 않아도 된다는 점은 경영전략을 수립할 때 국내 기업에게 유리하게 작용할 뿐만 아니라 기술보호 차원에서도 매우 유리한 면을 가지고 있다. 이러한 일본의 산업구조는 해외 기업이 지적재산권(IPR) 보호를 위하여 지불해야 하는 거래비용, 즉 계약, 보호장치, 감사 등에 소요되는 비용을 줄어준다.

이러한 IPR의 보호에 신경을 덜 써도 된다는 점에서 중국 시장과 정반대이다. 중국 시장에 들어가고 싶지만 들어가지 못하는 여러 가지 이유 중의 하나는 중국 현지 기업에게 지적재산권 침해를 당하거나 핵심 역량을 뺏기지 않을까 하는 우려인데 일본 시장에서는 이를 걱정할 필요가 적다.

전통적인 유통망이 고착화되어 있다.

거대한 자본력과 브랜드 파워를 가지고 자체 유통망 체제를 구축할 수 있는 글로벌 기업을 제외한 일반적인 해외 SW 기업은 일본의 전통적인 유통채널을 통하여 일본의 기업 고객을 만날 수밖에 없는 상황이다.

일본의 전통적인 유통채널은 제 2차 세계대전 이전부터 가전제품 판매를 중심으로 지속적으로 유지되어 왔기 때문에 고객들과 밀착되어서 쉽사리 바뀌지 않는 관계를 유지하고 있다. 유통기업들은 대부분 시대 및 환경변화에 맞추어서 단골 고객에게 물건 등을 납품하고 있는 조달 기업이다. 예컨대 학교 조달기업은 처음에는 책상 및 분필 등을 납품하다가 컴퓨터 시대에 들어가면서 컴퓨터 및 주변기기 등을 납품하였고, 교육정보화시대에 들어서면서 교육용 SW 및 행정 SW 등 교육기관에 필요한 SW를 납품하고 있다.

이러한 유통채널들이 매우 복잡하게 발달되어 있어서 해당 산업 또는 해당 지역에 관한 유통전문가가 아닌 한 이를 완전히 파악할 수 없다고 한다. 복잡다단한 유통망은 기존에 관계를 갖고 있지 않은 기업들에게 진입장벽으로 존재하며 새로이 진입하기 위하여 많은 노력, 시간, 비용이 필요하다. 이러한 이유에서 Microsoft, IBM, HP, SAP, 오라클 등 글로벌 기업들은 일본의 기존 유통망을 사용하지 않고 자체적으로 유통망을 구축하면서 일본 시장에 들어갔다.

> 복잡하지만 고착된 유통망은
> 우리 기업에게 한편으로는 골칫덩어리
> 난제이지만 다른 한편으로는
> 매우 좋은 기회를 제공한다.

이렇게 복잡하지만 고착된 유통망은 우리 기업에게 한편으로는 골칫덩어리 난제이지만 다른 한편으로는 매우 좋은 기회를 제공한다.

그 이유는 관련된 유통채널을 단시간에 이해하기는 어렵지만 유통망의 변화가 적기 때문에 일단 유통기업들을 확인한 후에는 진출 전략을 세우기가 쉽다. 시장에서 해당 제품을 위한 유통채널의 주요 기업을 알 수 있고 채널 기업과 연계된 고객들을 알아낼 수 있다면, 비록 시간은 걸리겠지만 계속 두드릴 경우 기회의 문이 열릴 것이다.

둘째, 일본에는 자국의 SW 개발사가 거의 없기 때문에 우리 기업은 해외 기업과 공정한 경쟁을 할 수 있다. 해외 기업 중에서 우리나라는 지역적, 사회·문화적으로 가장 가까운 나라 중의 하나이므로 여타 서구 기업에 비하여 유통망을 뚫는데 소요되는 거래비용이 적게 든다.

일본 SW 유통채널의 분석

일본의 유통구조는 산업마다 역사성을 가지며 복잡다단하게 구성되어 있어서 전체적인 구조를 단기간에 파악하는 것은 매우 어렵다. 예를 들어서 가전이나 자동차와 같이 제2차 세계대전 이전부터 형성이 된 유통구조는 많은 학자의 연구의 대상이 될 정도로 복잡 미묘하다.[7]

다음 그림은 일본의 컴퓨터시스템판매점 협회에서 작성한 자료(일본 컴퓨터시스템판매점 협회, 2007)를 이용하여 필자가 재 작성한 것이다. 〔그림 4〕에서 보는 바와 같이 SW 유통채널의 종류는 6가지로 구분된다. ① 직판체제, ② 양판점(量販店) 채널, ③ 대리점(御會社) 채널, ④ 전문 ICT 판매회사(販賣會社) 채널, ⑤ HW메이커 채널 및 ⑥ IT서

---

7 김현철, 최상철(2006) 및 김현철(2005)은 일본의 가전, 화장품, 자동차 산업 등의 유통채널 발달의 역사와 기능을 자세히 분석하였다. 일본의 유통을 이해하는 데 많은 도움이 되는 서적으로 일본 시장 담당자들에게 일독을 권한다.

그림 4 일본의 SW산업 유통채널

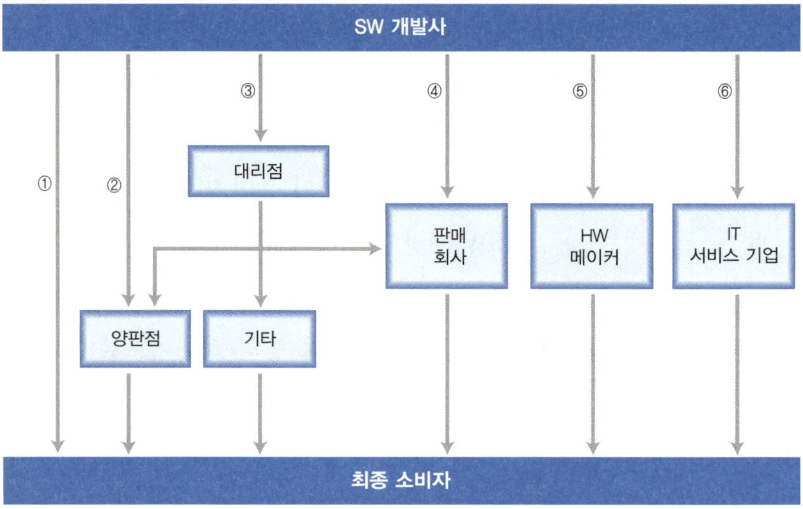

비스 기업 채널이다.

우선 직판은 유통채널을 통하지 않고 개발사가 직접 판매하는 것으로 채널 마진을 절약할 수 있기 때문에 많이 활용하고 있다. 협회에서 발간한 자료에 따르면 OS 및 범용 응용 SW의 경우 약 40% 정도가 직판을 이용하고 있다.

두 번째 양판점 채널의 대표적인 기업은 요도바시(ヨドバシ), 고지마(コジマ)이다. 이들은 자체 매장을 가지고 카메라 등 전자제품을 판매하면서 동시에 SW를 판매하는 B2C 채널이다. 이 양판점에서 간단한 개인용 또는 중소기업용 SW를 판매하고 있지만 현재 온라인 다운로드 방식으로 변하고 있어서 큰 역할을 하지 못하고 있다.

셋째, 대리점, 소매점으로 연결되는 유통채널이 있다. 그림에서 보듯이 대리점들은 양판점이나 전문 판매회사에게 판매할 뿐 최종소비

자와는 직거래를 하지 않는다. 대표적인 기업으로는 소프트뱅크 BB, Synnex 인포텍(シネックスインフォテック; 이전 명칭: 마루베니 인포텍), 다이와보 정보시스템(ダイワボウ情報システム), 주식회사 네트월드 등과 같이 기술지원도 하는 기업들이다. 앞에서 소개한 VAD(value-added distributor)로 분류할 수 있으며, 이 연결 통로가 우리 기업들이 중시하는 유통채널이다.

넷째, 전문적인 ICT 판매회사 채널이다. 오오츠카상회(大塚商会), CSK 등과 같이 기업에 납품을 전문으로 하는 기업 채널이다. 일본의 독특한 유통채널로서 매우 오랜 역사를 가지고 있는 채널이다. 이 채널은 SW뿐만 아니라 고객이 원하는 것이라면 무엇이든지 조달하여 주는 기업이며, 현재 IT전문 판매 기업으로 특화되었다.

다섯째, HW 메이커로서 우리가 잘 아는 Fujitsu(富士通株式会社), NEC(日本電機株式會社), Hitachi(株式會社日立製作所), 그리고 해외 기업으로 IBM 등이 있다. 이 기업들은 컴퓨터 및 주변기기 제조기업이었는데 이에 덧붙여서 SW제품도 판매하며 매우 거대한 조직을 갖고 있다.

마지막으로 IT서비스기업군이 있다. 이 기업들은 파트너사의 제품을 가지고 IT서비스를 제공하며, 정부기관, 금융업 등 여러 분야에서 시장을 장악하고, 거대한 영향력을 가지고 있다. 대표적으로 NTT 데이터, 일본 Unisys 및 HW메이커와 연계되어 있는 많은 계열 기업군이 있다. 특히 HW메이커인 Fujitsu, Hitachi, NEC, Toshiba, 미쓰비시전기 등의 자회사, 손자회사가 IT서비스 시장을 장악하고 있다. 이들은 지방자치단계와 함께 관련 회사를 설립하거나, 지방 기업을 산하에 보유하고 있다.

내부로 들어가기 전에는 모른다.

〔그림 4〕는 일본의 유통구조의 전모를 알려주지는 않지만 많은 시사점을 가지고 있다.

첫째, 필자가 가지고 있는 자료가 다소 오래되어서 신규로 출간된 자료가 있는지를 직접 일본 컴퓨터시스템판매점 협회에 문의하였다. 협회 담당자의 말에 따르면, 출간일자인 2007년도부터 2014년도까지 크게 변한 내용이 없어서 이제까지 재조사를 하지 않았다고 한다. 변화가 없는 이유 중의 하나는 SW제품이 변화하여도 제품을 고객에게 제공하는 채널 구조와 담당 기업은 동일하기 때문이라고 생각한다. 일본의 채널 기업들은 고객의 요구를 잘 아는 전문가이기 때문에 제품의 내용이나 유통방법이 바뀌어도 여전히 고객을 위한 중간 매개 역할을 하고 있기 때문이다.

진출 초기에는 전체적인 그림을 아는 정도로 끝나야 하며 자체 제품에 맞는 현지 유통망을 경험하고 공부하고 연구하면서 차근차근 체득하여 갈 수 밖에 없다.

둘째, 유통채널은 매우 복잡한 구조로 형성되어 있고, SW제품군마다 상이한 유통망을 가지고 있다고 한다. 우리나라 기업들이 일본의 유통구조를 이야기할 때 피상적으로 NTT, Fujitsu, SoftBank 등 대형 하드웨어 메이커나 IT서비스 기업들 또는 이들 기업의 계열에 속한 기업들을 생각하며 접근한다. 그러나 그림에서 보듯이 SW제품의 특성, 최종 고객의 종류, 지역적 분포 등에 따라 매우 다양한 플레이어들이 활동을 하고 있다.

유통채널 전문가도 일본의 복잡한 유통채널을 다 알기가 어려운 마당에 우리 기업의 해외 시장 담당자가 현지인의 도움 없이 단기간에 이를 파악하는 것은 거의 불가능하다. 즉 국내 기업의 주재원, 법인장이 수년간 제한된 범위에서 얻은 경험지식만으로 일본 시장의 전체적인 유통구조 파악이 가능하다고 생각하지 않는다. SW제품별로 유통채널이 다르며 지역별로, 고객의 해당 산업별로 다르기 때문에 우리나라 제품이 일본 시장에 진출하여도 일정 산업·분야·지역의 고객, 예컨대 삿포로지역의 교육청만을 이해하고 상대한다고 생각하는 것이 현명하다.

결국 일본 시장 진출기간이 오래 걸리는 이유 중의 하나는 일본 시장의 내부로 들어가서 활동하면서 경험지식을 얻고 일본 전체 채널 중에서 극히 일부분의 채널기업과 관계를 갖으면서 자신의 제품에 해당하는 채널의 범위를 넓혀가기 때문이다. 우리나라 SW개발사 입장에서 진출 초기에는 전체적인 그림을 아는 정도로 끝나야 하며 자체 제품에 맞는 현지 유통망을 경험하고 공부하고 연구하면서 차근차근 체득하여 갈 수 밖에 없다.

일본 시장의 변한 것과 안 변한 것

과거가 중요한 기업 문화 속으로

2007년도와 2014년도 두 번의 연구 출장을 통하여 일본 시장의 7년

간의 격차를 느낄 수 있었다. 특히 2014년도 출장시에는 KOTRA 동경 IT 지원센터((구) iPark 동경)를 다시 방문할 기회를 가졌다. 이 지원센터에는 10여 년 전에 함께 일했던 마케팅 전문가 두 분이 아직도 근무를 하고 계셔서 옛 친구를 만나는 기분이 들었으며, 동시에 일본식 경영 및 장기근속 인력 활용의 단면을 보는 것 같았다. 이분들과의 대담에서 지난 10여 년간 한국기업들을 지원하면서 축적한 노하우를 한꺼번에 이전받을 수 있는 좋은 기회를 가졌었다.

동경 IT 지원센터의 시설을 둘러보면서 놀란 사실은 현재의 시설물이 본인이 14년 전에 iPark 동경을 신설할 때 구매한 물건이며 그 위치도 하나 바뀌지 않아다는 것이다. 더구나 시설을 잘 사용하여서 최근에 구매한 것처럼 보였다. 온고이지신(溫故而知新)이 옛말이 되어버리고, 새 것 좋아하고 헌 것을 쉽게 교체하는 우리의 최근 풍속과 대비되는 일본 문화의 단면을 볼 수 있는 경험이었다.

변하지 않은 점

1) 집단 의사결정

미국인 질문: *Where do you come from?*

일본인 대답: *From Toyota.*

위의 대화는 일본인의 집단 소속감을 잘 보여준다(유민호, 2014). 미국인은 아마도 상대방이 동양의 어느 지역에서 왔는지 궁금해서 물어본 것일 것이다. 이 같은 질문에 일반적인 일본 기업인은 보통 Toyota, Hitachi 또는 Sony라고 답한다. 우리나라 기업인들이 명심해야 할 일본 기업인의 기본적인 특성이다. 집단 의사결정 체제에 익숙하기 때문에 집단을 중심으로 사고하고 의사결정을 한다. 전후좌우를 살피고 의사결정을 내리므로 우리보다 즉흥성이 적을 뿐만 아니라 위험 회피형의 의사결정이 많다.

"돌다리도 두드리고 안 건넌다."라는 말은 일본 시장에서 활동하는 국내 전문가들이 일본 파트너들을 평가할 때 빗대어 하는 말이다. 특히 신규로 거래를 시작할 때 사안을 검토하고 평가하고 다시 재검토를 한 후 결국 보류하는 과정에 대한 우스갯소리로 우리 기업인들이 명심해야 할 일본 기업인들의 기본적인 특성이자 집단의사결정체제에 익숙한 일본을 반영하는 말이다.

2) **의사결정은** Bottom-up **방식이다.**

의사결정의 권한의 무게중심이 누구에게 있느냐 즉, top-down 의사결정이냐 또는 bottom-up 의사결정이냐 하는 것은 기업문화를 이해하는 데 매우 중요하다. 우리나라 기업의 의사결정이 top-down 성향이 강하다면, 상대적으로 일본 SW기업의 의사결정의 구조는 bottom-up이라고 할 수 있으며 이 또한 변하지 않는 상황이므로 우리 기업인이 일본 기업인을 대할 때 이를 잘 알고 대하여야 한다. "*설명회시, 기술 부문의 담당자에게 초점을 맞추고, 기술자가 흥미를 갖도록 전력을 다하는 것이 중요합니다.*"(KOTRA 도쿄 IT지원센터, 2012, 78쪽).

일본 기업에서는 담당자의 판단 및 의사결정을 중시하며, 상사도 담당자의 의견을 묵살하며 자기의 의견을 관철시키려 하지 않는다. 담당자의 판단을 존중하는 이유는 아마도 담당자들이 한 자리에 오랫동안 있으면서 과거와 미래를 연결하는 역사성을 가지고 있기 때문이며, 또한 상사가 담당자와 갈등 또는 불협화음을 내지 않으려는 기업 분위기 탓이기도 하다.

3) 기존 유통망이 건재하다.

SW제품 및 서비스의 유통망의 구조 분석에서 발견한 사실은 현재 유통채널에서 활약하는 기업의 면면이 7년 전의 조사 때와 크게 다르지 않다는 사실이다. 단지 소프트뱅크 계열의 기업들이 새로이 등장하여서 활동하고 있는 것, 앱(Apps)을 이용하여서 직접적으로 개인 소비자와 연계하는 방식이 새로이 등장하는 것과 SaaS방식의 유통채널이 발달되고 있다는 것 이외에는 과거와 변함이 없다고 한다.

변화가 없다는 것은 새로운 기업이 진입하기가 어렵다는 것을 의미한다. 그러나 다른 한편으로는 해외 기업이 유통구조를 익히고 유통채널을 찾아내는 데에는 이러한 안정적, 지속적 유통구조는 많은 도움이 된다. 일본 시장에서 끈기 있게 제품의 현지화에 노력하여서 일본 시장에 적합한 제품을 만들어 낼 수 있다면 정상적인 제품판매가 가능할 수 있다고 생각한다.

변하고 있는 점

1) 한국 제품의 위상이 향상되었다.

2014년 일본 시장에서 한국 SW제품의 위상은 높아지고 있다. *"한국에서의 레퍼런스 네트워크를 최대한 활용하는 것이 안전한 프로젝트를 진행하는 데 큰 도움이 되었다."*(정보통신산업진흥원, 2011, 29쪽). 국내 공공기관에 납품한 실적이나 삼성 등 글로벌 기업에서의 레퍼런스는 일본 시장에서도 통한다. 모 기업도 최근에 다산콜센터에 납품을 하고자 노력을 하고 있는데 그 이유 중의 하나는 우리나라의 프로젝트를 성공적으로 실시하여서 가동되는 현장을 일본 고객에게 보여 주기 위해서라고 한다.

한국의 레퍼런스가 일본 판매에 큰 도움이 된다는 것은 큰 변화 중의 하나이며 매우 고무적인 이야기이다. 또한 동반진출도 가능한 방법으로 자리 잡기 시작하였다. 일본 기업과 신뢰를 쌓은 기업이 소개하여서 유통채널에 연계를 시키거나 파트너를 찾아주는 방식이다. "*알티캐스트가 미들웨어 업체로서 좋은 평판을 얻다 보니 우리에게 셋톱박스 업체선정에 자문을 구하는 경우가 많습니다. …… 이렇게 국내 셋톱박스 업체를 해외에 동반진출시키는 효과를 보고 있는데 이 역시 우리가 거둔 중요한 성과중의 하나입니다*"(정보통신산업진흥원, 2011, 29쪽).

2) 일본통들의 활약이 활발하다.

2007년 인터뷰에 응했던 분들에게서 들을 수 있는 이야기는 대부분 다소 피상적인 내용이거나 자신들이 활동하는 영역에 관한 것이었다. 일본 시장의 전체적인 시스템의 구조와 원동력, 주력 기업의 활동 등에 관한 것을 들을 수가 없었으며, 매우 단편적이어서 인터뷰 내내 답답함을 느꼈었다.

2014년도 방문에서 많은 소득이 있었다고 느끼는 이유는 인터뷰에 응했던 여러 현지 기업인들의 일본 사회에 대한 식견과 일본 시장의 움직임에 대한 이해가 매우 깊었기 때문이다. 이분들은 필자의 질문에 막힘이 없이 대답을 하여 주었으며, 자사 제품의 일본 시장을 훤히 꿰뚫고 있는 분들이었다.

인터뷰에 응했던 분들 중에는 1인 지사장에서부터 시작하여서 현재는 현지법인 대표가 되신 분도 있으며, 반대로 거창하게 시작했다가 법인을 정리하고 떠나려는 분들도 계셨지만 공통점은 일본 시장을 이해하는 일본 IT통이 되어가고 있다는 점이다. 이러한 분들이 계속 배출되는 한 국내 우수 SW제품의 일본 진출의 전망은 밝아 보인다. 우리나라의 정책은 이러한 분들을 어떻게 활용할 것인가에 초점을 맞추어야 한다고 생각한다.

3) 계열 내에서도 무한 경쟁

우리의 그룹사, 소위 재벌 기업군과 마찬가지로 일본도 기업 계열(keiretsu)이라는 체제를 가지고 있다. 일반적으로 NTT, 미쓰비시, 수미토모 등 기업 계열은 우리의 재벌 기업군보다 거대하여서 소속된 기업 수가 많으며, 지분관계 이외에도 사회적 관계, 인척관계 등으로 연계되어 있는 오랜 역사를 지닌 거대 기업 집단이다. 계열에 속한 기업들은 계열 내의 정해진 영역에서 활동하며 기업 간에는 상호 정해진 사업 영역을 존중한다고 알려져 왔다.

그러나 이번 인터뷰에서 밝혀진 바로는 이러한 전통이 점차 무너지고 있다. 계열 내 기업 간에 또는 기업 내의 부문 간에 영역 유지 전통이 무너지고 있으며 이러한 영역 파괴가 침해나 위반이라기보다 기업 활동이 어려워짐에 따라 자연스럽게 생겨나는 현상으로 인식하고 있다. 특히 SW사업이 과거에는 HW의 부속사업으로 여겨지던 시대에서 중심적인 사업으로 바뀜에 따라서 이러한 영역 파괴 현상은 기업의 생존 방식으로 인식되고 있는 것 같다.

> 이러한 움직임들이 우리나라 시장과
> 같은 속도로 진전될 것이라고는 생각하지 않는다.
> 단지 움직임의 속도가 과거보다 빨라지고 있다는
> 점은 의심할 여지가 없다.

4) 클라우드, 보안서비스 등의 가속

일본의 제조업체가 눈독을 드리고 있는 시장은 사물인터넷(IoT) 시장이다. Hitachi, Fujitsu 등 원래부터 강력한 제조기반을 가지고 있는 기업들이 IoT를 응용하여서 부가가치를 올리려고 한다. 또 다른 움직임은 클라우드 서비스의 급속한 발전이다. 일본의 대기업들은 클라우드 서비스의 이용을 꺼려하지 않는다. 우리나라의 클라우드 시장이 주춤하고 있는 사이 일본의 신규 시장이 확대되고 있는 점에서 우려가 된다.

최근에 계속적으로 터지고 있는 데이터 유출 사건이 또 다른 핫이슈이다. 특히 2016.1.1.부터 실시된 마이넘버 제도와 맞물려서 보안 관련 SW시장의 확대가 예상된다. 그러나 이러한 움직임들이 우리나라 시장과 같은 속도로 진전될 것이라고는 생각하지 않는다. 단지 움직임의 속도가 과거보다 빨라지고 있다는 점은 의심할 여지가 없다.

퍼온 글

일본 기업이 생각하는 신뢰의 의미

일본의 발주기업과 외주기업 간의 신뢰를 바탕으로 한 장기 계속 거래를 의무적 계약관계(obligational contractual relation)라고 한다. 여기에서 '신뢰'란 일반적으로 스폿(spot) 거래에서 보는 것처럼 일정의 능력을 평가하고 계약을 성실하게 이행하는 것에 대한 신뢰가 아니라 장기적이고 호혜적 신뢰관계를 뜻한다. 따라서 일반적으로 구미기업들이 말하는 신뢰보다는 한층 더 깊고 복잡한 의미를 지니는 것이라 할 수 있다.

이러한 신뢰관계를 '선의에 의거한 신뢰(goodwill trust)'로 정의하며 협력하고 있는 기업이 서로 기회주의적인 행동을 취하지 않으며 공식 계약이나 합의에 명기되어 있지 않는 사항까지도 공동발전을 위해 무한정적(無限定的), 적극적으로 관여할 것을 서로 기대하는 상태의 협력관계를 말한다. 계약을 초월한 깊은 협력관계를 형성하며 상호 발전을 위한 협력의무를 의식하고 있는 것이 일반적이다. 일본에서 기업

간의 거래시에 신뢰관계가 있다는 것은 거래당사자 기업뿐만 아니라 기업 간 네트워크에 있어서 담당자들이 상호협력을 위해 공헌하고 이를 의무로 생각하는 일종의 심리적인 계약이 맺어져 있는 상황으로 볼 수 있다(52-53쪽).

일본 기업들은 어려울 때 도와주는 기업과 신뢰를 저버린 기업을 반드시 기억하고 이에 대한 대처를 한다. 어려울 때 도와주면 이를 잊지 않고 거래처에 도움을 주려고 노력하는 반면, 신뢰를 저버린 기업에 대해서는 아무리 거래 조건이 좋아도 다시 거래를 하지 않는다, 일본 기업과의 거래시에는 이익을 중시한 나머지 자신의 주장만 하기보다는 상대방의 입장을 존중하여 장기적으로 안정적인 거래를 할 수 있는 체제를 구축하는 것이 필요하다고 생각한다.

한국 기업들은 일본 시장을 쉽게 포기하는 경향이 있다. "길을 가다가 돌이 길을 막고 있으면 돌을 들어내야 하는데 한국 기업들은 그 길을 가기를 포기해 버리는 경향이 있다"고 생각한다. 일본 시장은 뚫기 어렵지만 뚫리지 않는 시장도 아니라는 것을 알아야 한다. 브랜드력이 없다고 일본 시장을 포기할 것이 아니라 반드시 뚫을 수 있다는 각오로 지렛대를 활용하여 들어 올려야 할 것이다. 한국 기업들은 노력도 하지 않고 일본 시장 개척이 어렵다는 타령만 하고 있다.

한국은 일본에 비해 물류비용 정도밖에 비교우위가 없으므로 한국 기업들은 2억 내수 시장을 개척한다는 각오로 일본 시장 개척에 힘을 써야 한다. 일본 시장은 단기에 승부를 낼 수 있는 시장이 아니므로 "한 20년은 공을 들여야 한다"는 각오로 장기적이고 체계적으로 개척해야 할 것이다.

지구상에서 그래도 일본 기업을 가장 잘 이해할 수 있는 나라는 '한국'이라는 생각을 해야 한다. 한국 기업은 일본 기업과 가장 유사한 DNA를 가지고 있기 때문에 일본 시장 개척에는 세계 어느 나라보다 한국 기업이 유리하다고 생각한다(119-120쪽).

출처: 이우광(2008)

제4장

일본 시장 진출 전략

일본 사회에서 소개 없이 관계를 맺는 것은 거의 불가능하며, 더구나 누구의 소개를 받았느냐도 매우 중요하다. 링크가 쌓은 신뢰관계를 이용하여서 기초적인 신뢰를 얻고서 파트너를 만나는 것이 진출의 첫 단계이다. 링크와 같이 신뢰관계의 처음 단계를 도와주는 기능이 존재한다는 것은 우리 기업으로서는 祝福받은 것이다.

파트너사와의 협력 전략

링크는 어떻게 만날 것인가?

해외 시장 중에서 일본 시장에는 유독 많은 링크들이 활동한다. 이 분들은 일본 시장의 냄새를 잘 맡기 때문에 필요한 SW를 알 수 있을 뿐만 아니라 파트너로 적합한 기업을 소개해 줄 수가 있다.

일본에 진출한 초기에 링크([그림 3]에서 C)의 역할은 매우 중요하다. 진출기업 사장들과의 인터뷰에서 링크의 존재 여부 및 링크를 만난 계기와 활용 방식에 대하여 문의를 하여 보았다. 그 결과 모든 기업이 링크를 활용한 것으로 밝혀졌다. 그러나 링크의 유형 및 만난 방식은 가지각색이었다. 모 기업은 동경의 아카사카(赤坂) 거리에 있는 한국음식점에서 우연히 만난 옆자리 교포 손님이 링크 역할을 하였고, 또 다른 기업의 링크는 자발적으로 국내 개발사를 찾아온 경우도 있었다. 예외적이지만 일본 기업과 연계된 일본인이 링크를 한 경우도 있었다.

이들의 직업이나 신분도 가지각색이어서, 삼성 Japan 퇴직자도 있고 일본 기업에서 일했던 재일교포도 있었으며 조그만 개발사를 운영하면서 적절한 국내 기업을 찾아다녔던 분도 있었다. 인터뷰 결과에 따르면 능력 있는 링크도 있었으나 실속 없는 링크도 있었고, 그 결과가 반드시 좋은 것만은 아니었다.

이들의 활동비는 실비 정산을 하며, 활동 후 일정 기간 동안 발생한 매출의 일정 부분을 링크 수수료로 지불하는 조건으로 계약을 맺는 것이 일반적인 관행이다. 이들에게 제공하는 수수료 부분에서 불만인 국내 기업도 있었다. 이런 점에서 좋은 링크를 만나는 것도 어렵지만 이들과 협조하여 일을 수행하는 것도 쉬운 일이 아니라는 결론을 얻을 수 있었다.

*"파트너사가 찾아오게 하여라."*라는
간단하지만 쉽지 않은 대답이었다.
그 방법 중의 하나로 일본에서 열리는
해당 제품 전문 전시회에 꾸준히 참가하면서
활동영역을 넓히라는 제언이 있었다.

파트너사가 찾아오게 하여라

그러면 만약 링크를 만날 수 없다면 링크가 없이 어떻게 파트너사를 접촉할 것인가에 대한 의문이 생긴다. 이에 대한 대답은 거의 동일하였다. "*파트너사가 찾아오게 하여라.*"라는 간단하지만 쉽지 않은 대답이었다.

그 방법 중의 하나로 일본에서 열리는 해당 제품 전문 전시회에 꾸준히 참가하면서 활동영역을 넓히라는 제언이 있었다. 링크를 이용하는 것처럼 단기적인 효과는 없지만 매년 참가하고 제품 현지화를 충실히 하면 협력 파트너사(D)나 유통채널(E)이 접촉을 하여 온다는 것이다. 모 기업은 일본에서 매년 5월에 열리는 동경 SW 개발기술박람회(SODEC: SW Development Expo & Conference)에 올해까지 3년째 참가하였는데, 올해에는 해당 제품을 취급하는 유통채널의 신중한 제안이 들어왔다고 한다. 이 유통채널은 지속적으로 부스에 찾아와서 제품 설명만 듣고 명함을 교환한 사이이었는데 드디어 3년 만에 이야기를 꺼내기 시작한 것이다.

"*알서포트가 처음 해외 시장의 문을 두드린 것은 2002년 5월 도쿄 비즈니스 쇼부터라고 한다. 당시만 해도 원격지원 솔루션이라는 개념이 생소한 시절이었는데 전시회에 참가하면서 제품의 혁신성을 인정*

받게 되었다"(정보통신산업진흥원, 2011, 23쪽).

동경 IT지원센터의 고문이시며 IT 마켓전문가인 다까하시(高橋)상도 제품의 현지화를 끝낸 후 전시회 참가를 적극 추천하였다.

"일본 기업의 구조상 해당 제품 담당자는 매년 전시회를 돌아보고 신제품을 확인하고 기록하는 과정을 거치며, 또한 담당자가 바뀌어도 과거 자료를 후임자에게 넘기는 전통을 가지고 있으므로 장기간 전시회에 참가하여 눈에 띠는 기업이 되면 링크 없이도 적합한 채널이나 파트너사를 만날 수 있습니다."

협력 파트너사 반드시 있어야 한다.

제품의 현지화 과정은 국내 기업 혼자서 할 수가 없는 과정으로 일본의 협력 파트너사의 협조를 거치지 않고는 거의 불가능하다. 따라서 제품 현지화에 노력을 쏟지 않고 바로 유통채널을 찾아서 바로 초도 판매를 통한 단기적인 매출을 올리려는 노력보다 제품 현지화를 도와줄 수 있는 협력 파트너사를 찾는 노력을 하는 것이 중요하다. 그 이유는 한·일 간의 품질 수준의 눈높이 차이 때문이다.

일본 진출에 성공한 기업인과의 인터뷰에서 반드시 등장하며, 또한 가장 많이 등장하는 단어는 *품질*, *완성도* 그리고 *테스트* 등 품질에 관한 단어들이다. 일본의 경우 고객이 만족할 만한 수준과 우리 기업이 생각하기에 만족할 것이라고 생각하는 수준이 차이가 있다. 예컨대 우리 눈에는 제품의 품질 수준이 높아져서 완성된 것으로 보이지만, 일본 시장의 눈에는 아직도 아니다. 일본 고객의 눈에 찰 정도로 완성된 품질 수준으로 올리는 데 1~2년이 더 걸린다.

물론 현지화가 오래 걸리는 이유는 우리와 일본의 사회, 문화적 차이 때문이다. 그러나 반드시 이러한 차이 때문만은 아니다. 예를 들면, 인터넷데이터센터(IDC)에 들어가는 스위칭 시스템과 같이 사회, 문화와 관계가 없는 제품도 일본의 고객의 품질 수준은 우리가 완전하다고 생각하는 단계보다 훨씬 높다.

이러한 차이를 인식하고 일본 고객의 눈높이에서 제품의 현지화를 하는 것은 국내 기업만의 힘으로는 불가능하다고 생각한다. 일본 현지 기업의 도움을 받아야 한다. 이러한 도움 주는 기업과 파트너십을 맺고 수개월 내지 수년에 걸쳐서 일본화를 할 때 비로소 유통채널에게 제품을 소개할 수 있는 것이다.

적절한 파트너사를 만났다면 수익의 많은 부분이 파트너사 몫이 되더라도 이를 아까워해서는 안 될 것이다. 적절한 파트너사는 고객 기업의 요구조건을 잘 알고 있는 기업으로서 제품 현지화를 주도적으로 이끌어 갈 수 있어야 한다. 또한 기술적으로 일정 수준의 개발력을 가지고 있어서 기술적 자문과 현지화를 함께 할 수 있어야 한다.

파트너사가 요구하는 제품의 품질 수준을 맞추기 위해서는 통상 1~2년 동안 국내와 일본을 오고가고 하는 과정이 필요하다. 우선 모든 매뉴얼이 매끄러운 일본어로 되어야 하며, 우리나라 시장에서 요구하는 것보다 훨씬 높은 품질 수준을 만족시켜야 한다. 더구나 우리와 미묘하게 차이가 나는 사회, 문화적 요구조건을 만족시켜야 하므로 1년 이상, 심지어는 수년의 시간이 걸리게 된다. 이러한 시간 속에서 요구하는 제품의 품질 수준을 만족시키지 못하면 결국 진출 전략을 수정하여야 하거나 철수하여야 한다.

협력 파트너사를 전적으로 신뢰하게 되면 이들에게 일본 시장 총괄판매 대리권(일본 총판)을 주어서 일본 시장의 골치 아픈 문제를 해결하고자 하는 유혹에 빠진다.

파트너사와 협력에서 발생하는 문제

파트너사와 협력을 잘 진행하다가도 문제가 발생하는 경우가 있다. 우리가 거래하는 파트너사들은 일본의 소규모 개발기업들이므로 이 기업의 사장 또는 실력자가 바뀜에 따라 현지화의 속도가 느려지거나 열의를 보이지 않을 수 있다. 우리 기업도 협력 초기에 세심한 주의를 기울이면서 파트너사 관리를 해야 하며, 가능하면 규모가 있는 파트너사를 찾아야 할 것이다.

또한 협력 파트너사를 전적으로 신뢰하게 되면 이들에게 일본 시장 총괄판매 대리권(일본 총판)을 주어서 일본 시장의 골치 아픈 문제를 해결하고자 하는 유혹에 빠진다. 대부분 국내 개발사가 진출 초기에 적절한 파트너사나 유통채널을 만났다고 판단이 되면 총판 대리권을 주어서 일본향 제품에 대한 문제는 하나의 창구를 만들고 싶어 하는 속성이 있다. 그러나 총판권을 가진 기업이 적극적으로 나서서 제품 판매를 하여준다는 보장이 없으며 총판 기업 이외와는 거래를 할 수 없기 때문에 매우 위험한 발상이다(〈퍼온 글: 패키지SW 판매계약 사례연구〉 참조).

협력시에 지켜야 할 원칙

일본 파트너사만을 전담하는 임직원은 필수이다.

특정한 유형이 좋은 파트너사라고 단정 지어서 말할 수는 없지만, 파트너사와 일하는 방식에는 반드시 지켜야 할 원칙이 있다. 파트너사와 협력에 있어서 국내 본사 또는 현지 사무소에 일본 파트너사만을 전담하는 임직원이 있어야 한다.

전담 임직원은 파트너사의 요구사항을 개발팀에게 제대로 전달할 수 있어야 한다. 국내와 일본의 두 개발팀 간의 의사소통에 다리 역할을 하여야 한다. 양국 개발자 간의 의사소통, 기술적 능력, 가치관 등의 차이에서 오는 갈등을 해결할 수 있어야 한다. 이러한 점을 해결하기 위해서는 중개자 노릇을 할 수 있는 일본통 인재가 필요하다. 이 인재의 역할은 파트너사의 요구를 해석하고 이를 국내 개발자가 이해할 수 있는 수준으로 만들어서 전달하는 것으로서 언어 소통뿐만 아니라 양국 문화의 미묘한 차이를 이해할 수 있어야 한다.

직원 중에 일본어에 능통하고 일본 사정을 잘 아는 분이 있다면 이러한 인재가 의사소통의 중심에 있어야 한다. 이러한 준비가 없이 해외진출을 하는 기업은 결국 현지에서 채용을 하여서 이 현채인에게 중간자 역할을 맡기게 된다. 그러나 이러한 방식은 추천하고 싶지 않다. 바로 채용한 현채인은 본사의 문화와 전략에 대한 이해가 부족하여서 본사와 현채인 간의 갈등이 생기는 난국에 빠지는 것을 많이 듣고 보아 왔다. 이러한 면에서 법인장 수준의 현지채용을 통하여 권한을 위임하지 않는다면, 현지 채용인력은 본사에 확실한 담당자가 있고 나서 이를 보조하기 위하여 활용하는 인력으로 생각해야 한다.

결국 현지에서 채용을 하여서
이 현채인에게 중간자 역할을 맡기는 것이
보통이다. 그러나 이러한 방식은
추천하고 싶지 않다.

일본통 인력이 없다면 어떻게 할 것인가?

인터뷰에서의 얻은 대답은 간단명료하였다.

"장기적으로 기업 내에 일본통을 만들어라."

일본통을 만드는 첫 번째 방법은 가장 일본 사회에 근접한 인력에게 지속적으로 일본 시장에 관한 업무를 할당하여서 이 직원이 일본통이 되도록 지원하는 것이고, 두 번째는 국내 거주하는 일본인을 본사에서 채용하여서 수년간 일본 업무를 담당하도록 배치하라는 것이다. 면담한 기업인들은 두 번째 방법을 더 선호하였다. 한국과 일본 간의 심리적 거리감이 가까운 것 같아도 한국인이 새로이 일본 문화, 사회 운영방식을 이해하는 것은 매우 어려운 일이고 일본인만이 일본 문화를 이해할 수 있다는 주장이었다. 본인도 해외 생활 경험으로 미루어 볼 때 후자가 정답이라고 생각한다. 국가 간 미묘한 사회, 문화의 벽은 외국인으로서는 뛰어넘을 수 없는 장벽이다.

법인 설립은 최후까지 미루어라.

일본에서 사무소나 법인을 빨리 세울수록 좋다는 의견을 종종 들었다. 앞의 iPark의 문구점 일화처럼 신뢰가 생기면 외국 기관에게 외상도 가능한 사회이므로 국내 기업이 조속히 사무실을 개소하고 주재원을 파견하여서 현지 법인을 설립하면 일본 기업들의 신뢰를 얻기가 용이하다는 주장이다.

그 반면 많은 분들이 이제까지의 경험을 바탕으로 법인 설립을 최대한 늦추라고 제언하면서, 법인 설립을 빨리하면 발생하는 문제에 대하여 여러 가지로 지적을 하였다. *"법인이나 지사를 곧바로 설립하는 일은 피하기를 바랍니다. 우선 연락사무소를 최소 1년 이상 운영한 후 지사 설립을 고려하시는 것이 비용이나 효과 면에서 좋습니다."* 법인 설립을 하는 순간 자금이 소요되는데 장기전을 펼쳐야 할지 모르는 상황에서 의미 없는 활동에 자금과 인력을 투입할 필요가 없다는 것이다. 또한 법인이 생기는 순간 일본 법인의 회계가 본사에서 독립되고 독자 생존해야 한다. 비용이 발생하는데 매출 수익이 나오지 않으면 결국 자본 잠식이 되고 본사로부터 자금 유입이 되어야 한다. 일본 사업의 속성으로 볼 때 수년간 손익분기점(BEP)에 다다르지 못할 것이고 이로 인하여 일본 법인장은 필요 없는 압박을 당하게 되며, 이에 따라 호흡이 긴 결정을 하지 못하게 되는 문제가 발생한다.

2014년 인터뷰 대담자들은 한결같이 법인 설립을 일찍 하는 것보다 일본 시장에 내놓을 제품의 현지화, 품질 수준의 향상 등 일본 기업들이 요구하는 사항을 만족시키는 것이 중요하다는 것을 강조하였다. 국내에서 검증된 제품도 일본 기업의 수준에 맞게 고치는데 1~2년이 지나가는데, 이 기간 동안에는 법인체의 존재가 큰 의미를 갖지 못한다.

본사와 일본 지사와의 상하관계는 금물

법인 또는 사무소를 설립하였을 경우 이사급 이상 임원이 일본 업무를 전담하면서 본사 기술진과의 의견 조율을 하여야 한다. 여기에는 두 가지 이유가 있다. 첫째, 일본 시장은 국내 시장과 유사한 패턴으로 발전하지 않는다. 대부분의 일본인들이 보수적이어서 신기술을 받아들이는 데 유보적이며 빨리 바꾸려고 하지 않는다. 일본의 소규모 병원들이 아직도 전산화에 주춤거린다든지, 모바일 기술을 이용하여서 편리하게 할 수 있는 것도 기존 방식을 고수하는 것들이 그러한 예이다. 따라서 제품 출시 시기가 늘어지기 쉽고, 이에 따라 본사 경영진이 조급해할 가능성이 높다. 이러한 상황에서 일본 업무를 담당하는 분이 고위급 임원일수록 본사 경영진을 설득하고 전사적이고 장기적인 결정을 할 수 있다고 생각한다.

둘째, 본사와 파트너사의 기술진 간의 갈등 조정은 매우 중요한 이슈이다. 일본 시장과 우리 기술진 간에 품질 거리감이 존재하므로 일본 지사를 맡고 있는 책임자가 우리 기술진에게 품질 거리감을 효과적으로 전달하여야 한다. 일본어를 하지만 직위가 높지 못한 직원이 양사 간의 연계를 맡았을 때 이러한 역할을 수행할 수 없을 것임은 자명하다. 훌륭한 언어능력보다는 일본 현장의 요구를 우리 기술진에게 효과적으로 전달하며 조율하는 능력이 필요하기 때문에 최고경영층의 진두지휘가 가장 효과적이라고 할 수 있다.

거리감 극복전략

일본 진출 기업인들이 현해탄을 건너다니면서 느끼는 감정은 시간이 지나감에 따라 달라진다. 지리적 거리감이 없어지면서 심리적 거리감이 다가오고, 심리적 거리감이 적어지면서 품질 거리감이 등장한다. 우선 언어가 다르고 거리적으로 바다가 중간에 놓여 있으며 비행시간이 2시간 이상 걸리는 것과 같은 지리적 거리감을 느끼지만 점차 서울-동경의 비행시간이 가깝게 느껴진다. 실질적으로 서울 집에서 아침 먹고 떠나서 동경에서 점심 약속할 수 있는 거리이므로 다른 나라 기업인에 비하여 우리 기업인의 지리적 거리감은 매우 적다.

금세 지리적 거리감이 없어지지만 일본 파트너들과 관계를 맺어가면서 점차 미묘한 심리적 거리감을 느끼기 시작한다. 사업 방식을 토의하고, 계약서류를 작성하고, 유통채널을 의논하면서 우리와는 다른 사회 문화배경을 가진 분들이라는 것을 깨닫기 시작한다. 드디어 파트너 관계를 맺기로 결정하고 향후 시장 진출 시간계획을 세울 때 일본 파트너의 차근차근하며 조심스러운 태도에 심리적 거리감이 정점에 달하게 된다. 우리나라의 빨리빨리 문화와는 정반대 문화 속에서 사업을 시작하는 것이다.

> 지리적 거리감이 없어지면서 심리적 거리감이 다가오고, 심리적 거리감이 적어지면서 품질 거리감이 등장한다. …… 우리나라의 빨리빨리 문화와는 정반대 문화 속에서 사업을 시작하는 것이다.

출시 전 무결점 SW를 제시하라.

성공사례 인터뷰시에 꼭 등장하는 성공 비결은 일본의 품질에 대한 완전한 이해 정도이다. 우리가 완성되었다고 생각하는 수준을 훨씬 넘어서는 수준까지 도달해야 한다. 이런 완벽한 현지화를 추구하는 현지 파트너사의 개발팀과 품질에 자부심을 갖는 국내 기업의 기술 인력과의 줄다리기는 항상 일어나게 된다.

SW산업에서 품질이라는 것은 매우 애매한 단어이어서 예를 들어 설명하기가 어렵지만, 한·일간의 품질 거리감은 매우 넓다. 품질을 대한민국 SW 품질 대상을 받거나 GS인증 1등급을 받은 정도 또는 BMT(벤치마킹 테스트)에서 경쟁 제품과 비교하여 앞서는 정도라고 정의를 내린다면 이러한 품질 수준은 일본 시장에서는 안 통한다.

품질의 완벽성은 전자기계 부품 강국인 일본 산업의 특성이라고 말할 수 있다. 전자부품 세계에서는 0.1% 품질하자도 용납이 안 되며, 이 하자는 엄청난 손해를 끼친다. 이러한 개념이 SW업계도 지배하고 있는 것이다. 우리처럼 SW는 지속적인 업그레이드와 버그 수정을 통하여 완벽화된다는 단계적 개념이 출시 전 무결해야 한다는 일본식 품질관리 앞에서 무릎을 꿇어야 하는 것이다.

일본의 "조심조심" 문화를 이해하자.

일본에서 사업을 하면 매우 긴 손익분기점을 각오해야 한다. 그 이유는 여러 가지 이다. 앞에서 이야기 한 바와 같이 품질 거리감을 극복하는 데 수년의 시간이 걸린다. 또한 채널 파트너와 신뢰관계를 쌓는 데도 시간이 걸린다. 그리고 이런 과정을 다 거쳐도 최종 고객이 해당 SW를 수용하는 데도 꽤 오래 걸린다. 그 외에 가장 중요한 변수는 일본 시장의 변화속도이다. 일본 시장의 기술적 트랜드를 읽을 때 조심해야 할 점은 우리와 같은 속도로 변화가 일어날 것이라고 오판하면 안 된다. 그 한 예가 일본 대중들의 IT보안에 대한 태도이다.

2014년 7월에는 통신교육 대기업 베네쎄(Benesse)의 시스템 엔지니어가 2013년 7월부터 2014년 6월까지 총 2억 300만 건의 고객 데이터를 팔아 400만 엔의 부당 이익을 얻은 사건이 일본 사회에 큰 충격을 주었다. 2015년 6월에 일본연금기구의 연금정보 관리 시스템이 해킹을 당해서 125만 명 이상의 개인정보가 유출되는 대형사고가 발생했다. 일본 공공기관으로는 사상 최대 규모의 사건이라고 한다. 우리나라에서도 유사한 사고가 벌써 수없이 일어났으며 규제를 강화하면서 보안SW 관련 시장이 확대되었다.

과연 일본에서도 보안SW시장이 급속히 확대될 것인가라는 의문이 들어서 일본 JISA의 간부와 인터뷰시에 이에 대하여 문의를 하였다. 이분의 대답은 no에 가까운 글쎄 이었다. 사회적 콘센서스가 형성될 때까지 시간이 걸리기 때문에 언제 시장이 형성될지는 자신도 모르겠다는 것이다. 그러면서 마이넘버 제도가 도입되면 몰라도 그 전에는 아닐 것이라고 하였는데 2016년 1월부터 마이넘버 제도가 실시된다고 하니 한번 지켜볼 일이다.[8]

시장의 항상성(恒常性)을 이용하라.

초기에 적절한 협력 파트너를 만나는 것은 성공의 첩경이다. 일본에서 성공한 사례에는 링크, 협력 파트너가 등장하며, 진출 성공여부에 있어서 이들의 역할은 지대하다. 즉 매우 폐쇄적인 시장에서 효과적으로 현지화를 하기 위해서는 현지 기업의 도움이 반드시 필요하다. 그

8 마이넘버 제도란 우리나라 주민등록번호 제도에 해당하는 제도로서 일본의 주민표를 가지고 있는 모든 사람에게 1인 1개의 번호를 부여하여 사회보장, 세금, 재해 대책의 분야에서 효율적으로 정보를 관리하고 여러 기관에 존재하는 개인 정보가 동일인의 정보임을 확인하기 위해 활용하는 제도이다. 2016년 1월부터 실시한다.

러나 좋은 협력 파트너를 어떻게 찾아내느냐는 질문에는 정답이 없는 것 같다. 단지 좋은 링크가 있으면 쉽게 찾아내며, 그렇지 않을 경우에는 행운이 있어야 한다. 만약 찾아내지 못한다면 답은 두 가지 중의 하나이다. 일본 시장 진출을 연기하든가 아니면 일본 시장 내의 역학 구조를 이해하고 잠재 파트너와 신뢰관계를 쌓을 때까지 일본 시장에서 활동을 하면서 버티는 것이다.

필자의 진출 성공 경영인과의 인터뷰에 따르면, 파트너가 있든 없든 간에 우리 기업이 일본 진출 초기부터 협력이 가능한 현지 기업의 면면을 알고 들어가는 것은 아닌 것 같다. 장기간 동안 일본 시장에서 학습하면서 자신의 분야에서 활약하는 기업의 면면을 알아가는 것 같다. 시장이 매우 안정적이므로 가능한 학습방식이다. 일순간 성공하는 그런 기업은 전혀 없었으며 꾸준히 조금씩 매출이 늘어나면서 채널 파트너 망이 확충되어 가기 때문에 오랫동안 일본 시장에서 활동을 할 수 있느냐가 성공의 관건이 된다.

일본 진출 성공의 비결

일본 시장의 정형성(定型性) 및 항상성(恒常性)이 우리나라 기업들이 일본 시장에서 생존하고 성공하는 데에 일익을 한다. 비록 우리 기업이 일본 시장에 진출하는 이유와 파트너 활용방식들은 모두 다르지만 이러한 시장의 정형성으로 인하여 진출 후 일본 시장에 자리 잡는 방식은 매우 유사하다. 또한 일본 시장의 변화가 적음으로 해서 진출 초기에 세운 전략방향을 크게 변화하지 않고 지속적으로 진행할 수 있는 항상성이 해외 기업에게 유리한 면으로 작용한다.

이제까지 분석한 일본 시장 진출 방식을 한 문장으로 표현한다면 다음과 같은 것이다.

"일본 시장은 우리나라 시장과 미묘한 차이가 있으니 열심히 공부하여서 특정 제품이 시장에 적합한지 분석하고, 일본통을 키우면서 파트너사를 만나서 제품 현지화를 완전히 이룩한 다음 적합한 채널을 통하여 일본 시장에 본격적으로 진출하여라."

끈질김만이 최고의 생존술이다.

이제까지 여러 가지 생존술에 대한 비결을 설명하려고 노력하였지만 아직까지 가장 중요한 한 가지를 빠뜨리고 있다. 바로 끈질김이라는 근성이다.

일본 시장에서 오래 버티는 것이다. 일본 시장의 신뢰를 얻는 데도 시간이 걸리고, 제품 현지화도 예상보다 오래 걸리고, 일본 시장을 이해하는 데도 오래 걸린다. 만약 제품이 점차 일본화 되고 일본의 지인이 늘어나면서 내부적으로 일본통이 길러진다면 마지막 남은 것은 끈질김이라는 전략이다. 최고경영자가 피로를 느끼는 순간 오랫동안 쌓은 공든 탑이 무너지는 것이다.

이번 인터뷰에서 10여 년 동안 버티던 기업이 일단 철수하는 것을 목격하였다. 법인장 왈, 조금 더 하면 될 것 같은데 라는 안타까움이 있지만 본사의 결정이니 어쩔 수 없다고 한다. 그 반대의 기업도 목격하였다. 2000년대 중반에 국내 굴지의 보안 관련 기업이 일본 시장이 무르익지 않아서 철수를 하였다. 철수 당시 이 기업이 깔아놓은 제품의 유지보수를 위하여 일본법인 지분을 현지인에게 넘기었는데, 현재

이 법인은 일본 시장 정착에 성공하고 꽤나 큰 매출을 올리고 있다고 한다. 이러한 예들을 종합하여 볼 때 "*버티는 자만이 성공할 수 있으며 버티지 못한다면 일본 시장 진출을 생각하지 마라.*"라는 결론을 내릴 수 있다.

일본에서 성공하면 다른 곳에서 성공하기가 쉽다.

일본에서 성공하였다는 것은 동남아 시장 및 개도국 시장에서 성공 가능성이 높다는 것을 의미한다. 일본에서 성공한 기업들, 예컨대 알티베이스, 알서포트, 인피니티 등은 동남아 시장에도 진출하였다. 즉 일본 소비자의 요구조건을 만족시키면 세계 시장의 요구조건을 만족시킬 수 있는 토대를 만들 수 있는 것이다. 또 중국 기업이 일본 시장에서 시장점유율 조사를 하다가 국내 기업을 찾아내고 중국 지사로 찾아왔다고 한다.

일본에는 자국의 SW 개발사가 없기 때문에 해외 여러 나라 개발사의 제품이 법적, 사회적 제약이 없이 공정한 경쟁을 한다. 이러한 공정 경쟁을 통하여 성공한 기업은 해외 시장 진출 전략의 노하우를 충분히 갖고 있다고 할 수 있다. 더구나 일본의 유통채널은 고객과 오랜 관계를 갖고 지속적인 신뢰를 쌓았기 때문에 고객의 만족도가 채널 기업의 장기 생존의 기본이 된다. 따라서 단기적인 이익을 위해서 품질이 좋지 않은 제품을 소개할 가능성이 매우 낮으므로 일본에서 성공한 제품은 다른 나라에서도 성공가능성이 높다.

퍼온 글

패키지SW 판매계약 사례연구

사례 설명

한국 K사는 컴퓨터의 자산관리 패키지SW(PPP)를 보유하고 있으며 한국 내에서 시장점유율 2위를 자랑하는 회사다. 일본 시장에 진출하는 데 있어서 일본 시장의 상황을 잘 모르기에 일본 기업 J사와 총대리점 계약을 맺고 일본 비즈니스를 모두 맡기기로 했다. K사는 J사의 활동지원 및 K사 본사와의 정보연락을 위해 일본 사무소(소장 KJ 씨)를 개설하기로 했다.

J사는 K사의 패키지 상표가 일본에서는 확립되어 있지 않으므로 「PPP」의 상표 등록 수속을 하여 J사 상표로 등록했다. 팸플릿에는 J사와 상표 「PPP」를 크게 전면에 내고 K사는 「PPP」의 개발회사로 표시했다. J사는 종합 IT업체인 Y사의 계열회사이며 시스템의 설치 및 보수를 착실하게 하고 있는 기업으로 종업원도 수백 명이다.

[J사와 주된 계약내용]

1. K사와 J사는 J사를 일본의 총대리점으로 하기로 합의한다.
2. J사는 연간 최저판매량을 약속하고 n만 개의 라이센스료, x만 엔을 K사에게 선불로 지급하기로 합의한다.
3. J사의 다음해의 판매량의 연간 최저판매 약속을 매년 10월에 J사가 K사에 제시하여 합의를 한 다음에 J사는 K사에게 선불로 지급하기로 한다.
4. J사는 총대리점으로서 일본 시장에서의 가격결정권을 가진다.
5. J사는 총대리점으로서 일차 유지보수체제를 구축한다.
6. K사는 J사의 일본 시장 전개에 필요한 PPP의 추가사양의 개발에 대한 책임을 진다.
7. 계약기간을 2년으로 하고 계약만료 1개월 전에 문서에 의한 신청이 없는 한 1년간 자동 연장한다.
8. 소송에 관해서는 J사의 본사가 있는 동경지방재판소로 한다.

[비즈니스 트러블]

J사의 비즈니스 전개 노력에도 불구하고 PPP의 판매는 당초 계획보다 크게 밑돌았다. 또한 브랜드도 시장에 침투되지 않았다. K사의 일본사무소 KJ 소장은 일본 시장이 종합 IT업체에 의해 과점화되어 시장 분할되어 있음을 한국 K사의 본사에 전하고 J사와의 「총대리점」 계약의 재고를 제언했다. J사가 소속하는 Y계열은 종합 IT업체로 유력하긴 하지만 반대로 다른 종합 IT기업 시장에 침투하기는 어렵다.

KJ 소장이 독자적으로 외자계 X사에 PPP를 소개하였고, X사는 다음과 같은 거래조건을 제시하였다.

① X사가 1차 대리점으로서 K사와 직접 접촉할 수 있을 것

② X사 계열 내에서의 판매가격결정권 및 X사의 2차 대리점에 대한 결산율 결정권 부여

③ X사 고객에 대한 1차 유지보수의 권리부여

④ PPP의 상표 취급 및 X사의 판매 카탈로그를 작성하는 데 있어서 자유사용허가

KJ 소장은 J사와의 총대리점 계약을 올해 10월의 계약만료가 되는 날에 계약을 일단 파기하고 일차대리점(1차점) 계약을 할 것을 K사 본사에 제안했다. 이 제안이 받아들여진다고 상정하고 X사와 1차점 계약 협상을 진행했다.

그러나 K사 본사는 자금융통이 좋지 않아 J사와의 내년도 선불금에 매력을 느낀 점 및 일본 진출 2년째로 J사와 영업활동을 평가하기에는 시기상조라는 점을 감안하여서 KJ 소장의 제안을 받아들이지 않았다. 그 때문에 KJ 소장은 X사에게 의리를 저버린 점을 미안하게 생각해 KJ 씨는 퇴사를 결심했다. KJ 씨의 퇴사에 의해 X사와의 접촉도 자연 소멸했다.

문제 분석

1. K사의 검토항목으로 아래의 사항을 생각할 수 있다.

- K사는 일본 진출을 앞두고 일본 시장의 사업타당성 분석(feasibility study)을 했어야 했다. 일본 시장이 종합 IT업체에

의해 거의 과점화되어 분할되어 있음을 인식해야만 했다.

- 시장분할이 극단적으로 보이는 분야의 상품 판매에 있어서, 총 대리점이 시장 개척에 유리한지 어떤지를 검토했어야 했다. 보통 종합 IT기업에 대해서는 1차 계약으로 하고 종합 IT기업 간의 조정은 K사가 스스로 해야 하는 것이다. 다만, 그 경우에 K사는 일본 시장에 적극적으로 관여할 결심을 해야 하며, 마케팅 코스트의 부담을 각오할 필요가 있다.

(생략)

- K사는 일본 진출을 할 때 최소비용(cost minimum)전략에 의해 J사와 「총 대리점」 계약을 했다. 그러나 이 전략으로는 큰 규모의 비즈니스 성공을 얻을 수 없다. 스스로 비즈니스 계획을 입안하여 일본 시장의 경험을 축적하는 방법을 검토해야만 한다.

2. J사는 총 대리점이므로 J사와 공동으로 X사의 조건을 검토하여 긍정적인 응답을 해야만 했다. 결론적으로는 J사는 X사의 1차점으로서의 기능을 인정하고, X사와 K사와의 직접 접촉을 인정한다. 다만, 판매에 관해서는 명목상 J사의 경우로 하고 결산율은 J사와 거의 같은 요율을 적용하여 X사의 입장도 존중한다.

(생략)

3. KJ 씨가 반성할 점은 다음과 같다.
   - 계약의 중요성을 가볍게 생각하고 행동한 것.
   - X사에 접촉하기 전에 J사와 상담하고 X사의 취급에 대해 J사의 의사를 들을 필요가 있었다. 반대로 말하면 J사에 X사의 중요성을 얘기하고 J사, X사 모두 납득할 수 있는 해결안을 제시하여 J사를 끌어 들일 필요가 있었다.

- J사의 판매계획이 예정대로 달성되지 않은 문제에 대해서는 시장분석에 의해 숫자로 분석하고 데이터를 통해 문제를 인식하고 해결했어야 했다.
- J사를 1차점으로 하고 다른 종합IT업체와 K사와의 제휴 가능성 및 새로운 사업계획을 책정하여 K사 본사를 이해시키는 노력을 했어야 했다.

출처: 한국소프트웨어산업협회 (2009), 60-62쪽

제3편

중국 시장 현황 및 진출전략

제5장

중국 시장에 대한 오해, 우리의 편견

중국 하면 떠오르는 상징은 용(龍)이다. 중국은 진짜 용과 같은 느낌이 든다. 용을 본 사람은 없지만 용을 모르는 사람도 없다. 누구나 다 알지만 아무도 정확한 모양을 알 수가 없다. 얼굴은, 몸통은, 다리는, 꼬리는 등등 유사한 모습을 표현할 수 있을 뿐이다. 중국은 지난 10여 년간 급속히 비상하고 있는 거대한 용이다. 한두 번의 경험이나 남의 이야기를 통한 간접 경험으로 중국을 파악한다는 것은 불가능하다.

용을 본 사람이 있는가?

이런저런 편견들

필자는 과거 10년 동안 중국의 북경, 광주, 상해 등지에서 1년 이상 거주하였고 여러 도시에서 거행된 회의에 무수히 참석한 경험이 있지만, 아직도 새로운 지역에 가면 새로운 느낌을 받는다. 필자가 과감히 말할 수 있는 것은 중국은 한 나라가 아니라는 것이다. 정치제도, 표준어, 화폐, 교통 등 기본적으로 갖추어야 할 시스템은 하나이지만, 그 이외의 문화, 사회 및 경제 관습면에서 본다면 전혀 다른 여러 지역이 연합해 있는 것이다.

우리나라 기업인들이 중국의 다양한 지역들을 모두 다녀보지 못하고 큰 도시 몇 개를 방문한 후에 내린 결론을 중국 사회 전체에 적용할 수는 없다. 북경 백화점에서 느낀 중국인의 서비스 정신과 광주나 심천 구멍가게의 서비스 정신은 천양지차이다. 북경만 경험한 기업인은 "*중국의 서비스는 엉망이다.*"라고 말할 확률이 높지만, 광동지방에서 지낸 분은 "*괜찮은데.*"라는 반응을 보일 것이다. 이러한 예는 무수히 많다. 가장 흔한 오해가 "*중국 요리는 너무 느끼해서 먹을 게 없다.*"라는 식의 이야기이다. 그저 "*북방요리는 너무 느끼해서…*"라고 하면 들을만하지만 "*중국요리는…*" 하는 순간 "*이 분은 아직 광동요리를 못 들어 보셨네.*"라고 생각한다.

더구나 이러한 편협한 경험도 방문한 시기에 따라 다르다. 10여 년 전 북경 백화점의 판매원의 서비스는 진짜 엉망이었다. 그 당시에는 "*사려면 사라, 나는 그저 돈 받고 판다.*" 정도이었다. 그러나 요사이 북경의 백화점은 다르다. 점차 서비스 정신이라는 것을 느낄 수 있다. 그럴 수밖에 없는 것이 유통 산업이 성장하면서 백화점 경쟁이 치열해 지고 있으니, 이 또한 당연지사이다.

10여 년 전 북경 백화점의 판매원의 서비스는 진짜 엉망이었다. 그 당시에는 "*사려면 사라, 나는 그저 돈 받고 판다.*" 정도이었다. 그러나 요사이 북경의 백화점은 다르다.

중국 시장에 대한 오해는 왜 생기나?

우리 사회의 인간관계에서도 상대방에 대한 첫 인상이 매우 중요하다. 비슷한 연유로 중국 시장에서 만난 첫 파트너에 따라서 중국 SW 시장에 대한 인식이 달라진다. 어느 시점에서 중국 시장을 보았느냐와 어떤 성격의 기업을 만났느냐에 따라 중국인에 대한 인상이 다르며 중국 시장에 대하여 각기 다른 생각을 할 수 있다.

첫째, 중국 파트너를 만난 시기가 2010년 전인 경우와 2010년 후인 경우에 따라 중국 시장에 대한 인식의 차이가 난다. SW산업은 2010년 이후에 급속한 발전을 이룩하였으므로 2010년 이전의 경험과 그 이후의 경험은 다를 수밖에 없다. 〔그림 5〕에서 보듯이 매년 30%의 성장을 하였다. 5년 만에 약 3배 커진 것을 알 수 있다. 2009년도에 1조 위안을 넘지 않던 시장 규모가 2013년에는 3조 위안을 훌쩍 넘어섰다. 따라서 2009년에 중국 SW산업을 둘러본 분이 5년만인 2013년에 다시 중국 시장을 둘러본다면 경악할 수밖에 없다.

둘째, 어디를 방문했느냐에 따라서 중국의 SW산업에 대한 견해가 달라진다. 조선족이 많이 거주하는 동북 삼성(東北 三省)의 대표도시인 심양을 다녀온 분이 느낀 견해는 상해 근처의 화동지방에서 사업을 하는 분이 느끼는 것과는 많이 다르다. 결국 2009년에 심양을 방문한 분이 2013년에 상해를 방문한 분과 중국 시장 환경에 대하여 이야

그림 5 중국 SW시장의 규모

(단위: 억 위안)

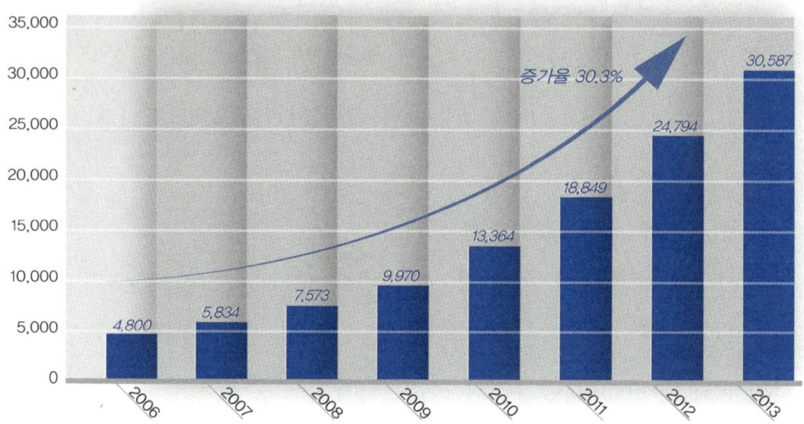

자료: CSIA (2014)

기 한다면 대화가 통할 수가 없는 것이다.

국유기업인가 아닌가?

셋째, 국내 기업인이 만난 중국 기업인이 국유기업 임직원인가 아니면 민간기업 임직원인가에 따라 그 느낌의 차이가 심하게 난다. 왜냐하면 국유기업의 경영방식은 민간기업과 매우 상이하며, 이들이 국내 기업인을 대응하는 방식이 크게 다르기 때문이다.

국유기업은 중앙이나 지방 정부와 연계가 되어 있으며 정부의 통제하에서 운영된다. 중국 정부의 정책이 일사분란하게 전달되고 시행되는 이유도 여기에 있다. 많은 국유기업들이 아직까지 법적, 제도적 독과점 속에서 보호되고 있으므로 효율성이나 효과성보다는 과시성이나 법규 의존성을 중시한다. 중앙 및 지방 국유기업은 중국의 전통적 사회·문화

코드인 꽌시의 세계 속에서 거래가 일어나므로 우리 기업에게는 매우 이해하기 힘든 상대이다(제6장의 〈만든 글: 중국 국유기업에 대하여〉 참조).

그 반면에 민간기업은 국유기업이 차지하고 있지 않은 산업 공간을 파고들어야 하는 명제를 가지고 있기 때문에 국유기업처럼 행동할 수 없는 환경에 처해 있다. 일반적으로 민간기업은 서비스산업에 집중되어 있으며, 규모도 국유기업에 비하여 작다. 또한 투자자의 자금으로 생존하고 성장해야 하기 때문에 행동양식이 다를 수밖에 없다. 이들은 SW제품의 가격을 따지게 되며 동일한 기능이거나 다소 기능이 약하더라도 가격이 싼 제품을 선호한다. 아직까지 고객 만족도의 향상, 운영자의 편이성 등 우리 제품이 가지고 있는 장점을 크게 중시하지 않는다. 따라서 기능이 우수하여도 가격경쟁력이 없는 해외제품은 고려대상에서 제외된다(제6장의 〈엮은글: 중국명항에서 정보를 얻자 참조).

지역적 문화의 차이

넷째, 중국의 지역이 방대하며 문화의 차이가 매우 크게 난다. 각 성이나 주요 도시마다 산업정책의 유연성이나 법규 해석의 관대함의 정도가 다르다. 해외 기업인이 가장 먼저 느낄 수 있는 지역적 차이는 중국의 지역별 접대 문화의 차이라고 할 수 있다.

각 지역마다 차이가 나지만 크게 양분한다면 중국의 문화는 크게 북방문화와 남방문화로 나뉜다. 북방은 장강(長江) 즉, 양자강 이북을 말하고, 남방은 장강 이남을 가리킨다. 북방과 남방은 우선 한족이라 해도 체형에서부터 다르다. 남방 사람들은 대체로 몸집이 작고 두뇌가 빠르다. 반면, 북방 사람들은 기골이 장대하고 생각이 직선적이고 다소 경쟁적이다. 북방 사람들은 화끈하게 술을 마시고 커미션 협상만

하면 쉽게 계약이 성사되지만 그런 만큼 나중에 탈도 많이 난다. 반면, 남방 사람들은 협상과정에서 온갖 까다로운 조건을 내걸어 사람을 피곤하게 하지만, 일단 계약이 성사되면 어기는 일이 적다.

현재 중국 도시 간에는 많은 인구 이동이 일어났기 때문에 지역별 차이가 개인에게 바로 적용되는 것은 아니다. 예를 들면 광동성 심천시의 인구 600만 명 중에서 430만 명이 외지에서 유입되었다. 상해에서도 북방에서 온 사람들을 흔히 만날 수 있으므로 식사자리에서 고향을 확인하는 것도 좋은 방법이다.

고향의 중요성

중국인들 간의 교제에서도 출신 지역, 즉 고향에 대한 물음이 가장 우선적으로 이루어지는 점에서 이러한 지역별 특성을 이해하는 것은 중요하다. 우리 기업인들도 파트너사의 경영진들의 고향이 어디인지를 파악하는 노력을 기울여야 하며, 이들의 특성을 이해하려고 노력해야 한다. 예컨대 북경의 접대 자리에서 파트너사의 대표가 "*나는 절강성 출신이다.*"라고 하면 그 의미가 무엇인지는 대략 알고 있어야 한다.

"*중국에서 시장이 있으면 절상이 있고 시장이 없으면 절상이 만든다.*"라는 말이 있다. 절강성(浙江省; 저장성) 상인을 절강상인 또는 절상(浙商)이라고 부르면서 "장사의 귀재"로 간주한다. 시장을 개척하기 위해서 고생을 마다하지 않으며, 돈을 벌기 위하여 실리적인 계획을 세우고 행동을 하는 등 개혁개방 이후 중국 상인의 악착같은 정신의 귀감이 된다. 어떤 이는 浙商을 중국 상인의 꽃이라고 칭하며, 절강성의 한 도시인 영파(宁波; 닝보)상인을 꽃 중의 꽃이라고 부르고, 온주(溫州)상인을 중국의 유대인이라고 부른다. 알리바바를 창업한 마윈도 절강성의 중심인 항주 출신의 절상이다. 그 외에 절강성에는 알리바바와 같이 급성장한 기업이 수두룩하다. 중국 500대 민영기업 중 144개 기업이 절강성 기업으로 중국 31개 성 중 그 숫자가 가장 많으며 15년 연속 1위를 차지하고 있다.

> 덩샤오핑이 주창한 선부론(先富論)은 중국 사회에 엄청난 쇼크를 주었다. …… "누구든지 먼저 부자가 되어라."라는 사상하에 개인 사업체를 인정하기 시작하면서 공평하게 나눈다는 사회주의 기본 이념을 포기하였다.

가치관의 대변화

지난 10여 년간 시장의 규모만이 변한 것이 아니라 중국인들의 가치관도 변하고 있다. 중국 사회의 가치관의 변화를 대변하는 정책이 1993년도 제14기 3중 전회에서 발표한 "效率優先, 兼顧公平" 정책이다.[9] 효율을 우선시 하지만, 동시에 형평성을 고려한다는 선언적 정책 방향이다. 사회주의 국가의 기본인 평등한 사회를 포기한 선언으로 의미심장한 四字成語이다.

중국 사회는 1979년에 실시한 개혁개방 정책 이후 많은 변화를 겪고 있다. 덩샤오핑이 주창한 선부론(先富論)은 중국 사회에 엄청난 쇼크를 주었다. "*능력 있는 사람으로부터 먼저 부자가 되어라. 그리고*

---

9 제14기 3중 전회의 정식명칭은 제14기 중국공산당 중앙위원회 제3차 전체회의이다. 제14기 3중 전회 때 시장경제체제의 기본구도가 확정되었다.

낙오된 사람을 도와라." 선부론, 즉 "누구든지 먼저 부자가 되어라." 라는 사상하에 개인 사업체를 인정하기 시작하면서 공평하게 나눈다는 사회주의 기본 이념을 포기하였다. 그리고 "정당하게 부자가 되어라."라는 철학이 아니라 "먼저 부자가 되어라." 하는 철학이 현재의 경제 상황을 만들어 내었다. 도시와 농촌간의 차이가 엄청나게 벌어졌으며, 동부 해안 도시들과 낙후된 서부 내륙 도시의 차이도 또한 어마어마하게 벌어졌다. 중국의 서부 대개발 정책도 이러한 선부론의 부작용을 없애고자 하는 맥락에서 나왔다.

어쨌든 중국인의 가치관은 급속도로 변화하였다. 여기서 중국인의 가치관의 변화에 대하여서 논하기에는 필자의 지식이 짧다. 그러나 해외 진출시에 알아두어야 할 것은 현대 중국인들의 가치관에는 "*먼저 부자가 되어라.*"라는 말이 매우 깊게 각인되어 있다는 사실이다. 중국인들과의 술자리에서 필자가 "*티끌모아 태산이다.*"라고 이야기 했더니, 중국 기업인이 코웃음을 치면서 "*티끌 모으면 티끌 밖에 더 있냐? 크게 한탕 모아야지.*"했던 장면이 기억난다.

이러한 가치관을 반영하듯 신문지상에서는 소위 탐관오리들의 기사가 심심치 않게 게재된다. 시진핑 정권 이래 중국 정부는 부패와의 전쟁을 치루고 있으며 밝혀진 부패의 수준은 경악을 금치 못하는 수준이다. 예컨대 정부 관리의 집에 보관된 불법자금 350여억 원(2억여 위안)이 발견되어서 이 돈을 세다가 돈세는 기계 4대가 고장났다는 웃을 수도, 울을 수도 없는 기사도 보았다. 이런 기사들을 접하면 참으로 요지경 속의 중국 경제라는 생각이 들면서 이런 환경에서 어떻게 정상적으로 판매를 할 수 있을까하는 의문이 든다.

중국 기업인과 이야기하면 황당할 경우가 많이 있다. 자세한 사정

이야기도 하지 않고 다짜고짜 이야기를 다소 허황되게 시작한다. 예를 들면 "*내가 1억 위안을 투자하려고 하는데 한국의 패션기업 사장을 소개해 달라.*" 등이다. 필자도 이런 류의 질문을 받고 황당하게 생각하였는데, 돌이켜보면 중국인들의 한탕주의 가치관이 반영된 대화 방식인 것 같다. 큰 그림 이야기를 하면서 상대를 떠보는 화술이므로 너무 심각하게 받아들일 필요도 없으며, 필요 없이 의심할 필요도 없이 사실 확인을 하면서 천천히 이야기를 풀어 가면 된다(〈만든 글: 두 가지 황당 에피소드〉 참조).

SW기업과 꽌시

중국 기업과의 거래에서 꽌시가 필요한가?

중국 시장 환경 분석에 있어서 가장 애매한 분야가 '꽌시문화'이다. 중국 시장에 진출하고자 하는 기업인을 통하여 꽌시라는 말을 많이 듣는다.

"*이번 출장에서 모 기업인과 꽌시를 맺었다.*"

또는 "*우리 파트너 기업은 정부관리와 꽌시가 좋다.*"

위와 같이 중국인과 친밀도를 이야기할 때에 종종 등장하는 단어가 꽌시이다. 단어 자체로는 새로울 것이 없다. 우리말로 관계(關係)라는 단어의 중국어 발음이므로 그저 우리나라의 인맥이라고 생각하면 좋을 듯하다. 그러나 깊이 들어가면 전혀 그렇지가 않다. 중국의 지리적 방대성과 문화의 다양성 그리고 소득 수준의 차이 등에도 불구하고 중국 국민들을 관통하는 문화코드는 꽌시라는 생활방식이다. 그렇지만 꽌시의 세계가 매우 복잡 미묘하여서 한 마디로 정의 내리기가 어려운 단어이다.

꽌시는 연구도 많이 되었다. 특히 해외 학자들이 꽌시의 실체가 무엇이며 꽌시가 중국 기업 사회에서 어떻게 작용하는가에 대한 실증 연구를 하여서 제각각의 결론을 내었다. 어떤 학자는 꽌시의 순기능에 대하여 토의하였고, 어떤 해외 학자는 꽌시 때문에 해외 기업이 중국 시장에 들어가기가 어렵다는 결론을 도출하였다. Luo(1997)에 따르면 중국에도 수많은 법, 제도, 규정 등이 존재하지만, 중국인들은 역사적으로 비록 무사 공평하지만 구체적이지 못한 추상적 법규보다도 자신의 꽌시 네트워크 또는 꽌시망에 의존하여서 문제를 해결하고자 하는 전통을 가지고 있다고 한다.

현재도 중국 사회에는 이러한 전통이 살아서 움직이고 있다. 즉 꽌시는 중국인들이 세상을 살아나가는 데 필요한 윤활유이며, 사회적 행동과 사업의 운영에 매우 중요한 역할을 한다. 1978년 중국의 개혁·개방 이후 꽌시는 더욱 중요한 역할을 하면서 중국식 관료주의적 제도의 문제점을 우회하면서 해결할 수 있는 방편을 제공하는 순기능을 하고 있다(Luo, 54쪽). 즉 사회안전망이 형성되어 있지 않으며 국가에게 이러한 안전망 장치를 기대할 수 없는 상태에서 중국인들이 활용할 수 있는 안전망이 꽌시망이라고 할 수 있다.

꽌시가 가장 중요하게 작용하는 곳은
B2B관계보다 B2G관계라고 한다.
즉 정부, 당, 군대 등을 상대로 하였을 때
꽌시의 영향력이 나오게 된다.

IT 사업에서도 꽌시가 필요한가?

그러면 과연 우리 기업의 중국 사업에서는 꽌시가 어떻게 작용할까라는 의문을 갖게 된다. 중국의 사업 꽌시 연구결과를 보면 꽌시가 가장 중요하게 작용하는 곳은 B2B관계보다 B2G관계라고 한다. 즉 정부, 당, 군대 등을 상대로 하였을 때 꽌시의 영향력이 나오게 된다. 만약 중국 사업에서 이런 고객을 상대한다면 꽌시의 세계에서 활동을 하는 것이다. 따라서 산업의 유형에 따라 꽌시의 필요성이 결정되는 것이 아니라 고객의 성격에 따라 결정되기 때문에 아무리 혁신적인 IT 산업에서 활동한다고 하여도 꽌시의 세계를 접하게 된다(〈만든 글: 꽌시의 유형과 기능〉 참조).

만약 관·공고객을 상대로 사업을 한다면 어떻게 꽌시를 구축하여야 하는가? 꽌시를 구축하기 위해서 어떠한 노력을 하여야 하는가? 꽌시의 영향력 순서가 친인척→동향 또는 이웃→직장 친구→학교 친구→사업상 파트너 순으로 형성되기 때문에 우리 기업은 결국 가장 영향력이 약한 사업상 파트너로부터 출발을 하여야 한다. 사업상 파트너라는 것은 결국 뇌물 커넥션이기 때문에 꽌시에 기대서 사업을 한다는 것은 무모한 결정이다.

꽌시에 입각한 거래는 우리 기준에서 본다면 공정경쟁을 해치는 일종의 폐쇄적 담합 행위이다. 우리 기업은 꽌시 네트워크 밖에 있는 외부자로서 가격, 비용, 정보획득, 시장접근 등의 면에서 불이익을 받을 뿐만 아니라 막대한 거래비용을 치르고도 소기의 경제적 거래관계를 성립시킬 수 없게 되는 경우가 많다. 단지 이미 중국에서 사업 파트너들과 사업을 진행하고 있는 '중국통' 기업인이 사업을 시작한다면 꽌시를 활용하는 것이 가능할지 모르겠다. 만약 중국의 시장 환경을 잘 모르는 국내 기업인이 중국 사업을 시작한다면 천천히 꽌시를 경험한 후 이 세계에 들어가든지, 아니면 꽌시의 영향이 적은 민간고객을 상대로 하는 방식이 더 좋다. 차라리 중국 기업에게 라이선싱이나 OEM을 통하여 제품을 제공하고 파트너가 고객을 상대하도록 전략을 수립하는 것이 현명하다.

만든 글

두 가지 황당 에피소드

에피소드 1

중국의 정보 수집의 애로를 단편적으로 보여줄 수 있는 일화이다. 필자가 2015년에 중국 SW산업협회를 방문한 적이 있다. 협회장과 면담을 하는 자리에서 국내 기업의 정보수집의 애로를 이야기하니까 중국협회가 만든 산업보고서인 「2014 中國軟件和新息技術服務業發展研究報告」를 소개하여 주었다. 그 자리에서 그 자료를 한 부 얻을 수 있냐고 문의를 하니까 협회장이 당연히 가능하다고 대답하였다.

회의가 끝나고 실무자에게 한 부 얻자고 하니 판매하는 책자이어서 구매를 해야 한다고 하여서 값을 물어보지도 않고 구매하겠다고 하였다. 그런데 가격이 무려 2,000위안(약 35만원)이어서 책값 내고 나오니 수중이 현금이 떨어져서 곤란을 겪은 적이 있었다. 이렇듯 중국에서는 자료 구하기가 어렵다. 이 자료를 나중에 살펴보니 우리 기업에서 쓰기에는 너무나 거시적인 통계들이었다. 일반적으로 미국, 일본, 유럽 등의 관련 협회에 방문을 하여서 무료로 발간 책자를 얻어 오는데 익숙한 본인이 겪은 실수이다.

중국인은 기본적으로 '정보는 돈이다'라는 생각을 하고 있다. 정부의 정책에 따라 경제사회의 발전이 일어나는 체제에 익숙하다보니 정부 정책을 먼저 알아내어서 선점하는 기회를 얻고자 노력한다. 정부의 관리와 좋은 관계, 즉 꽌시망을 유지하는 이유도 정보를 사전에 알아내기 위한 방편인 것이다. 또한 우리 기업에 유능한 중국인 직원이 필요한 이유도 정보의 냄새를 맡는 능력이 있기 때문이다.

에피소드 2

중국 사회에서 외모로서 상대방의 지위, 능력을 파악하기란 매우 어렵다. 필자는 2003년 북경에서 한·중 SW 포럼의 만찬 헤드테이블에서 식사를 한 적이 있다. 전형적인 12인 원형테이블에 필자의 왼쪽에는 60대 정도 된 노인분이 앉았고 오른쪽에는 조금 늦게 도착한 젊고 예리하게 생긴 30대 후반의 신사가 앉았다. 노인분은 낡은 양복에 운동화를 신고 있어서 다소 포럼과는 안 어울리는 분 같았으며, 명함을 교환하고 대화를 하려고 하였는데 그분 영어 실력으로는 대화를 지속하기가 어려웠다. 그 당시 필자도 중국어를 잘못하였기에 오른쪽 신사와 영어로 IT에 관한 이런저런 이야기하면서 식사를 하였다. 식사 말미에 무엇하는 분이냐고 물어보니 글쎄 운전기사라고 한다. 아! 이렇게 황당할 수가 있나! 운전기사와 중국 IT산업에 대하여 이야기를 나눈 것이다.

만찬 후에 밝혀진 사실인데 왼쪽의 노인이 중국에서 가장 존경받는 중국공정원(中国工程院)의 원사(院士)이며 전문 분야가 IT라고 한다.

필자를 위해서 일부러 옆자리에 앉힌 것이라고 한다. 그 당시에는 院士가 무슨 직책인지 잘 몰라서 담당 직원을 속으로 책망하였지만, 그 후에 院士의 자격, 대우, 선출방식 등을 알고 나서는 다시 한 번 중국에 대하여 배워야 할 것이 많다는 것을 뼈져지게 느꼈다.

만든 글

꽌시의 유형과 기능

전통적 꽌시문화

중국에서 꽌시(關係)란 가족·씨족 등 혈연관계, 고향 등 지역관계 그리고 학교·직장 등 사회적 연고관계에 기초하여 맺어진 사람간의 인맥관계를 의미한다. 꽌시의 개념에 가장 근접한 영어는 connection인데 이는 기본적으로 사업상의 접촉이나 공식적인 조직에 의해 맺어진 공식관계와는 달리 비공식적이고 호혜적 친분의 교환을 기초로 하고 있다.

전통적인 꽌시는 장기간에 걸친 인정·친분·호의의 교환을 기본 전제로 하고 있다. 한번 혜택을 입으면 다음에는 반드시 그 혜택을 갚아야만 꽌시가 유지되며 발전된다는 뜻이다. 그러나 이와 같은 전통적인 꽌시 문화가 1979년 이후 정치 사회적 환경이 바뀌고 중국 경제가 분권화되고 시장화 됨에 따라 물질주의와의 상호작용 속에서 보다 세속적이고 타산적인 성격의 실리주의적 꽌시로 그 성격이 바뀌게 되었다.

꽌시는 어떻게 작동하나?

어떤 기업인 A가 거액의 세금추징을 당하였다. 그는 동창생 B에게 도움을 요청하고, B는 장인 C를 찾아가서 의논을 한다. 장인은 과거 당의 요직에서 은퇴한 분이지만 아직도 영향력을 행사하고 있다. C는 과거의 군대 부하이며 현재 해당 세무서장인 D에게 전화를 해서 선처를 부탁한다. D는 C의 체면을 고려하여서 세금을 감면하여 준다. A는 감사의 표시로서 고가의 선물이나 금전을 B를 통하여 D에게 준다. B와 C도 A로부터 거한 저녁대접을 받는다. B나 C의 소개로 A와 D는 새로운 꽌시를 맺을 수도 있으나 이런 일은 흔하지 않으며, 일반적으로는 A와 D는 상호 꽌시를 맺지 않고 이 거래는 끝나게 된다.

꽌시의 가상 예

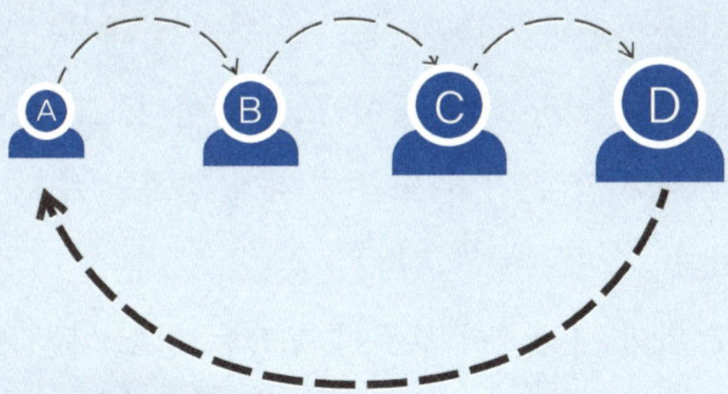

출처: Fan (2002)

이 사례는 가상 예이지만 매우 현실적으로 일어날 가능성이 높다. 이 사례를 다시 분석해 보면 그림과 같이 꽌시는 A-B, B-C 그리고 C-D의 순서로 일어난다. 꽌시는 양자 간의 호혜관계이지만 이와 같이 이전되면서 중국 사회 전체에 복잡하게 얽혀져 있다. A는 D를 직접 알지 못하기 때문에 우회 방법, 후문(後門)을 찾는 과정에서 B에게 부탁을 하며, 이후 B와 C의 가족관계를 통하여 C가 움직이고, C와 D의 상호 체면관계 유지 차원에서 D가 응대한 것이다.

둘째, 꽌시에도 유형이 있으며 그 강도와 유지하는 방식이 차이가 있다. 우선 사위(B)-장인(C) 관계와 같은 친인척 사이의 꽌시가 있다. 이를 친인(親人)꽌시라고 하며 영어로는 family 또는 blood 꽌시라고 한다. 가장 강한 사회자본(social capital)이지만 꽌시 유지를 위하여 많은 노력이 필요 없다.

그 반면 A-B, C-D와 같이 친구, 부하직원, 동향으로 맺어진 꽌시가 있으며 이를 숙인(熟人)라고 하며, 영어로는 helper 꽌시라고 부른다. 숙인꽌시는 장시간 동안 함께 활동을 하면서 정과 신뢰를 주고받으면서 쌓아온 것으로 일반적인 중국인들 간에 사회 생활하는데 가장 중요한 사회자본이 된다. 이 꽌시를 유지하기 위해서는 평소 주요 애·경사 및 병환 등에 금전, 선물 등이 오가야 한다. 그 강도는 친인꽌시보다 당연히 약하지만 본인의 노력에 따라 강화할 수도 있고 그 범위를 넓힐 수 있다.

마지막으로 위의 사례에서 보듯이 A-D는 평소 아는 사이는 아니지만 특정 상황에서 꽌시 네트워크에 걸려 있는 사이이다. 이러한 관계를 서로 생경(生硬)한 사이의 연계라는 의미에서 생인(生人)꽌시, 사업꽌시 또는 business 꽌시라고 부른다. 사업꽌시는 일반적으로 돈과 권력이 연계된 사이에서 나타나며 일회성인 경우가 많다.

얼마나 꽌시를 잘 유지하느냐는 중국인의 사업 비결 중의 하나이다. 사업꽌시에서는 일회성이 많으므로 반드시 즉각적인 대가가 필요하지만 숙인꽌시는 상호 호혜적인 것은 틀림없지만 반드시 즉각적으로 대가를 지불해야 하는 것은 아니고 늘 관심을 보여야 하며, 언제일지 몰라도 상대가 요청이 오면 이를 받아들여야 한다. 거절하는 것은 꽌시를 깨는 것이 된다. 숙인꽌시에서도 매우 어려운 상황에서 도와줄 경우에는 친인꽌시로 바뀌기도 한다. 물론 유지를 잘하지 못하면 그 반대로 사업꽌시로 악화될 수도 있다.

	친인꽌시	숙인꽌시	사업꽌시
정의	친인척 관계	지속적인 교환관계	일시적 사업관계
속성	감정적/관습적	관습적/실질적	실질적
교환대상	애정, 관심	호혜적 후의 (favor)	돈과 권력
폐단	정실인사(nepotism)	인간적 부담(human debt)	부패(corruption)

우리 기업인과 중국인 사이에 숙인꽌시는 쉽게 만들어지지 않으며, 만들어진다면 매우 신경을 써서 관리를 해야 한다. 만약 중국의 사업 친구가 모임에서 여러분들에게 라오 펑요(老朋友: 오랜 친구)라고 하면 우리나라 관습처럼 생각해서는 안 된다. 사업꽌시 정도가 되었다고 생각하면 좋을 것이다. 만약 一家人 또는 自家人라는 말을 사용하고 있다면 아마도 점차 숙인꽌시로 들어가고 있다는 상태를 나타낸다. 일가인, 자가인이란 영어로 one family라는 의미이다.

출처: 김익수(2004), Fan(2002) 등

제6장

중국 시장의 가치사슬 분석

약 15년간 지속적으로 이어지는 중국 내 한류 속에서 국산 드라마가 열렬한 환영 속에서 방영되고, 국산 화장품이 날개 돋친 듯 팔리고 있으며, 현대자동차가 선전을 하고 있지만, 유독 IT 산업은 맥을 못 추고 있다. 가전제품과 핸드폰 이외의 우리 IT제품이 중국 시장에서 인기를 얻고 있다는 뉴스는 들려오지 않는다. 특히 무형재화이고 지적재산권을 판매하는 SW제품은 더욱 힘들다.

KOTRA, NIPA, SW 관련 협회 등의 웹진에 중국 SW 전시회 참가 또는 시장 개척단 모집 안내들이 지속적으로 올라오고 있다. 필자도 2015년에 세 번이나 북경, 상해 및 남경에서 개최된 전시회를 둘러볼 기회를 가졌으며, 전시회에 참가한 국내 SW기업 대표들과 많은 이야기를 나누면서 그 분들의 관심사를 들을 수 있었다. 중소기업의 사장님들이 중국 시장 진입전략 수립에 고민을 하고 있다는 것을 알 수 있었다. 적절한 중국 파트너를 찾는 방법과 이들과 협력하는 방법에 대한 正道를 찾고 있었다. 과연 정도가 있을까 하는 의문도 들지만 그래도 이번 장에서 설명하는 중국 SW시장의 가치사슬(value chain)의 기능과 구조를 알면 중국 진출의 정도를 찾는 데 도움이 될 것 같다.

중국 SW시장의 독특성

〔그림 6〕에서 보는 바와 같이 중국 시장에서도 여타 해외 시장과 마찬가지로 링크, 현지화 협력 파트너사 그리고 유통채널 등이 있다. 그

그림 6 우리 기업의 중국 시장 가치사슬

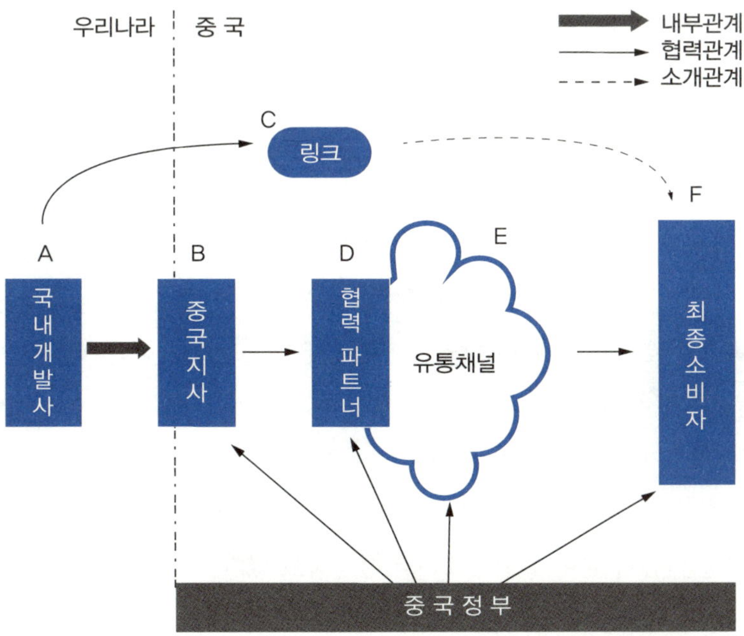

러나 일반적인 해외 시장의 구조와 차이가 나는 점이 있다면, 그림에서 보다시피 첫째, 파트너사와 유통채널이 붙어 있는 구조이며, 둘째, 중국 정부가 가치사슬의 일원으로서 깊숙이 관여하고 있다는 점이다. 그리고 가장 중요한 특징은 시장에 대한 정보를 가진 링크의 활동이 거의 없다는 것이다.

링크(Link)의 부족

중국 시장 진출시 가장 먼저 닥치는 애로요인은 중국 내 중개인 또는 링크의 부족이다. 국내의 좋은 제품을 선별하고 적절한 중국 기업에게 소개하여 줄 수 있는 링크(그림의 C)의 역할을 하는 기업 또는 전문 컨설턴트가 부족하다. 물론 개별 프로젝트별로 이를 알선하고 연계하여 주는 개별 에이전트들은 활동하고 있지만, 이들의 역할은 국내 제품을 소개하고 유통채널에 태워 주는 것이 아니라 본인이 입수한 정보를 전달하고 중국 인맥을 소개하는 역할에 그치고 있으므로 진정한 링크라고 하기가 어렵다.

이런 분들이 링크이든 아니든 간에 중국 시장에서는 소위 꽌시라는 것을 이용하여서 일회성 프로젝트성 사업에서 우선적 지위를 줄 수 있다고 자랑하면서 다니는 중개인들을 종종 만날 수 있다. 중국 사회를 제대로 모르는 우리 기업인들이 이에 미혹되기도 한다. 국내 기업인들 중에는 꽌시라는 은밀한 관계가 외국인에도 통하는 것으로 오해하는 경우가 있는데, 이는 꽌시의 세계를 충분히 이해하지 못하고 있기 때문이라고 생각한다. 중국에서 수년간 법인장을 하고 있는 분은 이런 상황을 다음과 같이 간단명료하게 설명하고 있다.

"*중국 사업에서 꽌시는 중요하지요. 꽌시가 맺어지는 원천이 혈연,*

지·학연, 우정, 사업동료 관계 그리고 돈인데, 혈연이 가장 중요한 꽌시의 원천이고, 이하 순서대로 영향력이 약해지지요. 우리나라 기업인들이 활용할 수 있는 것은 결국 가장 약한 돈 밖에 없는데 이마저도 우리 기업인들은 돈을 전달하는 방법을 모르니 어떻게 활용하겠습니까?"

설사 중국 고객에게 연계가 되었다고 하여도 문제가 발생할 수가 있다. 여기서 중국 고객이란 프로젝트를 관장하는 행정 관료이거나 당 간부일수도 있고, 아니면 프로젝트에 참여하고자 하는 중국 IT서비스 기업의 경영진일 수도 있다. 이들과 연계가 되었다고 하여도 현재 중국의 현실상 실속 없이 참여할 가능성이 높다. 실속 없는 참여의 여러 가지 유형 중 최악의 경우는 기술탈취이다. 중국 정부의 국산화 드라이브의 희생양이 될 가능성이 높다. 이에 대해서는 '제8장 중국 진출, 실패사례에서 배운다'에서 자세히 분석하겠다.

현재 중국의 현실 상 실속 없이 참여할 가능성이 높다. 실속 없는 참여의 여러 가지 유형 중 최악의 경우는 기술탈취이다. 중국 정부의 국산화 드라이브의 희생양이 될 가능성이 높다.

협력 파트너사 및 채널 파트너사의 혼재

무형자산 제품의 해외 진출에는 두 가지 유형의 파트너사가 필요하다. 전반부에서 만나는 파트너는 제품의 현지화를 도와주는 협력 파트너이며, 후반부에서 만나는 파트너는 유통을 책임지는 기업, 즉 채널 파트너이다. SW제품도 현지화를 담당하는 파트너와 협력하여서 현지화를 끝낸 후, 채널 파트너와 계약을 맺어서 유통채널을 통하여 최종 소비자에게 전달된다. 일반적으로 제품 현지화를 도와주는 기업은 기술력을 가진 중소기업이며, 채널 파트너사는 대규모 기업이다.

그러나 중국의 SW시장의 구조상 명확히 첫 단계 파트너와 두 번째 단계 파트너가 구분되어 있지 않다. 그림에서 바로 알 수 있듯이 국내 기업과 함께 제품 현지화를 수행하는 기업인 현지화 협력 파트너사(D)가 동시에 유통채널(E) 역할도 맡고 있다. 협력 파트너사와 채널 파트너사가 한 기업이거나 밀접한 관계를 가진 두 기업일 경우가 다반사이다. 국내 기업은 일반적으로 한 기업과 협력 파트너의 역할과 유통채널의 역할을 동시에 위임하는 계약을 맺게 된다.

중국 시장에는 전국적인 유통망을 가지고 있는 대형 채널기업과 성 및 시 단위의 해당 지역을 근거로 하는 중소형 유통채널 기업들이 있다. 이들은 상호 제휴, 지분관계 등으로 복잡한 연계를 맺고 움직이고 있다. 이런 채널 파트너들은 SW제품을 유통하지만 동시에 IT서비스를 제공하는 부문을 함께 가지고 있는 것이 일반적이다. 따라서 유통채널상의 기업들이 유통만 하는 것이 아니라 유통에 부수되는 서비스, 예를 들면 고객 요구를 분석하여서 컨설팅 서비스를 제공하고, 이를 반영하여서 제품을 수정 개발하거나 타 기업 제품을 납품하고 요구에 맞게 SI 서비스를 제공하고, 제품 판매 후에는 기술지원 서비스 등 일련의 관련 서비스를 제공하게 된다. 향후 산업이 성숙됨에 따라서 개발기능과 유통기능이 분사(分社) 단계를 거칠 것으로 예상된다.

이러한 시장 구조는 우리나라 기업에게 기회이자 위협으로 존재한다. 기회적인 면은 중국 파트너사와 협력을 하게 되면 기술적인 현지화, 고객의 요구수용 및 유통채널 연계 등이 한꺼번에 해결될 수 있는 점이다. 일본과 같이 현지화만을 담당하는 기업과 현지화를 끝낸 후에 다시 적절한 유통채널을 찾기 위하여 장기간을 소요하는 것이 아니라, 한 번의 계약에서 두 단계를 끝낼 수 있는 가능성이 높다. 또한 중국 기업과 SI프로젝트 참여 계약이나 OEM 계약을 맺으면, 중국 진출에 따르는 많은 고민거리, 예를 들면 현지 인력채용, 사무소나 법인의 설치, 인증 및 등록 등의 문제를 해결할 수 있다. 실제로 우리나라의 제니퍼소프트는 이러한 방식으로 중국 시장에 진출한 바 있다.[10]

중국 고객의 특성

중국의 급속한 성장으로 인하여 최종 고객의 요구 수준이 여러 가지 면에서 양분화되어 있다. 첫째, 지역적 양분화이다. 중국의 동부 해안지방, 즉 북경, 상해, 광주 근처의 여러 도시들은 주민들의 생활수준도 높고, 산업의 규모 및 발달정도가 상당한 수준이다. 그 반면 이 지역 이외의 지역 즉, 중국 내륙, 서부지방 및 동북삼성지방은 모든 면에서 낙후되었다. 필요한 SW제품의 기능도 다르며 제품의 요구품질도 차이가 난다. 둘째, 관·공고객과 민간고객의 양분화이다. 민간고객은

10 제니퍼소프트의 홍보자료(2013)에 따르면 *엔코아의 데이터 컨설팅 서비스와 제니퍼소프트의 애플리케이션 성능관리 솔루션 '제니퍼'를 조합한 시스템 성능관리 서비스는 킹디의 134개 지사를 통해 100만여 고객사에 공급될 예정이다. 중국 심천에 본사를 두고 있는 킹디는 홍콩, 싱가포르, 대만 등에 각각 지사를 보유하고 있으며 전사적자원관리(ERP) 뿐만 아니라 고객관계관리(CRM), 비즈니스프로세스관리(BPM) 등을 제공한다.*

개혁개방정책 이후 지속적으로 발전하고 있으며 서비스산업에 편중되어 있지만, 아직 관·공고객에 필적할 만큼 성장하지 못하였다. 셋째, 상류층 고객과 중·하류층 고객의 요구 수준 차이가 현격하다.

관·공고객은 꽌시의 세계 속에 있다.

중국 정부기관과 국유기업이 대표적인 관·공(官·公) 고객이다. 중국이 개혁개방한 지가 오래되었어도 아직도 많은 분야에서 국가가 많은 지분을 가지고 있다. 국방, 토목, 건설, 교통, 통신, 방송, 금융, 교육, 의료, 자원, 식량, 철강 등 사회 인프라를 뒷받침하는 산업에 속해 있는 초대형 기업은 거의 모두 국유기업이라고 간주해도 무방하다. 이러한 국유기업 및 정부기관 고객군의 행동양식은 거의 유사하여서 이 두 그룹을 묶어서 관·공고객군이라고 부를 수 있다(《만든 글: 중국 국유기업에 대하여》 참조).

관·공고객은 기본적으로 중국 제품을 선호한다. 여기서 중국 제품이란 중국인이 설립한 내자(內資)기업이 만든 제품, 즉 made-by-Chinese company를 선호한다. 물론 적절한 제품이 없을 경우에는 글로벌 기업의 제품을 구매하지만 최근에 일어나고 있는 국산품 구매운동에 힘입어서 최대한 대로 중국 기업의 제품을 구매하고자 한다. 우리 기업은 국내 기업의 단독지분인 독자(獨資)기업 또는 중국인 및 중국 기업과 함께 설립한 합자(合資)기업 형태로 중국에 진출하므로 관·공고객에게 접근하는 데에는 한계가 있다.

관·공고객의 또 다른 특징은 꽌시를 중시한다는 점이다. 즉 이전부터 관계를 맺고 있는 기업에게 구매하는 경향이 있다. 우리나라 기업이 관·공고객의 입찰에 응하기 위해서는 이미 꽌시가 있는 중국 기업과 협력하여서 진입하는 수밖에 없다. 특히 성 단위 이하의 지방정부가 관여된 정부 구매의 경우에는 지방 기업과 연계를 가져야 한다. 우리나라의 대형 IT서비스 기업은 이러한 연계를 만들어가면서 장기적인 안목에서 사업을 할 수 있겠지만 그 외의 중소기업은 관·공고객의 주요 인사와 꽌시를 맺기 위하여 장기간 자원을 투입하는 것은 현실적으로 불가능하다.

> 민간병원의 개수는 총 1만 여개이며,
> 전체 병원 수의 약 43%를 차지한다.
> 그러나 진료하는 환자의 숫자 비율은
> 전체 병원 산업의 2.7% 밖에 안 되며,
> 매출액도 3% 이하이므로 매우 영세한
> 수준의 병원임을 알 수 있다

민간고객은 가격을 우선적으로 고려한다.

민간고객은 개혁개방 정책 이후 일반인들이 투자를 하여서 설립한 기업이다. 유통, 문화, 게임, 사교육, IT산업 등 일부 서비스 산업에서 민간기업이 주도를 하고 있다. 민간기업이 주도하고 있는 특정 산업을 제외하고 일반적으로 민간기업의 개수는 많지만, 관·공고객에 비하여 매출 규모는 크지 않다. 국유기업이 독점적 지위를 향유하고 있는 반면, 민간기업은 무한 경쟁 속에 있다.

의료기관을 예로 든다면, 민간병원의 개수는 총 1만 여개이며, 전체 병원 수의 약 43%를 차지한다. 그러나 진료하는 환자의 숫자 비율은 전체 병원 산업의 2.7% 밖에 안 되며, 매출액도 3% 이하이므로 매우 영세한 수준의 병원임을 알 수 있다(凤凰网财经, 2014). 1만 여개의 민간병원이 전체 시장의 3%의 매출을 놓고 경쟁하는 사례에서 알 수 있듯이 민간기업은 극심한 경쟁 속에 놓여 있으며 창업과 폐업이 지속적으로 일어난다.

민간고객들은 기능의 우수성보다 일단 가격이 싼 SW제품을 최우선으로 찾는다. 즉 일정한 조건의 기능을 만족시킨다면 싼 가격의 SW를 원한다. 우리 제품이 중국 경쟁기업의 제품보다 차별화된 기능, 편리한 사용성, 유려한 UI, 사용자 만족도 면에서 좋을지는 몰라도 가격경쟁력이 없다. 민간고객을 상대하기에는 가격경쟁력이 약하고, 관·공고객을 상대하기에는 꽌시가 없으니, 우리 SW기업의 설자리가 마땅치 않은 실정이다.

상류층 고객과 중·하류층 고객

산업간 및 기업간 고객 수준의 양분화이다. 중국 산업 간에도 격차가 크며, 산업 내의 기업 간에도 격차가 크다. 통신, 인터넷 서비스 등의 특정 분야는 선진화되었지만, 의료, 교육, 방송, 제조 등의 분야는 아직도 낙후되어 있다. 이러한 산업적인 양극화도 있지만, 같은 산업 내에서도 고객 수준의 극심한 양극화를 이루고 있다.

이러한 점에서 중국 고객을 일류(1st tier) 고객, 이류(2nd tier) 고객 및 그 이하 고객으로 나눌 수 있다. 어느 나라에서나 이러한 분류가 가능하겠지만 중국의 경우에는 일, 이, 삼류 간의 차이가 심하며 집단 간의 특성이 더욱 두드러진다. 일류 고객과 이류 고객의 전산화는 많이 진전되어 있어서 실질적인 고객이 되지만, 그 이하 수준은 아직도 전산화에 큰 투자를 하지 않고 있다. 이러한 현상은 주거, 교육, 의료, 금융, 문화, 식품, 오락 등 거의 모든 분야에 나타나고 있다.

대표적인 예가 중국에 있는 상업은행이다. 전국적인 지점망을 가진 상업은행이 총 18개이며, 이중 국유은행은 交通은행, 工商은행, 農業은행, 中國은행 및 建設은행이 있고 전국단위 상업은행에는 招商은행, 中信은행, 華夏은행, 光大은행 등 13개가 있다. 이러한 전국적인 은행이 일류 고객인 반면, 성 단위, 시 단위로 형성된 약 100여개의 도시 상업은행이 2류 고객에 속한다. 그 반면 농촌에 설립된 무수한 저축은행이 그 이하 수준의 고객이다.

	은행의 성격	개수	명 칭
일류	중앙은행	1개	中国人民银行
	정책성 은행	3개	国家开发银行、中国进出口银行、中国农业发展银行
	국유 상업은행	5개	交通银行、工商银行、农业银行、中国银行、建设银行
	대형 상업은행	13개	招商银行、中信银行、华夏银行、光大银行、民生银行、浦发银行、广发银行、兴业银行、平安银行、徽商银行、浙商银行、渤海银行、恒丰银行
이류	도시 상업은행	137개	
삼류	농촌 저축은행	셀 수 없이 많음	

중국 정부의 국산 SW제품 사용 정책으로 인하여 거의 모든 고객들이 중국 제품을 선호하지만, 일류 은행들은 안정성이나 보안이 중요한 분야에서는 오라클, IBM 등의 글로벌 제품을 사용한다. 아직 중국산 제품의 품질이나 브랜드 파워가 약하기 때문에 정부로서도 선불리 중국산 제품을 사용할 것을 강요하지 못하는 실정이다. 그 반면 농촌의

저축은행들은 기본적인 인프라 SW 이외에 첨단 응용SW의 필요성을 느끼지 않고 있다(제7장의 〈퍼온 글: 은행전산시스템 기술독립 쉽지 않네〉 참조).

중국 기업 고객들이 변화하고 있다.

2007년도 연구 결과 중의 하나는 고객 수요의 미확인이다. 중국 기업고객이 진정으로 SW제품을 필요로 하는지에 대한 의문점이 있었다. 2007년도 당시의 상황에서는 중국 기업의 목표는 최대한 단시간 내에 아직 충족되지 않은 소비 시장을 선점하고, 지역적 거점망을 확대하는 등 규모의 경제(economy of scale) 경쟁에서 승리하는 것이었다. 중국 국민의 생활수준이 올라가고 도시화가 중국 동해안에서 서쪽으로 점차 확대되고 있었기 때문에 이러한 현상은 당연한 것이었다. 따라서 진정으로 SW의 효용을 느끼지 못하고 있으며 매우 기초적인 수준의 SW만이 팔리는 시기이었다.

2014년도 조사에서 여러 전문가들에게 과연 2014년도 현재, 고객들의 수요가 현실적으로 나타나고 있는가에 대한 질문을 던졌다. 이 질문에는 상호 상반된 답변을 들을 수 있었다. 그러나 명확한 것은 일·이류 고객의 수요는 현실적이고 시기적절한 것인 반면 하류 고객의 수요는 아직도 발전하고 있다는 사실이다. 하류 고객의 경우에는 인프라 구축이 매우 중요한 상황이며 어플리케이션 수준까지 발전하기 위해서는 아직도 시간이 걸릴 것 같다. 확실한 사실은 규모 확대 경쟁이 끝나가고 있다는 것이다. 상해 화동 한국 IT 기업협회의 신동욱 부회장의 말씀을 인용하면,

"시장이 바뀌고 있습니다. 10년 전 창업세대는 효율을 중요시 하지

않았습니다. 시장 장악이 우선이었지요. 쇼핑몰 같은 유통산업이 매년 30%씩 성장하는 시기가 끝나가고 대형 할인점이 적자가 나기 시작하면서 성장보다 효율을 찾기 시작하고 있습니다."

중국 SW기업의 분석

통계로 본 중국 SW산업

〈표 2〉에 보는 바와 같이 2013년 중국 SW시장의 규모는 3조 500억 위안(2015년 10월 환율 기준, U$4,800억)이므로 전 세계 시장에 차지하는 비중은 3% 정도이다. 그러나 놀라운 사실은 중국 SW시장은 과거 8년간 매년 30% 성장하고 있다는 사실이다. 2006년에 비하여 2013년의 규모는 약 6.5배 성장하였으며, 이러한 성장률은 현재 진행형이다.

내수와 수출을 구분하여서 분석한 결과 대부분의 매출이 중국 내 시장에서 발생한 매출이다. 과거 8년간 수출액의 비중은 전체 시장

표 2 중국 SW산업의 내수와 수출액 (단위: 억 위안)

	2006	2007	2008	2009	2010	2011	2012	2013	CAGR (06–13)
시장규모 (내수+수출)	4,800	5,834	7,573	9,970	13,364	18,849	24,794	30,587	30.3%
수출액	468	727	970	1,258	1,762	1,915	2,285	3,040	30.6%
수출액 비중	9.8%	12.5	12.8	12.6	13.2	10.2	9.2	9.9	

자료: CSIA(2014)

표 3 중국 SW 관련 지식재산권과 인력

	2006	07	08	09	10	11	12	2013	CAGR (06–13)
지식재산권	8,943	10,844	10,842	17,606	17,327	23,222	35,714	40,067	23.9%
인력(만명)	129	152.9	154.5	213.2	272.5	343.9	418.4	470	20.3%

자료: CSIA(2014)

규모의 약 9%에서 13% 사이에서 움직이고 있다. 수출도 과거 7년간 30% 성장하고 있지만 최근 들어서 수출액 비중이 줄어들고 있음을 알 수 있다. 2010년에 13%까지 증가하였지만 최근에는 증가세가 둔화되고 있다. 그 이유는 일본 기업의 아웃소싱을 주로 하던 기업들이 기술 경쟁력이 향상되면서 아웃소싱보다는 자체 브랜드를 내걸고 내수 시장을 목표로 한 제품개발에 더 많은 노력을 하고 있기 때문으로 생각된다. 중국 시장의 규모가 커지면서 해외보다 내수에 더 많은 자원을 투여하고 있는 추세이다.

〈표 3〉은 중국 SW산업에서 활동하고 있는 인력과 SW제품의 저작권 등록 건수의 증가 현황을 보여주고 있다. 저작권 수의 증가율이 약 23%인 점에서 외형만 커진 것이 아니라 내실있는 성장인 것을 알 수 있다. 또한 시장 규모의 증가율이 연평균 30%인 반면 산업 종사인력의 증가가 약 20%인 점을 감안할 때, SW산업에서 매우 심각한 SW 전문인력 부족을 겪고 있는 현실을 알 수 있다.

중국의 주요 기업 분석

〈표 4〉는 중국 공업정보화부에 발표한 〈SW 매출 상위 100대 기업〉 중에서 2013년도 매출액 기준으로 20위까지의 기업을 나열한 것

표 4 중국 IT기업 매출 상위 20개사 현황

순위	회사명	설립 년도	본사	종업원수	매출액 (만위안)	주요 업종	소유기관
1	华为 Huawei	1987	심천	150,000	12,162,721	통신	개인경영
2	中兴通讯 ZTE	1985	심천	78,402	4,628,000	통신	국가소유
3	海尔 Haier	1998	청도	N.A.	4,012,514	가전	국가소유
4	方正 Founder	1986	북경	35,000	1,220,089	SW	대학기반
5	浪潮 Inspur	1983	재남	1,507	1,150,331	SW	국가소유
6	南京南瑞 NARI	2001	남경	3,197	1,003,398	전력	국가소유
7	海信 Hisense	1969	청도	70,000	1,003,048	가전	국가소유
8	南京联创科技 Linkage	1997	남경	N.A.	794,000	SW	개인경영
9	东软 Neusoft	1991	심양	20,397	745,275	SW	대학기반
10	银联 ChinaUnionPay	2002	상해	N.A.	738,263	금융	국가소유
11	海康威视 Hikvision	2001	황주	9,566	698,127	보안	국가소유
12	航天信息 Aisino	2000	북경	14,117	626,918	항공	국가소유
13	熊猫电子 Panda	1936	남경	8,000	619,689	전자	국가소유
14	同方 TongFang	1997	북경	17,850	586,238	SW	대학기반
15	大唐电信 DaTang	1998	북경	5,059	513,169	통신	국가소유
16	福大 FUDA	1992	복주	N.A.	495,181	SW	개인경영
17	华东电脑 East China Computer	1993	상해	2,282	471,344	SW	국가소유

순위	회사명	설립 년도	본사	종업원수	매출액 (만위안)	주요 업종	소유기관
18	南车时代电气	2005	주주	N.A.	469,334	교통	국가소유
19	浙江大华 DAHUA	2001	항주	4,609	468,136	SW	개인경영
20	神州数码 Digital China	2000	북경	16,000	467,518	SW	국가소유

자료: Wang (2014) 및 기업별 사업보고서 및 언론자료에서 발췌.

이다.[11] 표에서 보듯이 우리가 잘아는 통신 기업인 Huawei(华为) 및 ZTE(中兴通讯)가 각각 1위와 2위를 차지하고 있다. 그 외에도 가전 관련 기업인 Haier(海尔), Hisense(海信) 등이 수위를 차지하고 있다. 이 기업들의 종업원 수나 매출액 규모는 상상을 초월할 정도로 크다. 대부분 종업원 수가 수만 명을 넘으며, 매출액도 10위 정도의 기업이 7.38억 위안(한화로 약 1조 2천억 원 정도)이므로 국내의 SW기업들과 규모 면에서 매우 큰 차이가 난다.

소유관계를 살펴보면 상위 20개 기업 중에서 16개 기업이 관·공기업으로 국가 또는 대학소유의 기업이며 개인 소유는 4개 밖에 없다.

11 중국 자료상에는 **SW** 상위 100대 기업으로 표시되어 있으나 사업보고서 등을 조사한 결과 HW 등을 모두 포함한 매출액 상위 기업으로 밝혀졌다. PwC(2014)에서 조사한 SW 매출액 기준으로 본다면 그 순위는 바뀌게 되어서 Neusoft와 Yonyou가 각각 1, 2위를 차지한다.

소유관계를 살펴보면 상위 20개 기업 중에서 16개 기업이 관·공 기업으로 국가 또는 대학소유의 기업이며 개인 소유는 4개 밖에 없다. 분야는 매우 다양하지만 전문적인 SW기업 또는 IT서비스기업의 숫자는 많지 않다. 일반적으로 해당 산업의 주요 업종을 영위하던 과정 중에 기업집단 내의 관계 기업에게 IT서비스를 제공하면서 점차 SW산업으로 들어온 기업들이다. 물론 Founder(方正), Inspur(浪潮), Linkage(南京联创科技) 및 Neusoft(东软)와 같이 창업 때부터 SW산업에 전력을 기울여 온 기업들도 있다. 이러한 SW를 주력으로 하는 기업들은 성장과정에서 기업 합병 및 사업 다각화를 통하여 매출액 및 인력규모를 확대하여 온 것이 일반적인 현상이다.

중국 기업 성장의 비결

중국 SW기업의 성장은 눈부시다. 필자가 조사했던 2007년도의 중국 SW산업은 그 규모나 기술력 면에서 초보단계이었다. 그러나 7~8년이 지난 2014년에 다시 들여다 본 중국의 SW산업 및 개별 기업들의 면면은 어마어마하게 바뀌어 있었다. 어떻게 이러한 급속한 발전이 가능한 것일까? 허장성세가 아닐까 하는 의구심도 들지만, 허장성세가 아니라면 어떤 방식으로 기술흡수를 하였는가가 궁금하다.

글로벌 기업과 경쟁을 위한 대형화

기업의 규모가 커진 것은 객관적인 자료에서도 알 수 있다. 약 7~8년간 산업 전체가 괄목할 만하게 커졌을 뿐만 아니라 개별 기업의 외형도 매우 커졌다. 중국 시장에서 10위 정도의 기업의 매출이 약 1조 2천억 원 정도이므로 국내의 SW기업들과 규모 면에서 매우 큰 차이가 난다.

기업의 대형화는 정부의 정책으로 추진하고 있다. 중국 정부의 12-5 발전계획(2011-2015)에서는 2015년까지 매출 1,000억 위안 이상의 기업을 3개 만들고, 매출 100억 위안 이상의 기업을 10개 만들겠다는 계획을 수립할 정도로 SW기업 대형화에 총력을 기울이고 있다. 대형화해야지만 경쟁력을 가질 수 있고, 세계적 기업의 반열에 올라서 해외 기업과 대등한 위치에서 상대를 할 수 있다고 생각하는 것 같다. 대형화 정책은 국가의 기술개발 프로젝트의 선정 평가기준에도 반영되어 있다. 프로젝트를 신청할 때 수많은 기업 간의 합종연횡이 일어났고, 업계의 최강자들이 조인트벤처를 만들어서 신청을 하였다. 기업 간의 합종연횡이 가능한 것은 앞에서 본 바와 같이 국가가 대형 IT기업들을 소유하거나 직간접적으로 영향을 미치고 있기 때문이다.

SW기업 대형화에 총력을 기울이고 있다.
대형화해야지만 경쟁력을 가질 수 있고, 세계적
기업의 반열에 올라서 해외 기업과 대등한
위치에서 상대를 할 수 있다고 생각하는 것 같다.

기술적 성장의 원동력

SW산업의 외형뿐만 아니라 기술적 성장도 눈부시다. 산업의 기술력 발전은 측정하기가 어렵지만 작금의 해외기업 축출 정책에서 보는 바와 같이 중국 SW산업의 기술력이 충분히 발전하였다고 생각하는 것 같다. 去IOE운동과 같이 오라클, IBM, MS를 쫓아내려고 하는 분위기는 해당 분야에서 중국산 기술로 글로벌 기업의 공백을 충분히 대체할 수 있다는 자신감과 연계되어 있다. 특히 인터넷 서비스산업에서는 이미 Google, Facebook 등 해외 기업의 진입을 막음으로써 Baidu, Tencent와 같은 중국 기업의 성장을 목격한 바 있으므로 이러한 정책에 더욱 무게가 실리는 것 같다(제7장의 〈만든 글: 신조어 이해하기: 去 IOE 및 Internet+〉 참조).

그러면 어떤 방식으로 기술 수준 향상을 이룩하였는가?

중국의 SW산업은 "시장환기술(市場換技術)", 즉 해외 기업에 시장을 내어주고 기술을 얻는다라는 정부 정책의 기치 아래 해외 글로벌 기업으로부터 세계 최고 수준의 기술을 명시적 또는 암묵적으로 이전 받았다. 또한 정부의 과감한 기술개발 투자에 힘입어서 기술 수준이 향상되고 있다. 비록 오라클, IBM이 장악하고 있는 인프라 SW의 수준이 아직 글로벌 수준에 올라가지 못하였으나 사용자의 요구에 대응하여서 발전하는 응용SW와 같은 응용단의 수준과 새로이 등장하는 클라우드 컴퓨팅 및 빅데이타 관련 기술 수준은 높다.

해외 기술 흡수 노력

해외 기업의 아웃소싱을 통한 기술 체득방식과 더불어서 해외 기업과 협력을 통한 기술 흡수방식이 일반적이다. 이러한 방식을 통하여 기업 스스로 해외 기술을 흡수하여서 현재는 자체적인 기술을 가진 기업으로 성장한 것이다. 아직도 많은 기업들이 이 기술 흡수 방식을

그림 7 중국 10대 ERP기업 점유율 비교

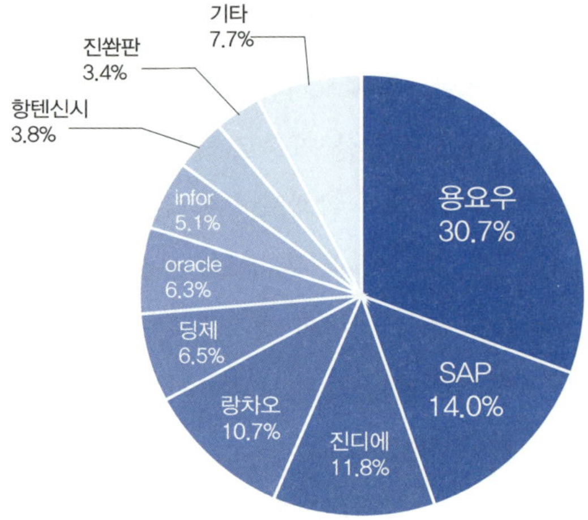

출처: 중국전자정보산업발전연구원(CCID) 중국 관리SW 시장보고서(2011-2012)

채택하고 있다.

중국 순위 39위에 해당하는 Yonyou SW주식회사(用友软件股份有限公司)의 예를 보면 이를 잘 알 수 있다. 용요우(Yonyou)는 1988년도에 세무공무원 출신의 창업자가 재무회계 SW제품을 출시하며 설립하였다. 초기에는 세무자료 제출시에는 이 기업 제품을 사용해야 하는 등 암묵적 정부의 지원하에 성장하였다.

2000년대 초반의 용요우는 ERP SW, 즉 전사적 자원관리 SW라고 말하기에는 수준이 낮은 회계, 세무, 재무관리 SW를 전국망을 통하여 판매하고 있었다. 고급 전사적 ERP는 SAP 등과 같은 글로벌 외자기업이 주로 판매하였다(박태영 외, 2013). 그러나 2014년도 조사에서는 용요우, 진디에(Kingdee; 金蝶) 등 토종기업들의 ERP 시장 점유율이 대단하였다. [그림 7]의 파이 차트는 중국전자정보산업발전연구

표 5 용요우(Yonyou)의 성장과정

1988	설립
1991	재무관리 SW 시장정유율 1위
2001	대만기업으로부터 제조ERP 기술 흡수
2002	스웨덴기업으로부터 항공, 전력분야 ERP기술이전
2004	CMM 5 획득
2007	미국 기업으로부터 3G 모바일 비즈니스솔류션 기술이전
2008	부동산관리시스템 기술 흡수
2008	서비스산업의 CRM기술 흡수
2009	지식관리 (KM)기술 흡수
2009	네트워크관리 기술 흡수
2009	DB기술 흡수
2010	자동차정비관리 기술 습득

자료: 박태영 외(2013)에서 발췌

원(CCID)의 중국 관리SW 시장보고서(2011-2012)에서 발췌한 것이다. 보다시피 2012년에 용요우가 최대 시장점유율(30%)을 차지하고 있으며 SAP에 이어서 진디에가 시장 3위를 차지하고 있다.

〈표 5〉는 박태영 외(2013)에서 중요한 내용만 발췌한 것이다. 표에서 알 수 있듯이 용요우는 2007년부터 매년 새로운 분야로의 영역 확대를 꾀하였다. 대만, 스웨덴, 미국 등 해외 기업으로부터 기술을 이전받아서 현재는 명실상부한 ERP기업으로 성장하였으며, 중국 시장 점유율 1위 기업인 동시에 Global 100(2014년, 98위)에 속한 기업이 되었다. 이러한 중국 SW기업의 기술 수준은 응용 SW위주의 발전을 하고 있는 국내 기업에게는 시장 진출이 어렵다는 적신호이다. 시장 진출이 어려울 뿐만 아니라 진출하였다고 하여도 기술흡수 당할 가능성이 높다. 중국 SW산업의 기술 수준이 높으면서 기술보호의 제도적 장치가 허술하기 때문에 협력 관계를 정교하게 설계하지 않으면 국내 SW산

업의 중점 분야인 응용SW의 기술복제 또는 기술침탈이 일어날 가능성이 존재한다.

만든 글

중국 국유기업에 대하여

주식의 일부 또는 전부를 국가가 소유할 경우 이를 국유기업이라고 한다. 중국은 1992년 덩샤오핑이 사회주의 시장경제를 주창한 이후로 주식회사제도를 도입하고 국유기업의 민영화 또는 사영화를 꾸준히 진행해 왔다. 그러나 아직도 국유기업은 국민총생산에서 큰 비중을 차지하고 있다. 국가의 중요한 산업은 모두 국유기업이 맡고 있는 상황이다. 중국의 국유기업이 차지하는 비중은 우리가 상상하는 것보다 훨씬 크다. 중국의 500대 제조기업 중에서 국유기업이 차지하는 비중은 매출액상으로 65.35%이며, 납세능력으로는 81.95%를 차지한다.

중국에는 공식적으로 15만 여개 국유기업이 있다. 국유기업 중에서도 중앙정부가 주식의 일부 또는 전부를 소유할 경우 이를 중앙 국유기업, 소위 앙기(央企)라고 한다. 앙기도 110개나 된다. 앙기는 2013년도 GDP에서 차지하는 비중이 42.9%나 된다. 대형 국유기업은 그 산하에 수많은 자회사, 손자회사를 거느리고 있으므로 이렇게 큰 비중을 차지하는 것이다. 중국 정부의 최근 발표에 따르면 국유기업의 일부 지분을 민영화하며 양기도 2020년까지 40개로 줄일 계획이다.

아래 표에는 매출액 순위 10대 중앙 국유기업을 나열하여 놓았다. 석유화학, 통신, 은행, 건설, 자동차 등 인프라에 관련된 기업이 대부분이다. 1,2위 기업이 석유화학 관련이며 3,6,9위 기업이 건설 관련이다.

중국 10대 국유기업

(단위: 백만 위안)

순위	기업명	산업	매출	순이익
1	中国石油化工股份有限公司	석유화학	2,786,045	63,496
2	中国石油天然气股份有限公司	석유화학	2,195,296	115,323
3	中国建筑股份有限公司	건설	571,516	15,735
4	中国移动有限公司	통신	560,413	127,197
5	中国工商银行股份有限公司	은행	536,945	238,532
6	中国铁建股份有限公司	건설	484,313	8,479
7	中国中铁股份有限公司	교통	483,992	7,355
8	上海汽车集团股份有限公司	교통	480,980	20,752
9	中国建设银行股份有限公司	은행	460,746	193,179
10	中国农业银行股份有限公司	은행	421,964	145,094

출처: 新浪財經(2014) 및 Baidu 검색

만든 글

중국 명함에서 정보를 얻자

중국 기업인의 명함에는 많은 정보가 들어있다. 일반적으로 영문 번역이 정확치 않아서 영문 명함을 보면 이해가 잘 안 되지만, 중문 명함을 차근차근 뜯어보면 많은 정보들을 얻을 수 있다.

기업 명칭을 제정할 때 몇 가지 원칙과 구조

중국 기업의 명칭을 보면 중국 기업의 규모를 짐작할 수 있다. 중국의 모든 기업은 공상행정관리국(工商行政管理局)에 등록하도록 규정되어 있다. 이때 기업 명칭도 반드시 함께 신청해야 하는데 이 명칭은 공상행정관리국에서 심사를 한 뒤 그 사용 여부에 대한 비준을 받아야 비로소 회사 이름으로 사용할 수 있다.

대개 기업의 이름은 지역 명칭(省, 市)+사업 업종+기업의 특징+회사조직 형태의 순으로 정해진다. 예를 들면 지역은 상해이고, 사업 업종은 기술 관련이며, 회사조직의 형태는 유한회사이라면 "上海 ~

科技有限公司"로 지을 수 있다.

기업 명칭에서 알 수 있는 정보는 다음과 같다.

첫째, 회사 이름에 '중국(中国)', '중화(中华)', '국제(国际)'란 단어가 보이면 그야말로 중국을 대표할 수 있는 전국적인 규모를 갖춘 대형 수출입 기업이나 대형 기업그룹이라고 생각하면 된다. 이런 명칭을 사용하려면 국무원이나 중앙정부 관련기관의 비준을 받아야 하므로, 중국, 중화 등의 고유명사가 앞에 붙어 있으면 대부분 대형 국유기업이라고 생각하면 된다.

둘째, 회사 명칭에 단순히 '~과기유한공사(科技有限公司)', '~경제유한공사(经济有限公司)', '~상무유한공사(商务有限公司)' 등으로 되어 있다면 그 회사는 소규모 업체라고 생각하면 틀리지 않는다. 중국 기업의 명칭 뒤에 붙는 유한공사(有限公司; 정식 명칭은 有限责任公司)와 고분공사(股份公司; 정식명칭은 股份有限公司)는 각각 우리나라의 유한회사와 주식회사와 유사하다. 股份이 우리말로 주식이므로 고분공사는 우리나라의 주식회사와 동일시할 수 있다.

유한공사와 고분공사의 비교

그러나 다음 표에서 보듯이 유한공사와 고분공사의 선택이 자유로운 것이 아니다. 투자자 수와 자본액 및 상장여부 등에 제한이 있기 때문에 유한공사는 일반적으로 중소형 기업에 적합하며, 고분공사는 대기업에 적합하다. 고분공사의 명칭을 사용하기 위해서는 중국 정부의 허가가 필요하다. 이러한 점에서 고분공사와 우리의 주식회사와는 차이가 있다.

중국 기업의 이름에 가장 많이 사용되는 '~유한공사(有限公司)'의

	有限公司	股份公司
정식 명칭	有限责任公司	股份有限公司
특성	– 우리의 유한회사와 유사 – 중소기업에 적합	– 우리의 주식회사제도와 동일 – 단 정부의 허가 필수 – 대기업에 적합
투자자 수	2<n<50	무제한
필수 자본	>10만 위안 (서비스업의 경우)	>1,000만 위안 (상장기업 >5,000만 위안)
권한의 분배	董事会(이사회) 권한 막강	股东会(주주총회)와 董事会(이사회)가 있음
재무상태 공개	비공개 가능	반드시 정기 공시

최소 자본금이 서비스업에서는 10만 위안이다. 그 반면 '~고분공사'는 자본금이 최소 1,000만 위안(약 17억 원) 이상이어야 등록이 가능하다. 회사 명칭이 '~고분공사(股分公司)'로 표기되어 있다면 규모가 있는 기업으로 생각해도 된다.

셋째, 중국 기업의 명칭에 '~집단공사(集團公司)'라는 글자가 있으면 그 회사는 산하에 자회사(分公司)를 거느린 그룹 회사라고 생각하면 된다. 이 역시 회사 이름에 함부로 사용할 수 없도록 규정되어 있다. 그리고 '~공고공사(控股公司)'라는 글자가 있으면 이는 지주 회사를 의미한다. 이런 두 종류의 기업들은 자본금 규모가 크기 때문에 상대적으로 신용도가 높은 기업으로 판단해도 무리가 없다. 지주회사 밑에 자회사, 손자회사, 손손자회사로 구성되어 있다. 중국 기업들이 문어발식 확장을 많이 하여서 여러 산업에 걸쳐서 기업을 가지고 있으며 이를 계층화하여 놓았다.

끝으로 중국의 기업 조직은 우리 주식회사와 유사하다. 그룹의 총수 및 이사 회장이 있는 체제이다. 总裁(총재)는 우리나라의 그룹 총

수, 董事长(동사장)은 이사회 의장으로 일반적으로 실질적인 오너(owner)라고 간주할 수 있으며, 总经理(총경리)는 전문경영인으로서 대표이사라고 보면 된다. 그러나 그 이하의 직책은 각 산업마다, 지역마다 다르게 표현한다.

출처: Baidu 및 Naver 검색

제7장

중국 정부의 SW 관련 정책 분석

중국 정부의 정책은 해외 IT업체의 중국 시장 활동 및 중국 진출에 지대한 영향을 미친다. 특히 정부 정책 중에서 가장 눈에 띄는 것은 SW 산업단지 즉, SW Park정책이며, 최근 해외 SW제품에 가장 큰 영향을 미치는 것은 去IOE운동으로 대변되는 SW 중국산화 정책이다. SW정책은 아니지만 산업적으로 SW 수요 진작을 위하여 중요한 사업인 스마트 씨티(smart city) 사업과 Internet+ 정책이 있다.

이 장에서는 중국 정부의 SW산업 육성 정책 중에서 우리 기업이 반드시 알아야 할 내용을 요약하여서 정리하여 보았다.

法治 위의 黨治, 黨治 위의 人治

중국 시장을 이해하려면 국가의 시장 장악력에 대한 이해가 필수이다. 중국은 공산당이 법 위에 존재하는 당치(黨治) 국가이므로 중요 사안이 생기면 법에 따른 해결책인 법치(法治)보다 당의 결정이 우선적으로 실시된다. 모든 국가기관, 국유기업 및 대형 민간기업에 공산당 조직이 있으며 행정조직의 상위에 당(黨)이 있는 구조이므로 중국 정부의 정책은 당 조직을 통하여 사회 곳곳에 신속하고 완전하게 전달되고 엄청난 영향을 미친다. 중국 정부의 영향력은 사회 구석구석까지 안 미치는 곳이 없으므로 정부 영향력의 편재성(遍在性)이 무서울 정도이다.[12]

정부 정책이 어마어마한 영향을 미치는 이유는 아직도 주요 산업의 독점적 지위를 누리고 있는 수많은 국유기업이 있기 때문이다. 중앙정부 산하의 국유기업처럼 매우 규모가 크고 일반인의 이목을 집중시키는 기업도 있지만 지방정부와 관계되는 국유기업들은 셀 수도 없이 무수히 많이 있다(제6장의 〈만든 글: 중국 국유기업에 대하여〉 참조).

우리 기업인이 만나는 대형 파트너 기업들의 소유 지분 관계를 따져 들어가다 보면 국유기업이 주종을 이루게 된다. 또한 비록 명목상으로 국유기업은 아니더라도 대학교가 투자한 기업이나 대학교수가 만들어서 스핀오프(spin-off)된 기업, 군대가 관여하는 기업, SW공단에서 투자한 기업 등 국유기업과 행태가 유사한 성격의 기업들이다. 이들은 실질적으로 국유기업들이거나 몇 다리 걸쳐서 국가기관이 관여하고 있는 것을 알 수 있다. 중국의 거의 모든 대학은 국립이며 모든 교직원은 공무원이므로 이들이 투자하거나 참여한 기업은 국가의

12 편재성은 영어로 ubiquitousness라고 하는데, 유비쿼터스(ubiquitous) 네트워크라는 개념으로 인하여 우리 귀에 익숙한 단어이다. '유비쿼터스'는 원래 신학적인 용어로서, 언제든지 그리고 어디서든지 모든 곳에 계신다는 뜻을 지니고 있다.

영향하에 있다. 또한 SW 단지에 입주한 유망한 SW벤처기업들은 해당 단지 관리본부나 단지 관리에 관여하는 주요한 정부인사에게 지분을 주고 시작하는 경우가 종종 있다. 이렇게 지분을 정부 관리에게 주고서 이들의 보호를 받게 되며 정부 정책에 기대어서 성장할 수 있다. 따라서 당치(黨治)는 결국 인치(人治)로 연결된다.

지분을 정부 관리에게 주고서 이들의 보호를 받게 되며 정부 정책에 기대어서 성장할 수 있다. 따라서 당치(黨治)는 결국 인치(人治)로 연결된다.

중국 SW기업의 성장의 배경

중국 SW기업은 매출액 규모가 급성장하였으며 기술적인 수준도 높아졌다. 규모의 확대와 기술적 성장이 급속도로 이루어진 배경에는 여러 가지 요인이 있을 수 있으나 중국과 같은 국가에서는 정부의 정책은 매우 중요한 요인이 된다. 이러한 면에서 정부의 세 가지 정책을 검토해 볼 필요가 있다.

첫째, 기술개발 국책 과제를 통하여 기초 SW 능력의 배양이다. 우리나라와 같이 기술개발에 쏟는 중국 정부의 노력이 대단하다. 기술개발자금 중에서 SW산업과 관계되는 것은 "836 프로그램"과 "核高基 프로그램"이 있다. 시간적으로 836 프로그램은 83년도에 등소평 주석이 발의하여 시작되었고, 核高基 프로그램은 836 프로그램에 이어서 2012년도에 기초SW의 육성을 목표로 시작되었다. 수많은 인력이 이 과제를 통하여 OS, 미들웨어, 데이터베이스 등의 산업에 투입되었고 현재 해외 기업과 경쟁할 수 있는 기반이 되었다고 생각한다.

둘째, SW 인력과 자금 등의 지원을 용이하게 하기 위한 인프라 조성 사업이다. 인프라 조성 사업에는 여러 가지 정책수단이 동원되었지만 가장 중요하며 지속적으로 추진되고 있는 사업은 기술 클러스터의 형성 사업, 소위 SW Park 조성 사업이다. 그 외에 SW기업 대형화 사업과 국가중점 SW기업 지정제도가 있다. 이러한 사업들이 중국 SW 산업의 기술력을 올리는 원동력이 되었다고 생각한다. 일찍이 1992년도에 중국의 10대 도시에 SW Park 단지를 지정하여서 이 도시를 중심으로 발전하도록 유도하였다. 초기에는 중앙정부가 단지 조성 등 판을 짜주었지만, 지난 20여 년 동안 지방정부의 지역개발 정책의 일환으로 SW Park이 활성화되었다.

셋째, 중국 기업에게 시장을 제공하기 위한 여러 가지 시장조성 사업이다. 시장 조성사업에는 두 가지 대표적인 사업이 있는데, 지방 자치단체별로 추진되고 있는 스마트 씨티사업과 국산SW 사용 정책이다. 이 정책들은 SW산업과 연관되어 있지만 여러 부처의 정부기관에서 추진하고 있는 사업이다. 특히 국산SW 사용 정책과 함께 연계되어서 추진되고 있는 운동은 해외제품 배척운동이다. 去IOE운동로 대변되는 정책이며, 민간주도이지만 정부의 입김이 강하게 작용하고 있다.

중국의 SW 기술개발 프로그램

중국 SW 기술개발 프로그램에는 크게 1986년도 등소평 주석의 지시에 의하여 시작된 国家高技术研究发展计划과 2006년 시작한 核心

电子器件高端通用芯片及基础软件产品 프로그램이 있다. 전자는 86년 3월에 시작되었다고 하여서 "863 프로그램"이라고 부르고 후자는 핵심전자기기와 부품(核心电子器件)의 앞 글자인 核, 고급범용IC(高端通用芯片)의 앞 글자인 高 및 기초SW제품(基础软件产品)의 앞 글자인 基를 따서 "핵고기(核高基) 프로그램"이라고 부른다. 이 두 가지 기술개발 계획이 IT분야의 발전을 위한 대표적인 프로그램으로 내용이 유사하며, 시기가 연결되어 있어서 유사한 프로그램으로 간주할 수 있다. 2010년대에 들어와서는 核高基 프로그램이 중점적으로 추진되고 있다.

核高基 프로그램

이 프로그램은 2006년 11-5계획(2006-2010년)에 포함되어 있으며, 국무원이 공포한《国家中长期科学和技术发展规划纲要(2006-2020年)》에 선정된 16개 중대 과학기술 프로그램 중의 하나이다. 核高基 프로그램의 주요 프로젝트는 2020년까지 지속되며, 이를 위하여 중앙재정에서 328억 위안이 지원되며, 지방정부 등 기타자금이 매칭펀드로 제공되어서 총 1,000억 위안이 지원된다.

核高基 프로그램은 그 명칭이 의미하듯이 IT분야가 주된 분야이다. 특히 이 계획 중의 주요 내용인 기초 SW제품 개발과제는 SW산업과 밀접한 관련이 있다. 여기서 기초 SW제품이란 OS, Middleware 및 DBMS의 삼대 기초 SW를 의미한다. 특히 이 세 분야 중에서 OS와 DBMS의 해외 종속을 벗어나려는 목적으로 거대한 자금을 투자하고 있다.

核高基 프로그램에 과제의 선정 기준에 기업의 규모 및 컨소시엄의 적합성이 있기 때문에 이 과제를 신청하기 위하여 많은 SW기업들

의 합종연횡이 일어났다. 기존의 대형 SW기업들이 상호 출자하여서 과제 수행을 전문으로 하는 신규 법인이 만들어졌다. 예를 들면, 서버 OS분야에 신청을 한 中科方德(中科方德軟件有限公社)은 중국과학원이 모체가 되어서 用友, 上海和勤, 深圳因泰克, 福建新大陸, 無錫濱湖 등이 출자하여서 만든 기업이다.

사업진행의 중국 내 언론 평가

그러나 核高基 프로젝트의 결과가 예상에 미치지 못하는 것 같다. 중국 언론들은 核高基 과제의 결과물에 대하여 유보적인 평가를 내리고 있다. 과제의 평가기준에 단기적 활용성을 너무 중시하였기 때문에 기술축적보다는 당장 작동되는 결과물을 제출하는 데 힘을 기울였다고 한다. 이러한 상황에서 해외기술을 그대로 베껴 와서 제출하기도 한 경우도 있었다고 한다. 특히 OS와 DBMS 분야에서는 개발 실패 또는 사기성 해외제품 복제 등에 관한 뉴스가 언론지상에 나오고 있다.[13] 제1장에서 소개하였듯이 중국 서버 1위 업체인 Inspur와 티맥스소프트의 협력 사업에 중국의 정부부처까지 나서서 도와주고 있는 내막을 이해할 수 있을 것 같다.

核高基 중 SW산업과 관련된 과제명

과제 10-1 안전하고 신뢰할 수 있는 HW/SW에 기반을 둔 복잡 오피스 시스템 응용연구 및 시범 프로젝트(基于安全可靠软硬件的复杂办公系统应用研究与示范工程)

과제10-2 안전하고 신뢰할 수 있는 기초 HW/SW에 기반을 둔 사

13 실패한 사례에 관심 있는 분은 http://zt.blogchina.com/2012zt/hgj/ 찾아보기 바란다.

무 처리 응용연구 및 시범 프로젝트(基于安全可靠基础软硬件的事务处理应用研究与示范工程)

과제10-3 안전하고 신뢰할 수 기초 HW/SW에 기반을 둔 실시간 업무군 응용연구 및 시범 프로젝트(基于安全可靠基础软硬件的实时业务类应用研究与示范工程)

과제10-4 중대한 정보화 요구에 응용할 수 있는 범용성인 데이터베이스(universal data base) 관리 시스템 맞춤 연구개발(面向重大信息化应用的通用数据库管理系统定制研发)

과제10-5 중대한 정보화 요구에 응용할 수 있는 미들웨어 스위트 제품(suite products of middleware) 맞춤 연구개발(面向重大信息化应用的中间件套件产品定制研发)

과제10-6 미들웨어(middleware) 제품에 기반을 둔 응용 프레임 연구개발 및 응용(基于中间件产品的领域应用框架研发及应用)

과제10-7 중대한 정보화 요구에 응용할 수 있는 오피스 SW 맞춤 연구개발(面向重大信息化应用的办公软件定制研发)

과제11-1 거대 산업에 공통으로 응용할 수 있는 클라우드 컴퓨팅 기초 SW플랫폼 연구개발 및 응용(面向大型行业应用的共性云计算基础软件平台研制与应用)

SW Park 조성사업

과거 10여 년 동안 국가 및 지방의 SW Park의 지정을 통하여 첨단 산업단지를 지속적으로 늘려 나가고 있다. 중국 정부는 2001년 주요

10개 도시, 北京·上海·大连·成都·西安·济南·杭州·广州·长沙·南京에 SW Park 단지를 조성하겠다는 계획을 발표한 후 현재까지 지속적으로 계획을 추진하고 있다. 그 목적은 낙후된 SW산업의 발전을 위하여 지역적 거점을 만들어서 관련된 기업의 집적화를 도모하고, 인재 및 자금 등의 인프라 지원을 용이하게 하겠다는 것이다.

SW 클러스터 육성계획의 목표치로는 매출액 5,000억 위안 이상의 클러스터를 2~3개 만들고, 매출액 1,000억 위안 이상의 클러스터를 10개 이상 만들겠다는 야심찬 계획을 수립하고 있다. 개별 SW Park들이 앞 다투어서 해외기업 유치를 하였으며 해외기업의 기술이 스핀오프되면서 중국의 기술 수준이 진일보하였다. 최근에 와서는 제법 규모를 갖춘 국제적인 단지로 변신하고 있으며 우수한 생활환경을 조성하여서 우수 인력을 공급할 수 있는 근거가 되었다.

이러한 클러스터는 여러 부처에서 개별적으로 실시되고 있어서 그 내막을 잘 모르는 국내 기업인으로서는 혼돈스러운 상태이다. 가장 적극적으로 실시하고 있는 부처는 과기부와 공업정보화부이지만, 그 외에도 여러 부처에서 각기 다른 이름으로 실시하고 있다. 이러한 SW Park사업의 명칭이 매우 유사하여서 국내 기업인에게는 큰 차이를 못 느낄 것이며, 현실적으로 큰 차이도 없어 보인다. 중국 기업들은 이러한 집적단지에 입주하여야만 얻을 수 있는 혜택이 많으므로 해당 업종의 특성에 맞는 집적단지에서 기업을 설립한다.

- **중국 SW 명성(名城)**: 공업정보화부에서 2010년에 시작한 사업으로서 주요 도시 중에서 SW산업이 잘 육성되고 있는 도시를 지정하였다. 두 가지 종류가 있어서 이미 성숙기에 들어간 도시를 수

패(授牌)도시로 명명하고, 성장기에 있는 도시를 창건(创建)도시로 지정하였다.

- 授牌도시: 남경, 제남, 성도, 광주, 심천, 상해, 북경, 항주
- 创建도시: 소주, 무석, 무한, 하문, 심양, 대련, 복주

• 국가SW-IT서비스시범기지(16개): 중관촌과기단지해정원, 대련 고신기술산업단지, 남경 우화SW단지, 광주 천하SW단지, 복주 SW단지, 제노 SW단지 (산동), 심천 SW단지, 청도 SW단지, 상해 푸동SW단지, 무한 홍산구, 하문 SW단지, 서안 SW단지, 천진 빙해고신지역SW단지, 해남 생태SW단지, 상해 자죽고신기술산업개발구, 섬서 서한신구

• 국가급 SW산업기지(10개): 북경, 상해, 대련, 제남, 서안, 남경, 항주, 성도, 광주, 장사
2001년도에 국가발전개혁위원회와 공업정보화부가 공동으로 시작한 가장 대표적인 SW Park이다. 문헌에 따라 주해가 들어가기도 하나 그 규모나 지역적 분표 면에서 주해는 광주의 권역에 속한다고 볼 수 있다.

• 국가 SW수출기지(11개): 북경, 상해, 대련, 제남, 서안, 남경, 항주, 성도, 광주, 심천, 천진
상무부, 과기부, 공업정보화부가 공동으로 2001년에 시작하여 현재 11개 도시가 지정되어 있으며 국가급 SW산업기지와 유사한 도시군 들이다.

• 중국서비스아웃소싱시범도시(21개): 북경, 천진, 상해, 중경, 대련, 심천, 광주, 무한, 하얼빈, 성도, 남경, 서안, 제남, 항주, 합비, 남창, 장사, 대경, 소주, 무석, 하문

- **클라우드시범도시**: 북경, 상해, 심천, 항주, 무석, 하얼빈, 서안

  국가발전개혁위원회가 2011년부터 6억 6천만 위안의 자금을 투입하여서 실시하고 있으며, 이후 공업정보화부를 비롯한 관련 부처가 공공 클라우드 컴퓨팅서비스 플랫폼 건설과 이를 기반으로 한 빅데이터 서비스, 솔류션 계획 및 보급을 중점 지원하고 있다.[14]
- **국가빅데이터산업발전시범지역**: 귀양, 귀안

  2015년 2월, 귀양(貴陽)·귀안(貴安) 빅데이터산업발전 클러스터 설립 사업이 공업정보화부로부터 승인을 받음으로써, 중국 최초의 국가급 빅데이터 산업클러스터가 귀주성에 들어서게 되었다.[15]

국가 중점 SW기업 인증제도

중국 정부의 12-5 발전계획(2011-2015)에서는 2015년까지 SW산업의 규모를 4조 위안, 즉 약 700조 원으로 확대하고 IT산업 중 SW산업의 비중을 25%로 확대하며, 이를 위하여 연평균 24.5%로 성장한다는 목표를 가지고 있다. 특히 SW산업 중에서 IT서비스의 비중을 늘려서 60% 이상을 점유하도록 육성하고자 한다.

이러한 성장 정책의 이면에는 SW기업을 지원하는 여러 가지 제도가 있으며, 많은 혜택이 있다. 특히 SW개발 기업이거나 high-tech기업(高新기술기업)의 인증을 받은 경우 세제 면에서 많은 혜택이 있다. 그 중에서도 2001년에 시작한 国家规划布局内重点软件企业(이하 중

14 이에 대한 자세한 논의는 KACI(2016) 참조하시오.

15 이에 대한 자세한 논의는 KIEF(2015) 참조하시오.

점 SW기업) 제도가 가장 중요한 영향을 미치고 있으며 중국에서 가장 각광받는 기업들이 신청하고 있다.

중점 SW기업이 되기 위한 조건도 어렵지만 자격을 받으면 혜택도 듬뿍 주어진다. 중점 SW기업이 되면 주어지는 혜택은 기존의 SW기업이나 high-tech기업이 받는 혜택과 더불어서 기업소득세의 세율 10%를 적용받을 수 있다. 일반적으로 기업소득세가 25%인 점을 감안하면 매우 파격적이다.

중점 SW기업이 되기 위한 조건도 어렵지만 자격을 받으면 혜택도 듬뿍 주어진다. 중점 SW기업이 되면 주어지는 혜택은 …… 기업소득세의 세율 10%를 적용받을 수 있다. 일반적으로 기업소득세가 25%인 점을 감안하면 매우 파격적이다.

자격 조건

다음 조건 중의 하나를 만족시키면 자격이 되며, 중국소프트웨어산업협회의 심사를 거쳐서 자격이 주어진다.

① 매출액이 1억 위안 이상

② 수출액이 50만 달러 이상이면서 수출액이 매출의 50% 이상, 또는 수출액이 70% 이상

③ 국가정책에 부합되며, 각 분야의 상위 5개 기업

국가중점 SW기업은 매년 발표를 한다. 2006년도에 168개, 2014년에는 340개가 지정되어 있으며, 〔그림 8〕에서 보는 바와 같이 중국 동해안의 주요 도시의 집중도가 점점 심화되고 있다.

〔그림 9〕는 모 중국 기업의 중점SW기업 인증서이다. 중점SW기업 인증서는 매우 권위있는 인증이기 때문에 기업 현관의 가장 잘 보이는 자리에 붙어 있는 것이 일반적이다. 여기에 찍힌 인장에서 알 수 있듯이 국가발전개혁위원회, 공업정보화부, 재정부, 상무부 그리고 현실적으로 가장 중요한 국가세무총국이 공동으로 인증을 한다.

그림 8 **국가중점 SW기업의 지역적 분포도**

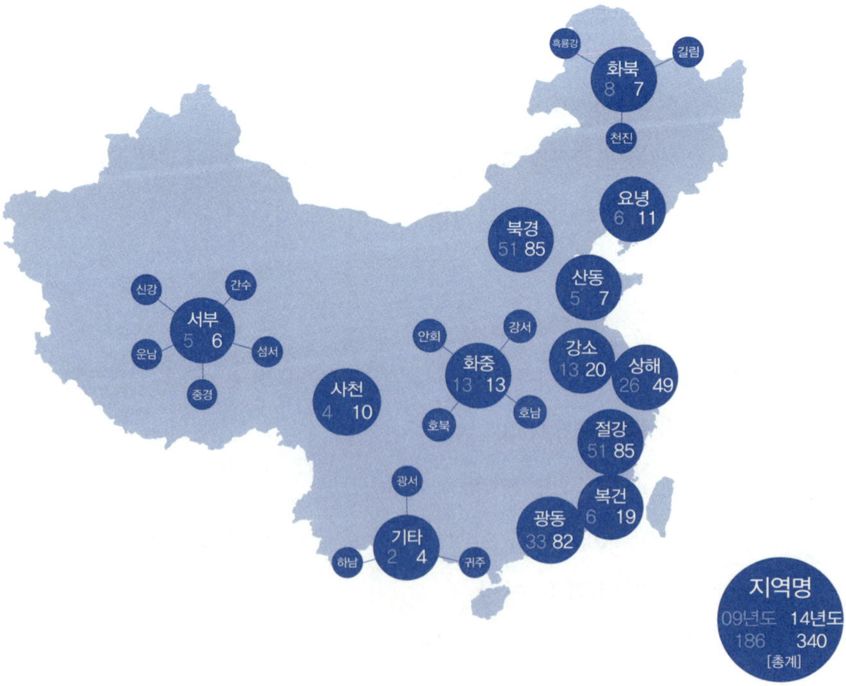

그림 9 중점 SW기업 인증서

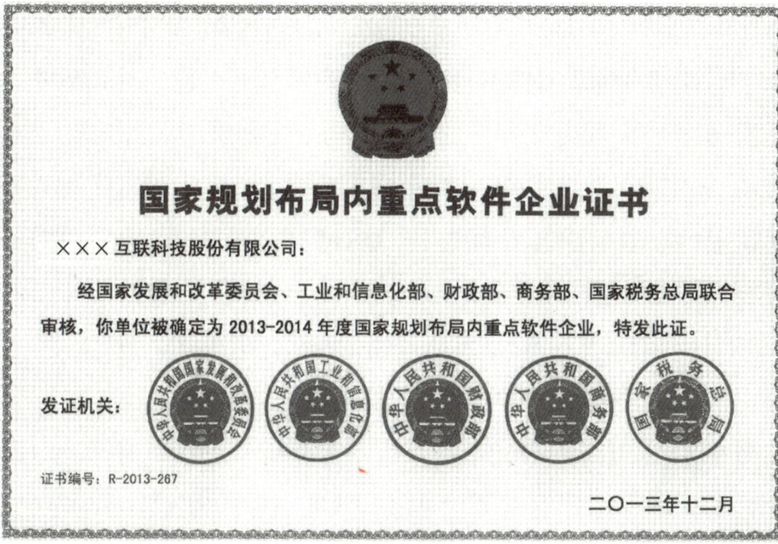
国家规划布局内重点软件企业证书

×××互联科技股份有限公司：

经国家发展和改革委员会、工业和信息化部、财政部、商务部、国家税务总局联合审核，你单位被确定为 2013-2014 年度国家规划布局内重点软件企业，特发此证。

发证机关：

证书编号：R-2013-267

二〇一三年十二月

기타 시장 조성 정책

1. 스마트 시티 사업 추진

중국의 IT 관련 정책 중에서 지방 정부차원에서 가장 적극적으로 추진되고 있는 정책이 스마트 시티 정책이다. 2012년부터 지방정부에서 개별적이고 여러 분야에서 스마트 시티 정책과 유사한 프로젝트가 수행되어 왔다. 2013년 이전에는 數字城市, 영어로 digital city라고 불렀는데 현재 지혜도시(智慧城市)로 통일되어서 사용하고 있다. 이하 스마트 씨티(smart city)로 부르겠다.

2013년에 중국 건설부(住房和城鄉建設部)에서 공식적으로 193개의 시, 현을 지정하여서 시범사업을 시작하였다. 이후 2015년까지 3,000억 위안의 자금이 투여되면서 현재 300개 시, 구, 현이 지정되어서 스마트 씨티를 구축하고 있다. 다음과 같은 몇 가지 특징을 가지고 있다.

첫째, 스마트 시티의 형태는 각 지방정부마다 다르다. 지역의 경제 상황, 도시발달 정도에 따라 개별 지방정부가 스마트 시티의 성격과 개발 분야를 결정한다. 우리나라의 U-city 사업이 전기, 통신, 에너지 등 인프라에 집중하여서 도시기반을 만드는 사업인 반면, 중국의 스마트 씨티는 의료, 도시행정, 치안, 교통 등과 같이 민생과 관련되는 응용 분야에 집중적으로 투자를 하고 있다.

현재 각 성별로 시범사업 장소를 선정하여서 스마트 시티 건설을 추진하고 있다. 예를 들면 절강성은 20개의 시범 사업지를 선정하여서 실시하고 있으며, 그중의 하나인 영파(寧波)시는 이미 의료, 교통, 교육 등에서 효과를 보고 있다. 그 외에도 호북성에 17개, 광동성에 21개 등이 추진되고 있는 정도로 광범위하게 추진되고 있다. 가장 선두를 달리고 있는 도시들은 모두 중국에서 가장 경제규모가 큰 도시들이다. 예를 들면 북경, 상해, 광주, 심천, 천진, 무한, 영파, 남경, 불산, 포동 신시가 등이다. 후발주자로는 중경, 무석, 대련, 복주, 항주, 청도, 곤명, 성도, 가정, 동관 등이 대표적이다.

두 번째 특징은 민간 자본이 대거 투입되고 있는 점이다. 중국의 대형 SW기업들이 개별 도시들과 협약을 맺고서 사업을 수행하고 있다. 이러한 SW기업으로는 Digital China(神州数码), DaTang(大唐电信), 华胜天成, 알리바바 등이 있으며, 각각 서주시, 남통시, 무한시, 해남시와 협약을 맺고 활동을 하고 있다. 이와 같이 중국의 IT서비스 기업이 지방정부와 협력을 하는 모델은 중국의 여러 곳에서 계속 활용될 것이다. 지방정부의 재정이 충분하지 않은 반면 IT서비스 기업들은 충분한 자금력을 가지고 있다. IT서비스 기업은 자금을 선투자하여서 이러한 도시의 인프라 구축에 참여하고 향후 발생하는 이익으로 보전받는 장기적인 전략을 취하고 있다.

스마트 시티 사업을 뒷받침하면서 이와 동시에 활발히 진행되는 사업이 데이터센터(IDC) 건립 사업이다. IDC건설에 활발히 참여하고 있는 기업으로는 전통적인 통신회사 뿐만 아니라 대형 SW기업들도 있다. 예를 들면 IBM, 알리바바, 銀江 등이 있다. IDC사업은 최근 몇 년 사이에 기하급수적으로 늘어나고 있어서 과잉공급이 우려될 정도이지만 현재 중국 정부의 Internet+ 정책에 힘입어서 더욱 늘어날 것으로 예상된다.

중국 경제의 하강국면에서 스마트 씨티 사업들의 진행 속도가 느려지고 있다. 특히 시진핑정부의 부패척결 운동으로 인하여 정부 관리들이 몸을 사리고 있기 때문에 이러한 경향은 더욱 두드러지게 나타나고 있다.

전망 및 국내 기업의 참여

중국 경제의 하강국면에서 스마트 씨티 사업들의 진행 속도가 느려지고 있다. 특히 시진핑정부의 부패척결 운동으로 인하여 정부 관리들이 몸을 사리고 있기 때문에 이러한 경향은 더욱 두드러지게 나타나고 있다. 그럼에도 불구하고 현재 지정된 300개의 지방정부 중에서 1급

도시들에서는 지속적으로 스마트 씨티 사업이 추진될 것으로 예상된다(제9장의 〈만든 글: 중국의 지역분석〉 참조).

스마트 씨티 사업이나 IDC건립 사업에 참여하는 국내 기업들이 늘어나고 있다. 중소기업 IT 제품을 단품으로 공급하는 계약에 참여하고 있지만 아직 국내의 IT서비스 기업이 종합적이고 장기적인 관점에서 참여하고 있다는 이야기는 들리지 않는다. 중소기업 위주의 참여 방식은 중국 시장의 구조상 중국 측에게 기술을 이전하는 결과를 발생시킨다. 따라서 국내의 여러 기업이 연계하여서 기술의 복잡성을 올려서 진출하든가 아니면 프로젝트 파이낸싱을 통하여 일부 부문을 국내 참여팀이 일괄하여서 구축하는 방식이 바람직하다. 제11장에서 자세히 분석하겠다.

2. SW제품 국산화 정책

정부의 SW제품 국산화 정책은 현재 진행형이다. 12차 5개년 계획(2011-15)에서 공공기관은 중국산 SW를 70~80% 이상 구매하여야 한다고 규정하였다. 중국 공공기관, 즉 국유기업, 중앙·지방 정부 및 학교, 병원, 군대 등의 규모를 감안할 때 이 정책은 해외 기업에게 치명적이다. 특히 인프라 구축에 관계되거나 보안에 관련되는 제품은 특수한 경우를 제외하고 중국 정부 및 국유기업에는 판매를 할 수가 없다.

해외 기업의 시장진입 제한

중국 SW산업 발전의 이면에는 정부의 적극적인 보호정책이 있다. 오늘날의 각광받는 BAT(Baidu, Alibaba, Tencent)가 가능한 것은 문화

산업 및 서비스산업에서 해외자본이 들어오는 것을 적절히 통제했기 때문이다. 게임, SNS, 검색서비스 등 인터넷 서비스산업의 여러 분야를 문화산업(culture industry)으로 규정하고 해외 기업이 중국 문화에 영향을 끼치는 것을 철저하게 금지하였다. Google, Facebook, Twitter, Youtube가 중국 내에서는 접속을 할 수 없으며 이에 따라 Baidu(百度)의 검색서비스, Wechat(중국명 微信)의 SNS서비스 등이 시장을 독점하고 있다.

중국 SW산업의 기술적 발전은 눈부시지만 아직도 선진 수준에 도달하지 못한 분야가 많이 있다고 생각한다. 특히 기초SW와 같은 인프라단의 SW개발 수준은 아직 한계가 있다고 생각한다. 중국에서 현재 IOE(IBM, Oracle, EMI) 불매 운동이 벌어지는 이면에는 이러한 기초 SW의 기술을 흡수하기가 어려워서 이에 대항할 수 있는 기업이 나타나지 않기 때문에 산업의 방향을 바꾸기 위해서 일어난 운동이라고 해석할 수도 있다. 去IOE의 또 다른 측면은 오픈소스와 클라우드 기술을 조합하면 글로벌 기업이 제공하던 서비스를 중국 기업이 제공할 수 있다는 자신감의 발로이다. 그 외에 Internet+ 정책, 중국제조 2025 정책 등 매우 다양한 정책들이 SW시장에 영향을 미치고 있다(〈만든 글: 신조어 이해하기: 去IOE 및 Internet+〉 참조).

만든 글

신조어 이해하기: 去IOE 및 Internet+

중국의 상황을 이해하기 위해서는 중국에서 만들어지는 신조어들에 대한 이해가 필요하다. 최근 2년간 나타난 무수한 신조어 중에서 SW산업과 밀접한 신조어인 去IOE 및 Internet+에 대하여 알아보자.

去IOE 운동

2014년도 알리바바의 CIO가 주창한 "去IOE 운동"은 I(IBM의 서버), O(Oracle의 DBMS), 그리고 E(EMC의 스토리지) 불매운동이다. 알리바바의 클라우드 서비스를 홍보하는 과정의 산물로 나온 것처럼 보이지만 사실은 중국 정부 정책의 일환이며, 중국 내 전 산업으로 번져가고 있다. 즉, 중국 정부의 국산화정책, 즉 미국산 SW에서 탈피하여서 중국산 SW제품을 이용하자는 정신을 민간기업의 입을 통하여 발표한 것이다.

미국 정부의 전 세계 감시망을 폭로한 스노든사건과 미국 정부의

Huawei, ZTE 등 중국 제품에 대한 거부감 등이 수년간 중국 정부를 자극하였다. 이에 맞서서 중국 정부도 여러 가지 강력한 탈 미국제품 정책을 발표하였는데 그 중의 하나가 윈도8의 중국 정부 사용금지 조치 등이다. *"중국은 정부가 쓸 모든 IT 제품에 윈도8 OS를 쓰면 안 된다고 규정했다. 만약 윈도8이 깔린 IT제품을 조달하는 기업은 입찰에서 탈락된다. 윈도XP 보안 지원이 끝난 뒤 윈도 OS 의존도를 낮춘다는 전략이다"*(전자신문, 2014).

이러한 탈 미국제품 및 중국산 구매운동의 이면에는 중국 SW기술력에 대한 자신감이 있다고 생각한다. IBM, Orcal, EMC를 대체할 수 있는 중국 기업이 있다는 사실이다. 더구나 클라우드 시대로 진입하면서 알리바바와 같이 전혀 IT와는 관계가 없다고 생각되었던 기업이 클라우드 컴퓨팅 산업으로 들어오면서 O2O(online to offline) 붐을 일으키며 빅데이터 산업을 이끌어 가고 있다. *"去IOE에는 두 가지 노선이 깔려 있다. 첫째 국산 SW와 설비를 구매하는 것, 둘째, 신기술을 활용한다는 것이다. 두 번째 노선에서 알리바바 집단은 중국 내 최전선에 있는 것이 명백하다"*(凤凰网财经, 2014).

Internet+ (互联网+)

최근 중국 ICT산업에서 가장 많이 사용되는 단어 중의 하나는 Internet+이다. 이 용어는 2012년부터 기업인들이 사용하면서 산업계에 널리 퍼졌으며, 드디어 2015년 3월 5일 제12회 全人大 3차 회의에서 리커창 총리의 정부활동 보고를 통하여 공식적으로 등장하였다. 그 개념은 이미 잘 알려진 것처럼 인터넷을 통하여 전 산업, 특히 전통산업을 개혁하자는 취지로서 O2O(online to offline)과 유사한 개념이다.

Internet+ 정책은 중국제조 2025, 스마트 시티 등의 개별적 정책을 통합하여서 실물경제의 경쟁력을 향상하자는 목적으로 주창되고 있다.

Internet+ 정책은 중국의 산업계와 국민들의 정보화에 대한 인식의 획기적인 제고를 가져오는 계기가 되었으며 사물인터넷(IoT), 클라우드 컴퓨팅, 빅데이터 등이 결합된 사업이 나오는 발판이 되었다. 사실상 정부차원에서 구체적인 정책 수단이 나오는 것은 아니며, 선언적인 개념으로서 중국 정부의 정책 방향을 알 수 있을 뿐이다.

필자는 Internet+라는 정책을 생각할 때마다 우리나라의 유사한 구호가 연상된다. 1994년 김영삼 대통령께서 내건 정보화 선진국의 구호 "*산업화는 늦었지만 정보화는 앞서가자.*"는 그 당시에는 정확한 의미를 몰랐지만 20년이 지난 오늘날에 와서야 엄청난 영향력을 가진 혁신운동이었음을 새삼 느끼게 된다.

퍼온 글

은행 전산시스템 기술 독립 쉽지 않네…

인터넷금융으로 변화 조짐 보이지만 호환성·안정성 때문에 금융권에선 IBM 등 입지 굳건

금융은 IOE(IBM·오라클·EMC 등 미국계 3대 서버 업체)의 텃밭이다. 인민은행은 물론 공상은행, 농업은행, 중국은행, 건설은행 등 4대 상업은행이 업무 플랫폼과 데이터센터를 처음 구축 했을 때부터 대부분 IBM 제품을 사용했다. 언론 보도처럼 중국 정부가 자국 은행들에 IBM 장비를 제거하고 중국 제품으로 바꾸도록 종용했는지를 확인하는 질문에 인민은행 관계자는 이렇게 말했다.

"은행이 IOE 장비를 제거하도록 (정부가) 강요하진 않았다. 현재 사용하고 있는 장비를 교체하려면 막대한 비용이 발생한다는 사실을 알고 있다. 다만 정부 차원에서 외국 정보기술(IT) 장비에 대한 기술의존도를 낮추길 바라는 것이다. 물론 이를 계기로 국내 IT산업의 성장을 촉진한다면 더할 나위 없이 좋을 것이다."

IBM은 중국의 대다수 대기업이 운용하는 IT시스템 애플리케이션 분야에서 압도적인 지위를 확보하고 있다. 특히 금융과 통신 분야 대기업이 주요 고객이다. 중국은행 정보기술부서 관계 자는 "핵심 전산 시스템은 고도의 성능, 보안, 안정성이 요구되는데 국산 장비는 최고 사양이라고 해도 한계가 있다"고 말했다. 그래서 대형 은행은 IBM의 메인보드와 메인프레임컴퓨터를 주로 사용한다. 시스템 설치와 이전 비용이 엄청나기 때문에 함부로 교체하기 힘들다고 설명했다.

대형 은행에서 IOE 장비를 교체하려는 움직임은 '인터넷금융'이라는 새로운 업무를 도입하면서 시작됐다. 은행들은 클라우드 컴퓨팅, 지역별로 특화된 응용 시스템, 인터넷뱅킹 같은 부가 업무부터 IOE 장비를 쓰지 않기 시작했다.

2007년 국가발전개혁위원회, 재정부, 국무원정보화판공실이 공동으로 전자정무 현황을 점검한 결과, 전자정무 시스템의 중국산 장비 비중은 33%에도 못 미쳤다. 특히 금융기관 장비의 국산 비율은 2% 미만이었고, 대형 서버로 사용하는 메인프레임도 대부분 외국산 장비를 사용했다. (생략)

은행 전산시스템 독식하는 IBM

업계 관계자는 4대 상업은행의 주요 시스템은 대부분 IBM의 ES9000을 사용하고 각 성에 분포한 분행은 미국의 유닉스플랫폼, 미니컴퓨터 서버는 IBM의 P시리즈가 가장 많고 HP도 일정 비중을 차지한다고 전했다.

그래서 은행은 IBM 장비를 구매할 때 가격협상권을 확보하지 못했다. 중국 컨설팅업체 CCID의 자료에 따르면, 2011년 중국의 메인프레임 시스템의 평균 매입가격은 미국의 2.4배나 됐다. 게다가 IOE 장비의 연간 유지·보수 비용은 판매가격의 10~12%에 달했다. 특히 IBM은 매년 판매가격의 15~20%에 해당하는 유지·보수 비용을 받아갔다. 오라클은 소프트웨어 서비스 비용으로 해마다 22%를 가져가 순이익의 80~90%를 충당했다. 중국의 대형 IT시스템은 해마다 유지·보수 비용으로 수억 위안을 지출해야 했다. 아직까지 인스퍼 등 중국 업체들은 IBM의 미니컴퓨터에 도전하는 수준에 불과해 메인프레임 분야에서 IBM의 막강한 지위는 쉽게 바뀌지 않을 것으로 보인다.

"적어도 20년 동안 중국 금융계가 IBM 서버를 포기하기 힘들 것"이라고 말했다. 은행의 전산 플랫폼이 IBM 프로그램과 밀접하게 연계돼 다른 제품으로 바꾸기가 힘들기 때문이다.

한 대형 은행에 IT기술 자문을 제공하는 업체 관계자는 "적어도 20년 동안 중국 금융계가 IBM 서버를 포기하기 힘들 것"이라 고 말했다. 은행의 전산 플랫폼이 IBM 프로그램과 밀접하게 연계돼 다른 제품으로 바꾸기가 힘들기 때문이다. 불가능하진 않겠지만 엄청난 비용이 발생한다. 장비가 수명을 다해 신제품으로 교환할 시기를 기다릴 수밖에 없다.

중소규모 은행은 대부분 개방형 플랫폼을 사용하기 때문에 IBM 서버가 아닌 중국산 서버로 교체할 수 있다. 하지만 국산 장비가 IOE의 자리를 완벽하게 대체하려면 두 가지 요건을 만족시켜야 한다. 첫째,

외국 장비 수준의 성능, 보안, 안정성을 확보하고 시스템이 일정 기간 검증을 통과해야 한다. 둘째, 중국산 하드웨어 및 소프트웨어와 기존 시스템 간의 호환성과 안정성이 뒷받침돼야 한다.

IOE 장비를 제거하면 모든 소프트웨어를 국산 서버 시스템으로 옮겨야 하는데 이는 결코 쉬운 일이 아니다. 시장 규모가 크기 때문에 제품 교체를 끝내려면 적어도 10~20년은 걸릴 것이다. 중국 업체들은 대부분 주문자상표부착(OEM) 방식으로 제품을 생산하고 핵심 기술이 없다고 평가되기 때문에 안정성을 인정받지 못한다. 호환성 역시 극복해야 할 과제다. 인터넷혁명 앞에서 은행을 비롯한 전통 금융기관들은 갈피를 잡지 못하고 있다. 이런 상황에서 금융기관들은 고유의 기술을 바탕으로 기존 업무 시스템을 유지할 수 있을까?

금융기관 관계자들에겐 시스템의 안정성이 무엇보다 중요하겠지만 은행 고객들은 그렇지 않다. 통신기술이 발전하고 모바일 단말기와 인터넷금융이 보급되면서 '실시간 온라인 송금'을 요구하는 고객의 요구가 커지고 있다. '실시간 온라인 송금'은 천문학적인 데이터를 발생시킬 수 있어 클라우드 컴퓨팅처럼 분산식 데이터 처리 방식을 동원해야 적정 비용으로 처리할 수 있다. 메인프레임 컴퓨터가 필요 없는 분산식 처리 방식은 이미 가능성을 검증받았다. 2010년 11월 알리바바는 클라우드 컴퓨팅을 통해 매년 11월 11일 '싱글들의 날'을 기념해 온라인 쇼핑몰 '타오 바오'에서 진행하는 할인행사를 성공적으로 지원했다. 누적 방문자 수가 24억 명을 넘겼지만 정상적인 조회와 거래 서비스를 지원했고 600만 명 이상이 동시에 접속했다.

추좡 중신신탁 CIO는 "인터넷 시대에는 실시간으로 피드백이 오가기 때문에 집중식 데이터 처리가 도태되는 것은 시간문제"라고 판단

했다. 이와 함께 IT시스템에서 메인프레임도 점차 사라질 것이라고 했다. 이런 의미에서 보면 IOE 장비 제거는 정보 보안을 위해서가 아니라 기술혁명이 가져오는 필연적인 결과일 것이다. (생략)

출처: Economy Insight, (2014)

제8장

중국 진출, 실패사례에서 배운다

우리나라의 SW 관련 기관 및 협회 등에서 출간된 사례집이나 언론 기사 등에 해외에서 성공한 기업들의 진출 초기의 현지 활동이 소개되어 있다. 그 반면 진출 실패에 관한 내용은 거의 알려져 있지 않다. 실패한 기업이 공개를 꺼려하므로 실패한 기업명이나 실패의 원인 및 관련된 활동이 공개되지 않는다. 현실적으로 국내의 많은 SW기업들이 중국 시장에 진출하였지만, 아직도 대부분의 기업이 손익분기점을 넘지 못하고 있으며 일부 기업은 이미 철수하였다.

실패 사례의 유형

중국 사업에 실패하는 데에는 무수한 이유가 있다. 중국 시장 환경이 우리에게 생소하고, 중국 정부가 국산화정책을 강하게 밀어붙이며,

중국 파트너가 애매한 상황을 만들면서 지적재산권 보호가 어려워서 카피당하고, 등등... 그러나 가장 중요한 원인은, 필자 생각으로는, 국내 기업인이 중국 시장 및 사회에 대하여 잘 모르거나 편견을 가지고 있어서 적절하고 현실적인 전략을 세우지 못하기 때문이다. 이러한 맥락에서 필자가 인터뷰를 통하여 얻은 단편적인 실패사례의 내용을 정리하고 분류하여 소개하고자 한다.

일본 시장과 달리 중국 시장은 성공의 전형적인 모델이 없어서 성공의 王道를 분석하기는 어렵다. 그 반면 진출 후 걸려서 넘어질 가능성이 있는 암초는 매우 다양하다. 성공의 지름길을 아는 것보다 도처에 숨어 있는 암초를 잘 아는 것이 더 중요하다.

1. 산토끼로 전환 실패

2000년대 중반 경에 많은 국내 SW기업들이 국내의 제조 및 서비스 기업들을 따라서 중국에 들어갔다. 이들에게 SW에 관련된 서비스를 제공하면서 중국 사업을 시작하였다. 이러한 기업들은 중국에 진출한 국내 기업, 소위 집토끼에게 서비스를 제공하면서 중국 시장 환경에 적응한 다음 중국 기업, 소위 산토끼와 거래를 하겠다는 전략을 추진하였다. 이론적으로 매우 타당성이 있는 전략이다.[16] 즉 진출 초기에 해당 국가의 시장상황, 경쟁기업 및 고객들에 대한 무지로부터 오는 심리적 거리감(psychic distance)이 매우 크므로, 이를 줄여가면서 점차적으로 투자규모를 늘려서 현지 시장 안으로 파고든다는 전략이다.[17]

그러나 필자는 아직까지 이러한 방식으로 성공한 국내 기업을 만나보지 못하였다. 그 반대로 2007년도 조사 때에는 중국 고객을 상대하였는데 현재는 국내에서 진출한 기업만으로 고객이 줄어든 경우를 발견하였다. 이 유형은 가장 흔한 실패 사례의 유형이지만 눈에 띠지 않아서 실패라고 생각되지 않는다. 많은 기업들이 전략을 수정하였으며, 중국 시장에서 경쟁이 치열하여 짐에 따라 제3의 국가로 가거나 철수를 하는 과정을 겪고 있다.

2. 파트너 협력의 애로

중국에는 유통채널 파트너는 있지만 제품 현지화를 하는데 도와주는 협력 파트너는 매우 적다. 일본에서는 중소 개발사들이 있어서 이들과 파트너십을 통하여 제품의 일본화를 한 후 유통채널과 접촉하는 반면, 중국 시장에는 아직 이러한 역할을 하는 기술력을 가진 중소기업군이 거의 없다. 있다하여도 기술파트너십을 맺기가 어렵다. 그 대신에 대형 IT서비스 기업들이 유통채널 역할을 하면서 부가적으로 제품 현지화의 가이드 역할을 수행한다. 우리 기업 입장에서 한 개의 파

---

16 Erramilli and Rao(1990)는 집토끼를 좇아서 진출하는 전략을 고객 동반진출(client-following) 전략이라고 하여서 일반적인 시장 추구전략(market-seeking)과 구분하였다.

17 이러한 진입방식을 단계적 진출 모델(stage model) 또는 웁살라(Uppsala)모델이라고 한다. 스웨덴의 웁살라 대학이 중심이 되어서 이론적 모델을 만들었다는 의미에서 웁삽라 모델이라고 한다.

트너 기업을 통해 현지화와 유통을 동시에 해결하는 one-stop 서비스를 받을 수 있는 이점도 있다.

그러나 one-stop 서비스의 이점을 경험한 기업은 많지 않다. 그 반대로 많은 국내 기업들이 적절한 협력 파트너를 찾는데 어려움을 호소한다. 또한 예상 파트너사를 만났어도 적절한 기업인지 아닌지를 분간하기가 어렵다. 또한 파트너를 만나고 적절한 기업인 것이 확인되었어도 연계를 맺기가 어렵다. 한마디로 파트너와 진정한 협력관계를 만들어내기가 매우 어렵다.

그러면 왜 협력 관계를 맺기가 어려울까?

협력관계를 맺기 어려운 이유는 2010년도 이전과 2010년도 이후가 다르다.

2010년 이전에는 중국의 기술 수준이 우리의 기술 수준보다 낮다고 판단하여서 "국내 기업의 기술, 파트너사의 유통"이라는 전략을 들고 진출하였다. 중국 기업의 기술 수준이 낮으므로 이들에게 유통을 전담시키고 국내 기업은 기술을 제공하는 전략이 성립될 수 있었다. 그러나 당시에도 이러한 전략은 현실성이 적었다. 중국 시장에 우리만 있는 것이 아니었다. 전 세계 유수기업이 모두 기회를 노리며 들어가 있었다. 그런 상태에서 기술의 탈취 등을 염려하면서 기술 보호, 파트너 활용이라는 소극적인 방식으로 진입하였던 우리 기업에게 기회가 오지 않았던 것은 당연하다고 생각한다.

2010년 이후의 상황은 그 반대이다.

첫째, 여러 분야에서 우리 기업에 못지않은 기술 수준을 가진 중국 기업들이 나타났다. 전반적인 시장의 수준은 아직도 낮지만 우리가 파트너십을 맺고자 하는 기업의 수준은 엄청나게 높아졌다. 따라서 "우리는 기술개발, 파트너사는 유통"이라는 기본 공식이 성립하지 않는 분야가 많이 나타났다. 전략 수정이 필요한 상황에서도 아직도 상황 인지를 정확히 하지 못하는 국내 기업이 많이 있다고 생각한다.

둘째, 우리나라 기업이 목표로 하는 중국의 채널 파트너 기업들의 규모가 매우 커져서 우리나라 기업과 동등한 위치에서 거래를 하고자 하지 않는다. 이들 기업은 상해 및 홍콩 증시, 심지어 NASDAQ 등에 상장을 하여서 엄청난 자금을 조달하였으며, 거대한 자금을 바탕으로 해외 기업과의 협력을 통한 기술 흡수, 관련된 기업의 흡수합병 및 유통망의 지역적 확대 등을 통하여 기업의 규모를 키웠다. 제6장의 〈표 4〉에서 알 수 있듯이 순위 20위인 Digital China의 매출액이 47억 위안(약 7,500억 원)이며, 순위 90~100위 기업들도 매출액이 10여 억 위안(약 2,000억 원)에 달한다.

중국의 채널 파트너 기업들의 규모가 매우 커져서 우리나라 기업과 동등한 위치에서 거래를 하고자 하지 않는다. 이들 기업은 상해 및 홍콩 증시, 심지어 NASDAQ 등에 상장을 하여서 엄청난 자금을 조달하였으며 ……

용두사미 파트너십

우리 기업인이 생각하는 win-win 전략은 전략적 제휴, 조인트벤처, OEM 공급방식 등을 통하여 중국 기업과 협력관계를 맺어 놓고 국내 제품의 유통을 중국 기업에게 맡기는 것이다. 그런데 이 전략은 비현실적이다. 그 이유를 다시 구체적으로 분석해 보자.

우리나라 기업들이 중국 시장에서 만나는 파트너는 일반적으로 IT서비스 기업이다. 예를 들면 제니퍼소프트와 계약을 맺은 진디에(Kingdee, 金蝶)는 자체 ERP 제품을 가지고 있으며 중국 SW기업 순위 100위 안에 들어가는 거대 IT서비스 기업이며, 티맥스소프트와 협력관계에 있는 Inspur(浪潮)는 중국 서버 시장의 최강자이다.

중국 거대 기업들은 당연히 자체 유통망을 가지고 있다. 이러한 SW기업들과 맺는 계약 안에는 제품 현지화 조항도 있겠지만 기본적으로 유통채널로서의 역할이 들어있다. 따라서 중국 기업으로서는 경제적 부담이 없는 계약이다. 판매가 안 일어나도 큰 손해는 없다. 판매가 일어나면 일정액의 수수료를 챙길 수 있으므로 다운사이드 리스크가 거의 없다. 그런데 우리 기업이 원하는 중국의 파트너사가 다루는 제품은 우리 제품만이 아니다. 우리 제품은 여러 제품 중의 하나로 구색을 갖출 수 있게 하여 준다.

일본과 같이 현지화 협력 파트너사와 채널 파트너사가 분리되어 있다면, 현지화 파트너사는 우리 기업과 공생관계이므로 전심전력을 다하여 현지화 이후 단계를 도와줄 것이다. 그러나 중국 시장의 상황은 그러하지 않다. 설사 우리나라 기업과 파트너십을 진행한다고 하여도 거래 마진이 일반적인 조건이라면 우리나라 제품만을 전심전력 판매해 줄 가능성이 적다. 중국에 진출하고자 하는 글로벌 기업의 제품들이 넘쳐나는 상황에서 브랜드 이미지가 없는 우리나라 제품을 취급한다면 아마도 높은 마진을 요구하거나 상당기간 동안 실비의 시범판매를 한 후에 정상 판매를 하고자 할 것이다. 우리 제품이 시장에서 큰 환영을 받는다면 모르지만 그렇지 않다면 우리 제품만을 열성적으로 판매할 가능성은 높지 않으며 협력관계는 용두사미 격이 될 것이다.

> 우리 제품이 시장에서 큰 환영을 받는다면 모르지만 그렇지 않다면 우리 제품만을 열성적으로 판매할 가능성은 높지 않으며 협력관계는 용두사미 격이 될 것이다.

잘 되도 어렵다.

만약 제품이 중국 시장에 적합하다고 하면 또 다른 위험요인이 있다. 즉, 시장에서 환영받을 가능성이 높거나 중국 파트너사가 수정하여 개발하면 제품의 완성도를 높일 수 있는 제품이라고 판단되면 문제는 더욱 복잡해진다. 우리 기업과 협력하는 중국의 파트너사는 제품을 응용 개발할 수 있는 능력이 있기 때문에 이 제품의 주요 기술을 흡수하여서 자체 제품을 만들 가능성이 높다. 온라인게임의 경우 국내 개발 게임이 중국에서 성공을 거두게 되면 중국 파트너사 또는 관련 기업에서 유사게임이 나오는 역사적 사례가 이를 증명한다.

3. 직접 판매 좌절

국내에서 유통망을 통하지 않고 직접 고객에게 판매하는 데 익숙한 우리 기업들은 중국 시장에서도 이러한 방식을 사용하고자 노력한다.

이러한 직접 판매가 성공할 가능성도 있고 실제로 이러한 방식으로 중국 시장을 개척한 기업도 있다. 그러나 이러한 기업들은 대개 칠전팔기하면서 오랜 기간 동안 중국 시장에서 활동해 온 기업들이다. 결국 현재 시점에서 진입 초기에 당장 이러한 방식을 사용한다는 것은 무모할 뿐만 아니라 가능성도 없는 전략이다.

물론 고객사를 만날 수 있으며, 직판할 수 있는 기회가 생길 수도 있다. 국내 기업은 이러한 기회가 오면 기대를 많이 하고 또 과장해서 언론에 공표하기도 한다. 그러나 이러한 유형의 거래는 대부분 시험판매 또는 초도판매일 가능성이 높으며, 정상적인 마진을 얻지 못하는 불공평한 계약일 경우가 비일비재하다. 심지어는 미래를 약속하면서 무료로 제공하기도 한다. 중국 시장의 반응을 테스트한다는 의미에서 소요 비용만을 받거나 아니면 무료로 제공하게 된다.

문제는 이러한 거래가 정상적인 거래로 발전할 가능성이 높지가 않다는 점이다. 그 이유는 여러 가지인데 가장 가능성이 높은 상황은 우리 제품의 완전성이 부족하기 때문이다. 즉 제품이 완전히 현지화 되지 못하여서 중국 상황에 맞추어서 수정을 해야 하기 때문이다. 이런 경우 계속 하자보수를 하면서 약속한 대금도 받지 못하게 된다.

또 다른 가능성은 중국 시장에 대한 조사가 덜 되어서 제품의 시장적합도가 낮은 상태인 사실을 모르고 진출한 것이다. 초도판매를 통하여 시장성이 없다는 사실을 알아 낼 것이고 이런 기업은 소리소문도 없이 철수를 할 가능성도 높다. 어쨌든 언론지상에 중국 진출에 성공했다는 보도가 나간 후 감감 무소식인 기업이 부지기수인 것을 보면 이러한 실패유형이 많을 것으로 추측한다.

4. 진출 전략의 부재

비록 가장 뒤에 서술하지만, 필자가 생각하기에, 가장 대표적인 실패 원인은 진출 전략 자체의 부재(不在)라고 생각한다. 중국 시장을 조사하고 시장에 정통한 인사들과의 교류를 통하여 제품의 적합성을 인지한 후에 중국진출 전략을 세워야 하는 것이 순리이다. 그러나 순리대로 진행하지 않아서 실패한다. 일단 중국에 진출하여서 시장을 분석하고 파트너들과 관계를 맺다보면 가능성이 보이겠지 하는 막연한 기대감에 진출하는 경우도 많다. 또한 빨리 진출하지 않으면 시장을 놓칠 것이라는 우려 때문에, 또는 귀인(貴人)이 나타나서 도와주고 있으니 이를 붙잡아야 하겠다는 판단하에 성급한 결정을 내리게 된다. 특히 특정한 꽌시를 가진 인사의 프로젝트성 사업 소개로 진출한 경우라면 확실한 전략이 있을 수 없다.

빨리 진출하지 않으면 시장을 놓칠 것이라는
우려 때문에, 또는 귀인(貴人)이 나타나서
도와주고 있으니 이를 붙잡아야 하겠다는
판단하에 성급한 결정을 내리게 된다.

그럼, 왜 진출 후에라도 전략을 세우지 않는가?

그 이유도 여러 가지이지만 가장 중요한 원인은 정보의 부족이다. 중국 시장의 폐쇄성과 성장기의 혼란으로 인하여 기초 시장분석 및 소비자 반응분석을 할 수 있는 정보수집이 어렵다. 정보의 부족이란 중국 시장의 고질적 문제이기도 하지만, 결국 진출 전략을 뒷받침할 수 있는 인적 자원과 재무적 지원이 없기 때문이다. 중국을 아는 임직원이 있어야 전략을 세울 수 있다. 사장의 의지만으로 진출할 수는 없는 것이다. 중국통 인재의 부족과 정보수집의 어려움이 겹쳐지면서 정확한 방향성 없이 진출하고 보자는 기업들이 많이 있었다.

기술 유출 시나리오

중국 시장에 진입 후 실패한 우리 기업인들을 만나보면 중국 파트너의 배신 또는 기술 탈취 등 비신사적 행위를 당한 이야기를 늘어놓으신다. "*그 쪽을 향해서는 ~~도 안 한다.*"는 등 본인의 강력한 의지를 덧붙이면서 넌더리를 낸다. 중국에서는 왜 기술 유출 또는 지적재산권 문제가 심각하냐에 대하여 조금 더 토의해 보자. 세 가지 기술 유출의 시나리오를 생각해 볼 수 있다.

시장구조와 기술 유출의 연계

첫째, 누차 이야기 하였지만 중국 SW산업의 구조에 그 원인이 있다. 한 파트너사가 제품 현지화 기능과 유통 기능을 동시에 수행하기 때문에 문제가 발생한다. 파트너 계약상 동일한 기업이 중국 현지화를 지원하면서 시장 진출을 하는 것으로 되어 있으므로 파트너사가 기술의 내용, 즉 소스코드도 알면서 판매처도 알 수 있으므로 기술탈취의 가능성이 높아진다.

서양의 VAR(value-added reseller)도 기술의 내용을 알아야 하는 채널 파트너사이지만 소스코드까지 알지는 못하며, 더구나 이들의 관심사는 기본적으로 지속적인 매출 증대이지 기술의 습득이 아니다. 그러나 중국에서는 아직 VAR의 기능을 하는 기업이 적으며, 그 대신 IT 서비스 기업의 한 부문이 우리의 채널 파트너가 될 가능성이 높으므로 자연스러운 기술흡수 또는 제품 복제가 일어나게 된다. NDA(Non-disclosure Agreement), 즉 상호 비밀 준수 협정을 맺는다 하여도 지적재산권 보호에 대한 의식이 낮고 법적 보호 장치도 적은 환경하에서 비밀 준수가 잘 지켜지지 않게 된다.

둘째, 제품이 정말로 훌륭하고 시장성이 있다고 느끼면 중국 현지화 파트너는 딴 마음을 먹을 가능성이 높다. 직접 자기가 복제를 하기보다 관련된 회사에게 해당 제품에 관한 노하우를 넘겨주어서 국산화시키는 방법을 택할 가능성이 높다. 해당 제품을 분석하여서 중국 환경에 더 적합하고 더 시장성이 좋은 제품을 만들어서 자기 브랜드로 출시할 것이다. 중국 시장이 복잡다단하여서 국내 기업은 이들 기업이 상호 연계된 기업인지 아닌지를 알지 못할 것이며, 결국 국내 기업은 경쟁제품이 중국 시장에 나왔구나 하고 생각하면서 철수를 준비할 것이다.

프로젝트 수주경쟁

셋째, 일회성 프로젝트의 수주경쟁에 참여할 경우에도 기술유출이 발생할 수 있다. 이러한 프로젝트의 노하우는 다수의 SW와 하드웨어 및 네트워크 장비를 이용하여 구성하는 시스템통합(system integration)에 있다. 프로젝트의 제안서에는 이런 시스템통합의 노하우가 담겨있을 것이다.

그런데 이 노하우가 발주처 담당자를 통하여 중국의 경쟁 기업에게 전해지는 경우가 왕왕 있다. 예컨대 지방 공무원인 담당자가 우리 기업에게 사전적으로 제안서를 제출해 보도록 요구하면 우리 기업은 노하우를 담은 제안서를 제출할 것이고, 이 담당자는 노하우를 담은 제안서를 현지 중국 기업 담당자에게 검토하도록 전해 줄 가능성이 있다. 당연히 현지 기업이 유리한 입장에서 수주경쟁에 뛰어들게 되며 우리 기업의 노하우는 고스란히 경쟁자의 손에 넘어가게 된다. 중국의 지방정부의 공무원과 현지 SW기업은 밀접한 유착관계를 맺고 있다. 지방정부 관리는 음으로 양으로 이 기업을 지원하기 때문에 이러한 일이 발생한다.

이와 관련하여서 중국 친구가 알려준 골프장 짓는 비법이 생각난다.

"중국에는 아직 골프라는 스포츠가 발달되지 않았지만 골프장 짓는 것은 어려운 일이 아니다. 중국에 진출한 해외 설계업체에게 각자 한 홀씩 시범적으로 설계해 오라고 요청하면 끝난다. 18개 업체의 도면이 모두 들어오면 18홀 골프장 건설공사가 시작되는 것이다."

해외 제품을 모방하여서 국산제품을
만드는 것을 기술을 훔친다고 생각하지 않고
국산화를 올려서 애국한다고 생각할 것이다.
우리도 이런 과정을 거쳤기 때문에
충분히 이해가 간다.

기술 흡수와 애국

중국의 거의 모든 기업이 직·간접적으로 중국 정부와 관계가 된다고 할 수 있다.[18] 특히 지식산업은 더욱 그렇다. 대학이 직·간접적으로 연계되어 있는 기업, 군대와 관계된 기업, 공기업과 연계된 기업, 아니면 지방정부가 세운 기업 등 온통 국유기업이거나 이와 유사하게 행동하는 기업이다. 비록 공기업이 아니어도 민영화하는 과정에서 정부의 지분이 있는 경우가 허다하다.

이러한 연유로 우리 기업이 만나는 기업도 직간접적으로 중국 정부와 관계되는 기업이 많다. 관·공(官·公)고객은 중국산을 70% 이상 사용하여야 하는 압력을 받는다. 중국의 12차 5개년 계획(2011-15)에는 공공기관이 사용하는 SW의 국산화율을 70~80%로 올리겠다는 목표가 설립되어 있다. 이러한 경제 환경에서는 해외 제품을 모방하여서 국산제품을 만드는 것을 기술을 훔친다고 생각하지 않고 국산화를 올려서 애국한다고 생각할 것이다. 우리도 이런 과정을 거쳤기 때문에 충분히 이해가 간다.

오라클, IBM 등이 제공하는 기초 SW는 소스코드를 알려주어도 모방하기가 어렵지만, 우리 기업이 취급하는 응용 SW는 그렇지 않다. 제품 완성도가 떨어진다면 더욱 쉬울 것이다. 중국의 독특한 시장 구조인 SW제품의 개발과 유통이 한 기업이나 한 그룹(集團) 안에 존재하며, 중국 정부와 직·간접적으로 관계되는 기업이 주도권을 잡고 있으며, 기술 흡수가 중국 정책의 최고의 목표인 환경에서 우리 기업이

18 2013년 중국의 독립채산 국유기업은 15만 5천개이며 작년 대비 5.8% 늘어났다. 중국 전체 기업 수가 약 1,500만개이므로 개수로는 1%에 달하지만 총자산 규모는 GDP의 30%에 달한다(中国产经新闻报, 2014).

무형자산인 SW기술을 완전히 보호를 하면서 파트너와 협력을 진행하는 방법은 많지 않다고 생각한다.

과거 사례의 교훈

1. 현실적인 소요자금

중국 진출시 필요한 소요자금을 계산하기 위해서는 현지에서 활동을 하기 위해서 필요한 연간 경비와 손익분기점까지의 기간을 적절히 산정하여야 한다. 2007년에 인터뷰한 기업의 응답에 따르면 누적 손익분기 시점, 즉 누적 매출액이 총 소요비용을 보전하는 기간이 약 32개월이며, 손익분기 매출액은 약 12억 원이었다(제10장의 〈만든 글: 일본 및 중국의 SW시장 진출 연구〉 참조). 2014년 조사에서는 이보다 훨씬 더 길고 많은 금액이 필요한 것으로 밝혀졌다. 참고로 KOTRA 북경 IT 지원센터의 입주기업에 대한 조사에 따르면 2009년도 현재, 거점 설립부터 중국 진출의 완성까지 소요기간이 4~9년으로 조사되었다.[19]

이러한 통계가 시사하는 바는 매우 크다. 중국 진출 후 4~5년 버틸 수 있어야 하며 이를 위하여 적어도 20억 원 이상의 여유자금이 필요하다는 것을 의미한다. 뒤집어 이야기하면, 이 정도의 능력이 없는 기

19 2007년도 필자의 조사와 이 통계 숫자와는 다소 차이가 난다. 2007년도 조사에서는 성공하였다고 언론에 보도된 기업을 조사한 것인 반면, KOTRA 조사는 입주기업을 대상으로 하였다. 또한 2007년도의 조사에는 마이다스아이티가 포함되어 있는데 이 기업은 예외적으로 빨리 손익분기에 도달한 것으로 조사되었다. 이 기업을 제외하면 손익분기 시점은 약 4년이 소요되었다.

업이 중국에 진출하는 것은 무모한 도전일 뿐이라는 교훈을 얻을 수 있다. 우리나라 정부는 이러한 사실을 감안하여 SW정책을 수립하여야 한다. 또한 이러한 사실을 널리 알려야 하며, 나아가서 충분한 능력이 없는 기업이 중국에 진출하는 것을 적극적으로 막을 수 있는 방안이 필요하다.

2. 산토끼군 전환 실패의 교훈

국내 기업을 쫓아서 진출한 기업도 궁극적인 목표는 중국 고객에게 판매하는 것이었다. 그러나 이런 목표를 달성한 기업을 찾지 못하였다. 그러면 왜 '산토끼 군(群)'으로 변환이 어려운 것인가?

글로벌 제품과 중국산의 스퀴즈

가장 흔한 대답은 중국의 대형 고객은 글로벌 제품을 선호하고, 중소기업들은 가격이 저렴한 중국산 제품을 선호하기 때문에 국내 제품의 판매가 어렵다는 것이다. 특히 민간고객은 기능보다는 가격을 중시하는데, 우리 제품은 중국산 제품에 비하여 가격 경쟁력이 떨어진다는 것이다. 물론 마이다스아이티처럼 중국의 토목설계 시장이 발달되기 전인 2002년에 중국 시장에 들어가서 기술을 이전하면서 시장을 조성하고 선점한 경우는 예외이다. 그 반면 성장기 시장의 호기를 놓친 기업들이 이제 중국 고객을 확보하기란 매우 어렵다.

이 사례에서 얻을 수 있는 여러 가지 교훈은 신속성의 활용이다. 중국보다 먼저 국내에서 꽃을 피운 분야가 있다면 이러한 분야에서 활동하는 기업들이 신속하게 중국 시장으로 눈을 돌리는 것이 한 방법이며, 정부는 정책적으로 이러한 기회를 만들어 내는 기민함이 필요할 것이다. 앞으로도 새로운 분야가 탄생될 것이며 새로운 분야에서 마이다스아이티와 같은 기회를 얻을 수 있으리라고 믿는다.

꽌시망과 正道 경영

산토끼 군으로 이전이 어려운 이유에 대한 또 다른 대답은 우리 기업들이 중국의 거래 관행을 따라서 하기가 어렵다는 것이다. 다시 말하면 우리 기업이 중국 고객의 구매 의사결정 기준을 맞추지 못한다는 것이다. 중국 고객, 특히 관·공고객은 브랜드나 품질도 고려하지만, 그보다도 꽌시망(關係網)을 더 중시한다. 구매의사결정자는 자기와 꽌시를 돈독히 맺고 있는 기업인에게 우선권을 주며, SW 구매 의사결정도 이러한 맥락에서 이루어진다.

중국의 영업 인력들은 주요 인사들과 꽌시를 주고받으며 지속적으로 유지하는 것이 자신의 성공의 근원이라는 것을 잘 알고 있다. 이를 유지하는 것이 생활 속에 녹아들어가 있어서 중국 기업인들은 주요 인사의 애사, 경사 및 병문안 등을 필히 챙기고 축의금, 조의금, 위로금, 즉 홍바오(红包)를 듬뿍 줄 뿐만 아니라 필요하다면 뇌물성 리베이트도 주저 없이 사용한다. 그런데 우리 기업은 꽌시망이라는 중국 기업인 클럽에 속해있지 않기 때문에 중국 고객에게 접근하기가 어렵다. 중소 도시에서 사업을 하는 분들은 그 지방의 꽌시망을 파악하기가 그런대로 가능하지만 여기에 끼어들기도 그렇게 쉽지 않다(〈펴온 글: 중국의 '꽌시문화'와 한국기업〉 참조).

필자가 만난 많은 우리 기업인들은 해외 기업이 꽌시에 기대어 사업을 하는 것은 비윤리적일 뿐만 아니라 지속가능하기도 못하다는 것을 잘 알고 있었다. 품질과 기능의 우수성을 가지고 고객만족을 위하여 正道 경영을 하는 길만이 장기적으로 중국 시장에서 성공할 수 있는 길이라는 데에 전적으로 동감한다.

3. 거대기업 상대하기

중국 파트너와 협력하는 과정에서 가장 큰 문제점으로 파트너사의 규모이다. 협력 파트너사가 개발과 동시에 유통채널 기능과 SI 기능을 수행하는 기업이므로 개발 위주의 우리 기업보다 규모가 훨씬 크고 국내 기업이 대등한 관계 속에서 협력을 하기가 어려워 졌다.

특히 중국과 같이 무형자산을 인정하지 않는 시장에서는 SW보다 하드웨어를 앞세워서 나가야 하며, 기술 중에서도 가시적이고 외부에 보여줄 수 있는 기술이 앞장을 서야 한다.

대등한 협력을 하려면

중국의 거대 기업과 대등한 협력을 할 수 있는 방안 중의 하나는 우리 기업들도 기업 간의 전략적 제휴, 프로젝트 파이낸싱, 컨소시움, 선단식(船團式) 진출 등의 다양한 협력방법을 통하여 규모와 세력을 키워서 중국 파트너를 상대하는 것이다. 특히 중국과 같이 무형자산을 인정하지 않는 시장에서는 SW보다 하드웨어를 앞세워서 나가야 하며, 기술 중에서도 가시적이고 외부에 보여줄 수 있는 기술이 앞장을 서야 한다. 예를 들면, 현재 중국 시장에서 필요로 하는 스마트시티 사업 또는 IDC건설 등에 종합관제시스템의 디스플레이 기능을 앞세우고, 이에 관계되는 여러 기업이 컨소시움을 형성하여 진출하는 것이다. 이에 관해서는 마지막 장의 정책 제언에서 더 자세히 분석하겠다.

4. 직접 판매 vs 간접 판매

진출 기업이 직접 최종 고객에게 영업을 할 수 없다면 판매채널을 가지고 있는 유통망 기업과 파트너십을 맺어야 한다. 간접 판매 방식은 유통망이 정착된 시장에서는 당연한 협력 방식이다. 일본과 미국 시장 진출 초기에는 반드시 유통기업과 협력을 통하여야만 최종 고객에게 갈 수 있다. 그러나 현재의 중국과 같이 시장이 불안정하고 유통망의 기능이 완전하지 않은 상황에서 간접 판매 채널만을 고집하는 것은 최적의 대안이 되지 못한다. 왜냐하면 계속적으로 나타나는 새로운 기회를 느끼고 포착하기가 어렵기 때문이다.

물론 진출 초기에 직접 판매 방식은 현실적으로 불가능하다. 따라서 처음 진출하여서 시장에 적응을 하기 전에 기존 유통채널을 통하여 중국 시장에 어느 정도 적응한 후에 직접 판매를 병행하는 것이 합리적이다. 이미 중국 시장에 정착한 우리 기업은 영업 인력을 고용하여서 직판 방식을 취하고 있다. 예컨대 마이다스아이티, 알서포트, 안랩, 티맥스소프트나 포스코 ICT 등은 우여곡절을 거친 끝에 상당한 수준의 직접 판매망을 구성하였다. 이러한 기업들의 공통된 특징은 중국의 유통채널을 활용하면서 동시에 직판채널을 가지고 있다는 점이다.

퍼온 글

중국의 '꽌시문화'와 한국 기업

"곤란한 난제가 아무리 많아도 해결방법이 더 많다(困难再多,办法更多)"는 말은 요즘 중국 기업인들 사이에서 자주 회자되는 유행어이다. 한편 이는 중국에서 꽌시(인맥관계) 구축이 그만큼 어렵고 중요하며, 좋은 꽌시의 형성여부에 따라 기업성패가 좌우된다는 뜻이기도 하다. 또한 중국생활을 경험한 한국인들은 "중국에서는 되는 일도 없고 안 되는 일도 없다"고 개탄스러워한다. 현재 중국에 진출한 한국 기업이 해결하기 가장 어려운 난제가 바로 중국정부 관련 부서와의 관계처리이다. 물론 꽌시는 '만능열쇠'가 아니며 맹신해서는 더욱 안 된다. 그러나 꽌시가 없다면 아무것도 해결되는 일이 없다.

중국진출 한국 기업들은 회사설립에 필요한 각종 법정 인허가 수속 작업을 진행하면서 정부부서와의 꽌시 구축 필요성과 중요성을 갈수록 실감하게 된다. 초상국 등 정부 관련 책임자들이 투자유치 단계에 보여주던 열정적 태도와는 판이하게 까탈스러운 행정기준을 들이대는 담당공무원들의 까칠한 성격과 냉담한 태도를 보면서 중국의 '꽌시문화'에 대해 종잡기 어려워한다. 대개 한국주재원들은 정부공무원들의 기업에 대한 모든 서비스가 '당연'할 줄로 착각한다. 중국에서는 외자기업이 정부부서와 돈독한 꽌시를 형성하지 못하면, 관련 담당공무원에게 제출한 서류가 아무리 완벽해도 좀처럼 인허가증서가 발부되지 않는다. 우선 관련 부서 책임자와 담담공무원을 찾아가 '향후 잘 부탁한다.'는 상견례가 우선이며, 담당공무원의 애호와 업무스타일 파악은 필수불가결하다.

중국의 사회체제 특성상 정부공무원의 기업에 대한 권한은 막강하다. 즉 정부는 기업을 '관리'하는 관리자의 지위에 있고 기업은 정부의 정책적 '혜택'을 기대하는 피동적 위치에 놓여있다. 최근 외자기업에 대한 중국정부의 각종 법적 규제가 강화되면서 기업환경은 더욱 악화되고 있다. 특히 외자기업에 대한 정부의 집법기관으로서 '절대적 권한'을 소유한 안전국·환보국·소방서 등 정부공무원들의 기업에 대한 현장시찰이 잦아지면서 관련 법규와 정책을 빌미로 기업에 벌금을 부과하는 사례가 부쩍 늘어나고 있다. 그러면 거의 모든 경우 외자기업은 크게 변명도 못하고 당하기 일쑤다. 흔히 기업이 당하는 이러한 불이익은 절대다수 외자기업들의 관련 법규와 정부공무원의 특권의식 몰이해에 기인하며, 외자기업과 정부부서와의 꽌시가 원활하지 못한 데서 비롯된다.

같은 유교문화권 국가로서 혈연·지연·학연 등의 연고관계를 경험해온 한국 기업들은 중국정부와의 꽌시 중요성을 알고 있다. 그러나 꽌시는 하루 이틀에 쉽게 이뤄지는 것이 아니다. 만약 정부부서와의 돈독한 인맥관계가 형성되지 못하면, 외자기업은 각종 명목의 불이익을 당하게 되며 이는 정상적 기업운영에 큰 차질을 초래한다. 한편 '좋은 꽌시'의 형성과 장기간의 관계유지는 결코 쉬운 일이 아니며, 꽌시의 구축은 외자기업에게 있어 가장 어려운 난제로 대두된다. 이는 대다수 한국주재원들의 일관된 한국적인 사고방식에 따른 중국 특유의 꽌시문화에 대한 몰이해, 중국정부의 외자기업 관련 정책과 법규 및 공무원조직의 특성을 정확하게 파악하지 못한 데서 기인된다. 또한 중한 간의 기업문화 차이와 인맥관계 형성 및 문화정서가 서로 다른 것도 중요한 원인이 된다.

흔히 한국주재원들은 평소 꽌시 구축을 남의 일처럼 소홀하게 대하다가도 일이 생기면 정부공무원들을 찾아가 금품을 주고 인위적인 난제를 해결하려고 한다. 또한 한두 번의 술자리에서 술기운으로 정부공무원들과 '형님·아우'하는 친분이 맺어지면 곧 만사가 해결되는 것으로 오산한다. 실제 중국의 꽌시문화에 익숙지 못한 외국인이 중국공무원과 명실상부한 호형호제의 인맥관계를 맺는다는 것은 매우 어렵다. 서로 간에 '공동이익'이 있을 때는 별문제가 없지만 이해관계가 깊을수록 문제가 발생하면 해결하기 어렵다. 예컨대 정부부서 공무원들은 평소 '좋은 친구'로서 기업 측과 술잔을 주고받으면서 친분을 과시하지만 공무원으로서 정책집행 시에는 멸사봉공·대의멸친의 집법자로 돌변한다. 언제 갈라질지 모르는 외국친구보다 자신의 출세가 더욱 중요하기 때문이다. (생략)

한편 꽌시를 맹목적으로 숭상·맹신하면서 기업의 모든 난제를 해결하는 '만능해결책'으로 간주한다면 이 역시 어리석은 일이며 어불성설이다. 따라서 꽌시의 영향력을 신성화하면서 '불안정한' 꽌시에 기업의 사활을 건다면 이 또한 실패를 자초하는 인위적인 요인이 된다.

요컨대 순기능과 역기능을 '겸비'한 꽌시가 재중 한국 기업에게는 자칫 '양날의 칼'이 된다는 것을 명심할 필요가 있다.

중국인들의 일상과 인간관계에서 막강한 영향력을 행사해온 꽌시는 고정불변이 아니며, 최근 중국 사회가 인치(人治)에서 법치화로 점차 변화되면서 꽌시의 영향력이 약화될 것으로 전망된다. 그러나 '인치의 상징'이며 유교문화에 뿌리를 둔 꽌시문화가 중국에서 곧 사리진다고 생각하면 큰 오산이다. 물론 '불안정한' 꽌시를 맹신해서는 안 되지만, 꽌시 부재에 기인된 기업의 엄청난 불이익이 현재 재중 한국 기업의 실패요인이라는 점을 망각해서는 안 된다. 요컨대 한국 기업은 정도·윤리·준법 경영을 전제로 꽌시문화 속성을 파악하고 꽌시 순기능을 극대화한다면 이는 기업성공에 크게 일조할 것이다.

출처: 김범송(2015)

제9장

중국 시장 진출 전략

중국 시장은 요동치고 있다. 수많은 기업들이 설립, 청산, 파산, 합병 등을 하면서 다이내믹하게 시장의 흐름을 따라가고 있다. 마치 중국 길거리에서 버스, 승용차, 자전거, 행인이 길을 공유하면서 나름대로 규칙을 갖고 흘러가는 것과 유사하다. 큰 것에 작은 것이 밀리고, 빠른 것에 느린 것이 밀린다. 꼭 물이 흘러가는 것 같다. 교차로에서 승용차와 자전거가 교차할 때도 웬만해서는 승용차와 자전거를 멈추지 않고 조화롭게(?) 서로 빠져나간다. 우리의 길거리 같았으면 사고가 나든지, 고성이 오가든지 사단이 나도 여러 번 났다.

중국이 빠른 속도로 변하고 있기 때문에 시시각각으로 진출방식에 대한 제언이 달라질 수밖에 없다. 현재 중국에 진출하여서 이미 매출을 올리고 있는 기업의 방식을 신규 진출 기업에게 적용하기는 어려울 것이다. 현재로서 가능한 진출 전략에 대한 탐구가 필요하다. 동시에 溫故知新의 정신으로 현재는 불가능하지만 향후 환경의 변화가 일어났을 때를 가정하고 전략을 생각해 보자.

중국의 기업문화를 이해하기는 중국의 길거리에 익숙해지는 것 이상으로 어렵다. 중국 기업들은 복잡하고 불안정한 시장 속에서 나름대로 자기 자리를 찾아가면서 기업 경영을 한다.

대상 고객군을 확실히 결정하자

어느 시장을 진입하건 간에 가장 중요한 것은 고객에 대한 이해이다. 고객에 대한 이해가 어느 정도 된 후에야 비로소 진출 전략을 수립할 수 있다. 중국 고객의 특성에 대하여 이미 언급하였기 때문에 여기서는 전략 수립과 관련하여 주의할 점을 중심으로 설명하겠다.

진입 지역의 결정

중국 시장은 지역적으로 매우 세분화되어 있다. 일본은 동경, 인도네시아는 자카르타, 태국은 방콕 등 거점도시를 장악하면 전국으로 퍼져갈 수 있다. 중국은 그런 시장이 아니다. 역사적으로 지방마다 문화가 상이하며 지방정부의 독립적인 행정이 발달되어 있으므로 어느 도시에 거점을 잡느냐는 매우 중요한 첫발이다. 중국 시장을 크게 나누어서 다시 보면 동부지구, 중부지구, 서부지구, 동북지구로 나눌 수 있다. 우리 기업은 현재 동부지구 중에서도 북경과 상해에 몰려 있다.

특히 북경에 본사를 두고 있는 기업이 많다. 과거 "우리의 기술, 중국의 유통"이라는 공식하에서 파트너사가 많이 있는 정치 수도에 거점을 설치한 것이다.

그러나 현재와 같이 틈새시장 개발 전략을 취해야 하는 대부분의 우리 기업은 북경, 상해, 광주와 같은 1급 도시보다 틈새를 찾을 수 있는 2급 도시 수준을 공략하는 것이 유리할 것 같다. 현재 2급弱 도시나 3급 도시의 경제력은 다소 약하지만 점차 중산층이 두꺼워지면서 생산자 주도 시장(sellers' market)에서 소비자 주도 시장(buyers' market)으로 바뀌고 있어서, 고객만족 등에 신경을 쓰기 시작하며 조만간 기업관리용 SW가 필요하게 될 것이다(〈만든 글: 중국 지역의 경제력 분석〉 참조).

특히 지역 파트너사와 협력관계를 맺고 있다면 이 파트너사의 전문 지역을 집중적으로 파고들어야 한다. 이런 전략적 거점도시에서 오랫동안 활동을 하게 되면 비록 내자기업은 아니지만 내자기업과 같은 대접을 받을 수도 있으며 고객의 요구에 맞추어서 국내 타사의 우수한 SW제품을 소개할 수도 있을 것이다.

고객층의 결정

중국의 시장상황은 동일 지역 내에서도 소비 수준의 양극화가 심화되어서 더욱 더 시장 트랜드를 읽기가 어렵다. 중국 국민들의 빈부차가 심각한 수준인 것과 마찬가지로 중국 기업고객도 상류층부터 하류층까지 다양한 수준의 요구가 있다. 상류층은 이미 실리콘밸리의 우수 제품들에 익숙하여서 제품의 선정 기준은 매우 높다. 그 반면 중·하류층은 정보화 인프라에 대한 수요가 있는 반면 아직 고급 요구가 적기 때문에 기능이 다양한 제품이 시기상조인 경우가 많다. 그러나 일단 이 기업들에 기초 SW가 깔리고 나면 응용SW가 필요할 것이며, 효율성과 효과성을 따지면서 기능면에서 우수한 SW를 찾을 것이다.

이들은 필요로 하는 SW의 유형에도 차이가 있다. 상류층 고객은 치열한 경쟁 속에서 관리 효율을 올리려고 노력하므로 ERP, CRM, BPM(Business Process Management), BI(Business Intelligence) 등 고급 엔터프라이즈 SW가 필요하다. 중·하류층 고객의 경우에는 아직도 정보화가 완전하지 않기 때문에 기본 전산화에 필요한 설비 및 인프라용 SW가 필요하다.

고객의 성격 결정

마지막으로 중국 시장에서 타깃 고객이 관·공고객이냐 민간고객이냐에 따라 제품전략, 가격전략, 유통전략 등을 달리해야 한다. 관·공고객은 일반적으로 기존에 거래하는 중국 채널을 통해서만 접근이 가능하다. 민간고객을 대상으로 한다면 제품의 기능과 품질도 중요하지만 일단 가격경쟁력을 가지고 있어야 한다.

처음 중국 시장을 접하는 우리 기업인들은 관·공고객의 규모에 대하여 우리나라의 공공 조달시장을 상정하여서 막연하게 크다고 생각을 할 수 있다. 비록 직접적인 통계는 없지만 중국의 관·공 시장은 우리가 생각하는 것보다 훨씬 크다. 병원만 예로 든다면 거의 모든 병원이 국립병원이다. 최근에 민간 사립 병원들이 생겨나고 있지만 환자 수나 매출액 규모는 전체 병원 매출액의 약 3% 밖에 안 된다.

이러한 주선을 하겠다고 나서는 링크의 제안은 사기성이 농후한 제안이다. …… 외국인과 중국인 간의 꽌시는 기본적으로 금전적 거래로 이루어지므로 지속적인 파트너십을 유지하기가 힘들다.

관·공고객을 목표로 한다면 관료적인 행태, 특히 꽌시를 통한 영업방식에 적응을 하지 못하면 중국에서 정상적인 매출을 일으키기가 쉽지 않다. 그래서 많은 기업인들이 꽌시 가설을 가지고 중국 시장에 뛰어든다. 즉, 중국에서 꽌시를 만들어서 장기적인 영업망을 구축한다는 "꽌시 가설"을 알게 모르게 갖고 있다. 그러나 이 가설은 중국 시장에 대한 이해가 부족한 상태에서 만든 전략이라고 생각한다(제5장의 〈만든 글: 꽌시의 유형과 기능〉 참조).

이러한 가설 또는 전략은 거의 망상에 가깝다. 기술력이나 제품의 신규성으로 승부를 걸지 않고 잘 아는 분과 꽌시를 이용하여서 사업을 하자고 하는 기업인이나 이러한 주선을 하겠다고 나서는 링크의 제안은 사기성이 농후한 제안이다. 앞에서 이야기 하였듯이 외국인과 중국인 간의 꽌시는 기본적으로 금전적 거래로 이루어지므로 지속적인 파트너십을 유지하기가 힘들다.

단지 이미 형성된 고객과의 꽌시를 이용하여서 SW를 판매하는 전략은 관·공고객에게 적용되는 전략이다. 특히 2급 이하 지역의 지방정부, 지방 기업 등에 적용되는 방식이다. 그러나 이러한 꽌시도 제품경쟁력이 출중할 때 가능한 것이므로 우선적으로 중국 시장이 좋아하는 제품이 필요하다. 결론적으로 꽌시 중에 가장 중요한 혈연 꽌시를 갖고 있지 않는 우리 기업이 꽌시를 이용하여서 진출한다는 것은 허구적인 가설인 것이다.

중국통은 전략 수립의 기본 전제

타깃 고객과 이들이 필요로 하는 제품과 궁합이 맞아야 드디어 진출에 대한 구체적 계획을 세울 수 있다. 그러나 중국 시장에서는 정보 수집을 하기가 어려워서 이러한 사전 작업을 하기가 매우 어렵다. 시장이 큰 이유도 있지만 통계 자료 및 기업에 대한 정보가 부족한 것이 가장 큰 원인이다. 중국 내에 정보제공을 할 수 있는 컨설팅, 에이전트 산업이 발달되지 않아서 외부 기관으로부터 도움을 받기가 어렵다. 중국 유관협회 및 정부기관 등에서 자료를 발표하지만 대부분이 매우 개괄적인 자료이며 그나마도 약 2~3년 후에 공개가 되어서 현업에서 전략을 수립하는 데에는 도움이 되지 않는다. 따라서 공개된 자료를 통한 정보 수집은 거의 불가능하다.

중국 시장의 정보 부족의 문제를 해결하기 위해서 중국 파트너를 잡아서 이들의 협력을 얻으라는 조언도 들을 수 있었다. 그런데 파트너사를 잡는 과정에서도 정보가 필요하고 이 파트너사의 능력을 확인하기 위해서도 정보가 필요한 것이 현실이다. 만약에 기본적인 타깃 고객이 결정되었을 경우에는 중국인 친구들에게 조사를 부탁하는 방법이 있다. 적어도 필자가 아는 몇몇 중국인 친구들은 비공식 채널 등을 통하여 정보를 얻어낼 수 있는 능력이 있음을 확인한 적이 있다.

중국통 인재의 확보

필자는 이러한 문제의 해결책은 "중국통" 인력의 확보에 있다고 생각한다. 즉 중국통 인력의 능력을 활용해서 정보를 획득하는 것이 현실적인 방안이다. 이러한 맥락에서 중국 시장에 관심이 있는 기업이라면 사전적으로 반드시 수행하여야 할 것이 중국통 인력의 확보이다.

전문 인력을 확보하는 데에는 세 가지 방법을 생각할 수 있다. 첫째, 국내 본사에 있는 직원을 중국 사업에 특화시키는 것이다. 둘째, 국내에 활동하는 중국 인력을 채용하여서 중국 시장 담당으로 육성하는 방법이다. 본사 근무를 통하여 제품의 특성, 기업의 문화 등에 익숙해지면 중국 사무소 또는 법인에 파견할 수 있을 것이다. 마지막으로 중국 현지에서 중국인이나 재중 한국인을 채용하여 바로 활용하는 것이다.

1) 사내 인력

첫째 방법, 즉 중국통 사내 인력이 있어야만 외부 인력 활용도 효과적으로 할 수 있으므로 이러한 인력이 확보된 상태에서 둘째, 셋째 방법을 도전해야 한다. 기업 내에 중국 정치, 사회, 문화에 익숙한 인력이 있다면 이러한 인력을 최대한 활용하여야 한다. 만약 대상이 없다면 적절한 인력을 선발, 훈련시켜야 하며, 더 나아가서는 현지에 파견하여서 현지 시장에서 활동하면서 비즈니스 꽌시를 형성하고 중국 시장 돌아가는 것을 체득시켜야 한다.

2) 국내 중국인

둘째, 국내에는 중국에서 온 유학생들이 많이 있다. 이들을 본사에서 채용하여서 사업뿐만 아니라 본사의 문화, 경영철학 등에 익숙하게 만든 후 중국에 파견할 수 있을 것이다. 엔코아, 마이다스아이티, 알티베이스 등의 중국 법인장들이 둘째 유형의 인재들이다. 또한 국내에 거주하는 중국인 기업 인력을 활용하는 방법도 있다. 유사한 분야인 게임산업에는 이미 많은 중국인 전문가들이 국내 시장과 연계를 가지고 활동하고 있다.

3) 현지 채용

셋째, 기업 내에 중국통이 없다면 현지 채용을 통하여 바로 활용하는 방식이 가능하다. 우리 기업들이 가장 많이 활용하고 있는 방법이다. 중국 내에서 활동하고 있는 분들은 이미 문화적, 사회적으로 중국통이 된 분들이기 때문에 바로 활용할 수 있는 장점이 있다. 국내 IT 서비스 기업의 중국 법인 임직원 또는 글로벌 기업에 근무하던 직원을 스카우트하여서 법인 활동을 맡기는 경우가 종종 있다.

인력 확보, 어떤 방법이 좋은가?

어떤 전략을 사용하든 첫 번째 방법, 사내에 전문 인력을 보유하는 것은 필수적인 방법이다. 두 번째 방법이 장기적으로 볼 때 효과적이며, 세 번째 방법은 단기적이고 현실적인 인력 활용 방식이다.

두 번째 방식의 대표적인 경우가 엔코아의 중국법인 대표이다. 정보위 대표는 중국인으로서 국내에서 유학을 하던 중 엔코아의 이화식 사장님을 만났고 의기투합하여서 중국법인의 대표를 맡고서 사업을 진행하고 있는 중이다(한국소프트웨어산업협회, 2013). 이 방식의 관건은 상호 신뢰를 가지고 관심과 애정 속에서 중국 인력을 육성해야 한다는 것이다. 주는 만큼 받는 것이 人之常情이다. 따라서 단기간에 유능한 인력을 확보할 수는 없지만 장기적인 관점에서 가장 좋은 방법이다. 특히 중국의 우수한 제품을 국내에 소개하고자 할 때 이러한 인력이 교두보가 될 수 있다. 또한 향후에 국내 기업의 중요한 링크 역할을 할 수 있기 때문에 정부가 정책적으로 권장하여야 할 전략이라고 생각한다.

세 번째 방식의 문제점은 중국의 현지 채용인들이 본사의 문화에 익숙하지 않으므로 본사 직원과 원활한 소통이 어렵다는 것이다. 더구나 중국인일 경우 높은 이직률로 인하여 장기간 전문 인력으로 활용한다는 것에는 한계가 있다. 중국인의 높은 이직률은 우리 기업에게만 문제가 아니라, 중국 IT산업 전반에 걸친 심각한 병폐이다. 산업이 급속히 확대되다 보니 기회가 많아지고 이에 따라 단기간에 이직하는 것이 경력관리에 큰 문제가 되지 않는다. 더구나 중국의 이력서를 검증하기가 어려우며, 레퍼런스 체크(reference check)를 할 수 있는 방법도 마땅치가 않다.

제품군 전략

인재 전략이 세워졌다면 이 전문가를 활용하여서 타깃 고객과 제품의 궁합을 맞추어보고 현지화 전략을 수립해야 한다. 진출했던 우리 기업들의 실패사례에서 보았듯이 현재 가장 큰 문제는 부적절한 제품 전략이다. 과연 어떤 제품군이 중국 시장에 먹히는가를 알아야만 이에 맞추어서 파트너 선정 및 유통전략을 수립할 수 있을 것이다.

과거와 같이 중국의 기술 수준이 우리보다 낮아서 대부분의 제품군이 시장만 개척하면 판매가 가능하였던 시기는 지나갔다. 아직도 사용하고 있는 '시장개척'이라는 단어는 잘못된 인식을 낳고 있다. 개척을 하지 않아서 문제가 아니라 개척할 시장이 많이 남아있지 않아서 문제이다. 즉 '틈새시장 찾아내기'라는 정신으로 진출해야 하는 시기가 도래하였다.

그러면 과연 어떻게 중국 시장에서 먹힐 제품군을 골라야 하는가? 어떤 제품군이 시장에서 환영을 받을 것인가는 매우 어려운 질문이고 확실한 대답도 할 수 없다. 적절한 제품군에 대한 토의보다 중국 시장에 진출하는 데에 기본적으로 요구되는 제품의 특성을 살펴보자.

달아오른 중국 시장과 중국 유통망의 난맥상을 감안할 때 우리 제품의 완성도를 올려가면서 판매할 중국 파트너사는 없을 것이다.

완성도가 낮은 SW는 안 된다.

첫 번째 조건은 제품의 완성도이다. 완성도가 떨어지는 제품은 절대로 중국 시장에 들고 가서는 안 된다. 국내에서 이미 검증된 제품, 즉 product화된 SW만이 나갈 수 있다. 중국의 경우 제품 현지화를 담당하는 기업을 찾기가 어려운 실정이므로 국내에서 이미 완성도 및 중국화 수준을 충분히 올려놓아서 판매시에 제품의 현지화가 적어야 한다. 물론 현지화 파트너가 있다고 할지라도 파트너의 능력이나 열성도 면에서 부족한 점이 많으므로 국내에서 중국화가 이루어진 제품이

어야만 한다.

2016년의 중국 시장은 미래를 바라보는 느긋한 시장이 아니다. 중국 사회도, 기업도, 그리고 개인도 '티끌모아 태산'이라는 격언을 받아들이지 않는다. 20년 전에 한탕주의가 팽배했을 때의 우리의 모습과 유사하다. 현재 달아오른 중국 시장과 중국 유통망의 난맥상을 감안할 때 우리 제품의 완성도를 올려가면서 판매할 중국 파트너사는 없을 것이다. 있다면 아마도 다른 목적을 가지고 협력할 것이다.

마찬가지 논리로 설치시 인력이 많이 소요되고 판매 전 교육 또는 판매 후 교육이나 지원이 많이 필요한 제품은 중국에서 유통채널을 통하여 판매하기가 어렵다. 그 이유는 첫 번째와 같이 좋은 파트너를 잡기가 어렵기 때문이다. box화된 제품이나 HW에 결합된 제품이 금상첨화이다. SaaS 방식의 판매도 시도해 볼 만하지만 이 또한 완성도를 충분히 올린 후 진입을 고려해 보아야 한다.

기술흡수가 쉬운 SW는 안 된다.

기술유출에 대비할 수 있는 제품이어야 한다. 아무리 신규성이 높고 세계 유일이어서 시장진입 시기가 중요하더라도 솔루션(solution) 상태에서 진출해서는 안 된다. 기술흡수를 막을 수가 없기 때문이다. 지적재산권 보호가 쉽지 않은 제품의 경우 가장 좋은 방안은 주기적으로 제품의 버전(version)을 올려서 과거 버전 제품을 떨어뜨리면서 나갈 수 있는 기술 수준을 가져야 한다. 글로벌 기업들이 사용하는 방식이지만 우리도 정교하게만 디자인한다면 가능하다고 생각한다.

기술유출을 막을 수 있는 또 다른 방법은 기술의 복잡성을 올리는 것이다. 기술의 복잡성을 올리는 방식은 여러 가지가 있을 수 있다.

그중 하나의 방법은 여러 개의 기술을 합치는 것이다. 기업 간의 컨소시움을 통하여 진출하는 것이 한 방편이다. 여러 기업의 협력으로 시스템화된 제품이 진출하는 것이다.

중국 상대 기업이 매우 거대한 규모의 기업이라는 점에서 이렇게 여러 기업이 협동하여서 진출하는 방식은 매우 적절한 방식이다. 이와 유사하게 HW와 융합하여 진출하는 방식이 있을 수 있다. 예를 들면 데이터센터(IDC) 등에서 사용하는 SW제품을 시스템화하고 랙(rack)에 넣어서 판매하는 방식으로 기술유출을 막을 수 있다.

마지막으로 가장 확실한 방법은 중국 파트너사와 연계를 하지 않고 진출하는 것이다. 제품의 경우에는 우리 기업이 직접 유통 및 판매를 담당하는 것이다. 그리고 프로젝트성 사업의 경우에는 국내에서 프로젝트 파이낸싱(PF)을 통하여 자금을 조달하고, 중국 프로젝트에 투자하여서 현지 파트너를 통하지 않고 중국 지방정부, 기관 등과 같은 최종 고객을 직접 상대하는 방식이 가장 현실적이고 현명하다. 이 진출 방식에 대해서는 다음 장에서 다시 자세히 설명하겠다.

이런 SW는 고려할 만하다.

1) 중국이 기술적인 한계를 가지고 있는 분야

현재 중국이 기술적인 한계를 가지고 있는 가장 대표적인 분야는 정형 데이터베이스와 이에 연계되는 제품이다. 중국 정부가 IBM, 오라클 등 글로벌 기업으로부터 기술 독립하기 위하여 기술개발에 많은 투자를 하여서 서버 분야, 미들웨어 분야, 스토리지 분야 및 비정형 빅데이터 분야는 그런대로 중국산이 대체를 하여가고 있지만 정형 데이

DB 관련 기업인 웨어밸리와 중국의 공공연구기관인 상해산업기술연구원의 합작기업 인 상해 GBridge데이터기술유한회사 출범식 사진(아이티데일리, 2016)

터베이스 분야는 기술적 한계를 느끼고 있는 것 같다. 오라클을 대체하기 위하여 안간힘을 쓰는 과정에서 우리 기업과 손을 잡을 가능성이 높아졌다. 티맥스소프트가 DBMS 분야에서 서버 분야의 중국의 최강 기업인 Inspur와 협력을 하고 있는 것도 이런 맥락에서 이해할 수 있다. 또한 웨어밸리가 중국의 공공 연구소인 상해산업기술연구원의 합작기업인 상해 GBridge 데이터기술유한회사를 설립한 배경에도 Oracle의 장악에서 벗어나려는 안간힘의 결과라고 생각할 수 있다(사진 참조).

2) 중국정부가 정책적으로 밀고 있는 제품군

대표적인 예가 Internet+ 정책과 관계되는 제품, 스마트 씨티 건설과 관련된 SW 및 HW 복합 시스템이다. 그 외에 중국제조 2025에서 강조하고 있는 공장 자동화 및 이에 관련된 제품군이다. 중국의 제조업의 문제는 세계의 공장으로서 역할을 하는 바람에 능동적으로 혁신하는 능력이 약하며, 공정의 현대화에 신규 투자를 덜 한다는 점이다. 이러한 점을 인식하고 중국 정부가 IT기술을 활용하여서 중국 제조업의 혁신을 일으키고자 하는 정책이 중국제조 2025이다. 따라서 제조공정에 관련된 제품, 예를 들면 MES(Manufacturing Execution System) 등이 가능성이 있다. 그러나 미국, 독일, 일본 등 제조 강국의 기업들이 중국 거대 기업과 함께 시장 개척을 할 것이므로 우리 기업은 중소제조업이 발달한 산동성이나 광동성을 중심으로 지역 거점을 삼는 전략으로 지역 틈새를 뚫고 들어가야 한다.

3) 집토끼만으로도 시장형성이 되는 제품

집토끼와 해외 기업들만을 상대할 수 있는 제품이 있다면 非 산토끼 시장을 집중 공략하는 것이 중국 기업들과 경쟁을 피해갈 수 있는 방법이다. 중국에 진출한 국내 기업과 글로벌 기업을 대상고객으로 삼아서 중국 시장에 진출할 수 있으면 굳이 어려운 산토끼를 안 쫓아도 된다고 생각한다.

"해외 시장에서는 씨디네트웍스가 소위 '듣보잡(듣도 보도 못한 잡놈)'일 수 있다. 이를 헤쳐 나가는 방법, 마케팅 전략은 지역별로 다르다. 중국에서는 CDN업체들과의 직접 경쟁을 피하는 대신에 해외에서 들어오거나 진출하는 서비스를 대상으로 하면서 통신사와의 관계도 긴밀하게 가져 나가고 있다"(디지털데일리, 2015).

현재 중국 시장이 점차 효율을 중시하여 가고 있으므로 우리나라 시장에서 성공한 제품을 바로 중국 현지화 하여서 고객에게 서비스할 수 있는 발 빠른 기업이 있다면 산토끼 군으로 옮겨 갈 수 있는 가능성이 있다고 생각한다. 중국 시장은 아직 완전히 성숙하지 않았으므로 SW분야별로, 업종 또는 산업별로, 또한 제품의 기능별로 니치마켓이 나타날 것이며 우리의 집토끼 기업군이 준비를 하고 있다면 산토끼 사냥에 나설 날이 올 수도 있다.

판매 채널 전략

중국 SW기업의 기술 수준이 높아져서 국내 기업의 기술이 탐나서 협력하는 분야는 매우 줄어들었다. 중국 전역에 과포화 될 정도를 IDC를 건설하고 있으며, 중국 정부는 기초 SW 개발에 수조 원을 쏟아 붓고 있다. 최근의 중국 시장의 분위기, 중국 기업의 능력을 감안할 때 우리 기업과 파트너십을 형성하여서 차근차근 시장에 진출하고자 하는 중국 기업은 적을 것이다.

중국 기업이 흡수 합병을 통하여 대형화되면서 인원이 수천 명, 수만 명이 되는 조직으로 팽창하였다. 자기 조직 내에서도 서로 누가 무엇을 하는지 잘 모르는 상황이다. 이런 기업의 일개 부문과 파트너십을 맺게 될 것이다. 우리 기업은 소규모이고 제품군도 한두 개인 반면, 파트너 기업은 많은 제품군을 여러 부문에서 다루기 때문에 계약이 동등한 수준에서 이루어질 수 없다.

싫든 좋든 파트너의 도움이 필요하다.

그러면 어떻게 팔아야 하나? 최종 고객인 중국 기업의 문화를 이해하지 못한 상황에서 우리나라에서 하듯이 직접 판다는 것은 어불성설이다. 중국에 진출하여서 이해 수준을 올린 다음에는 직접 판매와 채널유통 중에서 선택을 하여서 나갈 수 있지만 처음 진출시에는 파트너의 도움이 필요하다.

첫째, 제품의 성격에 따라 계약의 내용이 달라진다. 판매량에 따른 유통마진 계약을 할 수도 있고, IT서비스기업이 SI사업에 집어넣어 주는 계약도 할 수 있고, OEM계약을 할 수도 있고, 제품의 개량 또는 자사 제품과 결합하여 중국 제품 안에 녹아들어가는 기술 라이선스 계약을 할 수도 있다. 중국 시장에 문외한인 기업이라면 가장 적합한 것은 OEM계약이나 기술 라이선스 계약이라고 할 수 있다.

둘째, 총판계약이나 지역거점 계약이냐의 결정도 제품의 성격에 따라 달라진다. 예컨대 DB 튜닝 제품의 경우와 같이 고객이 전국에 흩어져 있을 경우에는 총판계약을 하는 것이 현명하지만, 산업에 특화된 MES 등은 지역거점 계약을 하는 것이 바람직할 것이다.

총판계약이나 지역거점 계약이냐의 결정도 제품의 성격에 따라 달라진다. 예컨대 DB 튜닝 제품의 경우와 같이 고객이 전국에 흩어져 있을 경우에는 총판계약을 하는 것이 현명하지만, 산업에 특화된 MES 등은 지역거점 계약을 하는 것이 바람직할 것이다.

자체 유통망을 구축하여 변화에 대비하라.

파트너십 전략의 핵심은 상호신뢰와 장기적인 안목이다. 중국 파트너와의 관계를 단기적으로 보면서 거래비용에 대해서만 계산을 할 경우는 百戰百敗라고 생각한다. 그 반면 비록 수익성은 낮지만 지속적인 관계를 유지할 때 새로운 사업기회가 생길 수 있으며 파트너 기업을 통하여 중국 시장 진출의 도움을 받을 수 있다. 단 능력이 있다면 파트너 기업과 협력하여서 유통망을 구축하는 것과 병행으로 독자적인 영업망을 구축하는 것이 바람직하다. 독자적 영업망을 가지고 있는 것이 변화가 올 때 유연하게 대처할 수 있기 때문에 장기적인 관점에서 유리하다. 특히 향후에는 파트너 기업이 국내 시장에 진출할 가능성을 배제할 수 없으며 이러한 경우에는 지속적인 믿음을 바탕으로 사회적 자본(social capital)을 축적한 기업의 이점이 발휘될 수 있다.

그러면 어떻게 파트너를 찾을 것인가에 대한 질문이 생긴다. 일본이나 미국의 경우에는 전시회 등에 꾸준히 참가하면서 품질 수준을 올리면, 단계적으로 해당 시장에서 신뢰도와 함께 인지도가 올라가면서 관련 기업이 접근을 하게 된다는 것이 정설이다. 중국의 경우에는 이런 방법들이 통하지 않는다고 한다. 전시회의 경우에는 워낙 지역이 커서 지역전략을 수립한 후 해당 지역에서 하는 전시회에 참가하여서 지방 유통망을 연계하는 방법이 가능하지만, 전국적인 전시회는 효과적이지 않다는 것이 여러분의 의견이었다. 그러나 특정 기술 분야의 전시회, 특히 거액의 입장료를 받는 제한된 인원만이 참가하는 전시회는 효과가 있을 수도 있다고 한다.

니치마켓을 찾는 노력을 게을리 하지 마라.

시장 전략의 핵심은 결국 어느 고객 군을 대상으로 유통망을 구축하느냐이다. 우리나라 SW기업의 규모, 제품구색의 범위 등을 감안할 때 아주 작은 니치마켓에 집중하는 지역, 업종, 고객 집중전략을 사용할 수밖에 없다. 물론 SW제품의 종류에 따라 전국 또는 전 산업을 대상으로 판매하여야 하는 제품이 있겠지만, 대부분의 경우에는 지역적 니치를 찾거나 업종 니치를 찾아서 수년간 이 분야에서 경험을 쌓고 인맥을 넓히면서 판매영역을 넓혀간다. 그 외에 고객집중 전략이 있다. 이는 지역 니치나 업종 니치보다 더 작은 개념으로서 이미 개척한 고객에게 SW영역을 확장하면서 특정 고객에 집중하는 전략이다.

1) 지역 집중전략

중국 유통망은 전국망, 거대 권역망, 그리고 성 이하 단위 유통망이 복잡하게 연계되어 있으며, 외부인들이 그 구조를 알기란 거의 불가능하다. 또한 전국망을 가지고 있는 거대 기업은 지원이 원활치 않은 중소기업 제품을 취급하려고 하지 않을 것이므로 이들과 거래를 하는 것은 거의 불가능하다. 우리 기업의 자금력 규모, 제품의 성격 등을 종합하여 판단할 때 성 단위 이하 권역만을 중심으로 유통망을 고려하여야 한다. 가장 수요가 밀집되어 있는 북경, 상해, 화동지역(절강성, 강소성), 광동성 등에 한정하거나, 수요가 적지만 우리나라와 관련이 깊은 지역인 동북 삼성(요령성, 길림성, 흑룡강성), 산동성을 대상으로 전략을 짜야 한다.

2) 고객 집중전략

특정 고객의 요구를 여러 가지 SW제품을 이용하여 만족시켜 주는 형태의 집중전략이다. 예컨대 제조업 기업의 경우 공장자동화 SW를 공급한 후 이 고객에게 보안 SW를 공급하고 이어서 영업지원 단말기와 관련 SW를 공급하는 등 지속적으로 영역을 확장하여 가는 방식이다. 고객 집중전략은 당연히 지역 집중전략 또는 업종 집중전략으로 확대할 수 있는 장기계획이 필요하다.

고객 전략의 변형으로 업히기 전략이 있다. 기존에 고객 또는 유통망을 갖고 있는 국내 진출 기업의 노하우와 꽌시를 승계하여 활용하는 업히기(pegging) 전략이다. 이 기업들이 이미 서비스하는 고객을 다른 제품을 가지고 공략하는 전략이다. 중국에서 활동하는 엔코아의 사례가 대표적인 업히기 전략의 예이다. 엔코아는 자체적으로 발굴한 파트너에게 우리나라의 우수한 SW를 소개하여서 영역을 확대하여 가는 중이다.

중국의 내자(內資)기업화 전략

중국 정부의 국산화 정책은 매우 강력하다. 국산화 정책의 결과, 해외 제품이 발붙일 곳이 넓지 않으며 시장 확대를 시도하려면 내자기업화 하거나 내자기업이 생산한 제품인 것처럼 재포장해야 한다. 중국의 기업은 내자기업과 외자기업으로 분류하고, 외자(外資)기업은 다시 중국인과 외국인 투자지분이 함께 있는 합자(合資)기업과 외국인 지분만 있는 독자(獨資)기업으로 분류한다.[20] 독자기업이나 합자기업의 제품은 중국 파트너사가 유통을 한다고 하여도 중국산 제품에서 제외된다.

그러면 우리 기업은 어떻게 대응할 것인가? 여러 가지 방향이 있을 수 있다. 첫 번째 가장 쉬운 방법은 중국 파트너 기업에게 업혀서 가는 것이다. 중국 파트너사와 밀접한 협력을 하여서 중국에서 파트너의 명의로 인증을 받고 등록을 받는 방법이다. 둘째, 매우 위험한 방법이지만 타인 명의로 내자기업을 설립하는 방법이다. 내자기업이 되려면 주주가 모두 중국인이어야 하므로 중국 직원이나 친지의 명의로 회사를 설립하고 이 기업의 명의로 제품을 등록을 하는 것이다. 셋째, 중국 정부가 관심을 갖고 있지 않은 제품이나 중국의 민간 기업 위주의 고객을 발굴하는 것이다. DB나 시스템 관리, 보안 등과 관련되지 않는 제품, 예컨대 제조 ERP, 전자책, 번역SW 등의 제품은 가능하리라고 생각한다. 마지막으로 스마트 씨티 등의 프로젝트의 일부를 독자적으로 맡아서 수행하는 것이다. 이 경우에는 프로젝트에 장기간 투자할 자금원을 찾아야 하는 애로가 있다.

방안 1: 타인 명의 내자기업화

비록 기업의 운영을 실질적으로 우리 기업의 임직원이 하더라도 기업을 중국기업화 하는 전략은 매우 중요하다. 즉, 기업을 외자 또는 합자기업으로 설립하는 것이 아니라 내자기업으로 설립하여서 완전히 중국 기업화하는 것은 현재의 중국 시장 트랜드상 매우 중요하며 유효한 전략이다. 중국 내자기업화 한다는 것은 중국인이 100% 주식을

20 합자기업과 유사한 형태인 합작기업도 있지만, SW산업에서는 사용하지 않는 형태이므로 이에 대한 고려를 하지 않는다.

소유하여야 하는 문제가 있다. 다시 말하면 중국 현지법인을 중국 국적자들이 투자하는 형식으로 내자법인을 설립하여서 국내의 본사와 연계하여 사업하는 방식을 찾아야 한다.

> 비정상적인 방법으로 내자기업을 설립할 수는 있을 것이다. 친한 중국인이나 중국 직원의 명의로 기업을 설립하면 될 것이다. 그러나 매우 큰 위험이 따를 것이다.

그러면 어떻게 내자기업화 하여야 하는가? 비정상적인 방법으로 내자기업을 설립할 수는 있을 것이다. 친한 중국인이나 중국 직원의 명의로 기업을 설립하면 될 것이다. 그러나 매우 큰 위험이 따를 것이다. 기업 명의자와 우리 기업과 이면계약을 하였다고 하여도 중국 명의자가 딴 마음을 먹으면 이면계약이 의미가 없게 된다. 이면계약이 유효하려면 자금 출처를 밝혀야 하고 자금이 만약 비공식적으로 중국으로 유입되었다면 중국의 외환관리법 및 국내의 외환거래법에 위반된다. 이러지도 저러지도 못하는 난국에 처하게 된다.

중국 기업과 조인트벤처(JV) 등의 설립을 고려할 수 있다. 그러나 현재 SW기업 중에서 JV를 통하여 진출하여서 활발한 매출을 올리고 있는 기업이 없다는 점이 시사한 바처럼 중국 시장에서 중국 기업과의 합작은 쉬운 일이 아니다. 우리뿐만 아니라 구미에서도 SW산업에서는 합작법인 또는 JV를 이용하여서 진출할 경우 기술 보호가 어려우므로 일반적으로 사용하지 않는다(Bech, 2015).

방안 2: 누이 좋고 매부 좋은 내자제품화

만약 내자기업을 설립하는 것이 불가능하다면 제품만이라도 중국 내자기업 제품으로 변신할 수 있는 방법은 없는가? 이러한 방법은 가능하다. 우리 기업의 제품 개발단계 또는 시제품 단계에서 기술을 중국 파트너사에게 판매하거나 라이선싱 계약을 맺은 후 중국 파트너사가 시험, 인증, 등록 단계를 거치게 하는 것이다. 이럴 경우 완전한 중국산 제품이 될 수 있다. 파트너사를 완전히 신뢰하고 거래를 하여야 하며, 만약 기술 유출이 되더라도 이를 뒷받침할 수 있는 제도적 법적 장치의 마련이 필요하다.

이와 유사한 방법은 OEM계약을 맺거나 중국 SI기업과 계약을 맺는 것이다. 이 방법의 단점은 자기 브랜드가 노출되지 않고 타인 제품에 부속으로 들어갈 경우 장기적인 중국진출 전략으로 한계가 있다고 생각한다. 어쨌든 현재 중국의 고급 SW 기술 인력의 인건비가 매우 높기 때문에 국내 개발 후 중국제품화 전략은 누이 좋고 매부 좋은 방법이 될 수 있다고 생각한다.

또 다른 방법은 비록 내자제품은 아니지만 중국 시장에서 내자제품과 같은 대우를 받는 것이다. 필자의 조사에 따르면 현재 마이다스아이티 제품이 이러한 대우를 받고 있다. 이 기업은 2002년도에 중국에 진출하여서 중국의 건축·토목 설계 SW산업이 아직 발달되지 않았을 때부터 시장을 이끌어가면서 음으로 양으로 중국 산업 발전에 공헌을 하였다. 내자제품 대우를 받는 것은 매우 어렵다. 현재 진출한 기업이 바로 이러한 지위에 올라갈 수는 없을 것이다. 단 만약 소규모 지방 거점을 중심으로 사업을 진행하고 꽌시망을 잘 운영한다면 특정 지역에서 이러한 대열에 오를 수 있다.

만든 글

중국 지역의 경제력 분석

중국의 행정단위는 총 32개이다. 중국 시장도 적어도 32개의 개별 시장으로 구성되어 있다고 할 수 있다. 23개 省과 4개의 특별시(북경, 상해, 천진, 중경)가 있으며 5개의 자치구(신장, 티베트, 내몽고 등)의 개별 행정단위 하나하나가 거대한 시장이며 지역마다 발달정도가 다르기 때문에 어느 시장에 진출하느냐에 따라 각기 다른 전략이 필요하다.

지리적 구분

중국 시장을 크게 나누어서 다시 보면 동부지구, 중부지구, 서부지구, 동북지구로 나눌 수 있다. 각 지구별 대도시를 살펴보면 아래와 같다.

동부: 北京, 上海, 广州, 深圳, 天津, 杭州, 南京, 济南, 青岛, 宁波, 厦门, 苏州, 福州, 佛山, 东莞, 无锡, 烟台 등 동해안에 걸쳐 있는 다수의 발달된 도시가 있다.

중부: 武汉, 长沙, 郑州 등

서부: 成都, 西安, 重庆 등

동북부: 沈阳, 大连, 哈尔滨, 长春 등

중국 500대 제조기업 중에서 동부에 336개 기업(67.2%), 중부에 65개 기업(13%), 서부에 72개(14.4%), 동북부에 25개(5%)가 있으며 이러한 비율로 각 지역의 경제권역이 형성되어 있다고 할 수 있다. 동부지역의 제조 기업을 다시 성급 지역으로 나누면, 절강성 92개, 산동성 62개, 강소성 45개, 북경 36개, 하북성 35개, 광동 22개, 천진 19개, 상해 19개, 복건성 6개, 해남도 1개가 있다. 그러나 상해와 광동의 제조기업 수가 경제력을 대변하지 못한다. 즉 상해는 서비스업 및 첨단산업이 발달되었고, 광동은 중소기업 비중이 높기 때문에 500대 제조기업의 비율이 낮지만 경제력으로는 1위, 2위라고 할 수 있다.

경제력 구분

중국의 도시는 경제력에 따라서 1급, 2급, 3급으로 나누어진다. 2급도시가 많아서 이를 다시 强, 中, 弱으로 나누게 되는데 여기서는 1, 2급 도시를 소개한다.

1급 도시: 北京, 上海, 广州, 深圳, 天津

2급 强 도시: 杭州, 南京, 济南, 重庆, 青岛, 大连, 宁波, 厦门

2급 中 도시: 成都, 武汉, 哈尔滨, 沈阳, 西安, 长春, 长沙, 福州, 郑州, 石家庄, 苏州, 佛山, 东莞, 无锡, 烟台, 太原

2급 弱 도시: 合肥, 南昌, 南宁, 昆明, 温州. 淄博, 唐山

제4편

진출기업 뒷바라지

제10장

글로벌 스탠다드를 좇아서

왜 우리 기업들이 해외 시장에 도전해야 하는가? 우리 시장의 협소성도 이유가 되지만, 더 중요한 이유는 우리 기업의 영세성의 악순환과 미발달한 산업 생태계 때문이다. 필자는 수년 전부터 이러한 환경에 처한 국내 SW기업을 구출할(?) 수 있는 방법이 무엇인가를 생각하였다. 조사분석을 하면 할수록 SW무형자산의 진정한 라이선스 사업을 할 수 있는 길은 국제화 또는 해외 진출뿐이며, 해외 시장의 승자가 금의환향을 해서 새로운 바람을 일으켜야만 영세성의 악순환, 유통망 생태계의 미발달이라는 고질병을 고칠 수 있다는 확신을 갖게 되었다.

국내 기업의 해외 진출의 小史

국내 기업의 해외 진출 역사를 연구한 자료는 매우 적다.[21] 간간히 발행된 홍보성 언론기사가 있지만 이 기사들도 단편적이고 과장된 부분이 많아서 사실로 받아들이기 힘들다. 따라서 이 절에서는 진출 역사를 언론기사를 바탕으로 필자의 시대적 상황에 대한 분석을 가미하여서 기술하겠다.

1999년~2000년 중반

우리나라 SW기업의 해외 진출은 1990년대 말의 Dotcom붐이 한창일 때 시작되었다. 당시의 인터넷 관련 기업들이 거액의 투자자금을 받아서 이를 바탕으로 해외로 나간 것이 지식산업의 해외 진출의 시초라고 생각한다. 이 당시 두 가지 중요한 사건이 SW기업의 해외 진출을 뒷받침하였다. 첫째, 온라인게임의 중국 진출 성공이다. '*미르의 전설*'을 필두로 하여서 '*리니지*', '*뮤*' 등 온라인 RPG게임 등이 중국 시장에서 폭발적인 성공을 거두면서 우리 기업인들이 중국의 시장에 눈을 돌리기 시작하였다.

둘째, 2001~02년에 정보통신부의 지원 아래 한국소프트웨어진흥원(KIPA)의 해외지원센터인 iPark이 실리콘밸리, 동경, 북경 등 전 세계 8개 도시에 설립되면서 국내 기업의 해외 진출이 본격적으로 시작되었다. iPark은 SW산업을 중점적으로 지원하는 해외지원센터로서 입주시설을 갖추고 국내 기업의 해외 진출시 출발기지로 활용되었다. 각 센터마다 약 10여개의 기업을 입주시키고 이들의 해외 교두보로서의 역할을 수행하였다.

---

21 한국 SW산업 정책과 관련된 보고서로는 정부연(2012), 박수용 외(2012), 남영호 외(2014), 지은희(2014)가 있다.

iPark은 전 세계 8개소에서 2001~07년까지 운영되었으나, 실리콘밸리, 동경, 북경 이외의 센터는 폐쇄되었다. 정보통신부가 없어지고 이 기능이 지식경제부(현 미래창조과학부의 전신)로 넘어가면서 모든 IT 산업의 해외 지원역할이 KOTRA로 일원화되었다. 현재는 KOTRA 산하의 IT지원센터가 북경, 동경, 실리콘밸리에서 운영되고 있다. IT 지원센터는 SW제품뿐만 아니라 IT기기 부품, 임베디드 SW, 통신장비 등의 HW 위주의 제품도 함께 지원하고 있다.

iPark은 전 세계 8개소에서 2001~07년까지 운영되었으나 …… 현재는 KOTRA 산하의 IT지원센터가 북경, 동경, 실리콘밸리에서 운영되고 있다.

해외 진출 러시

2000년도 초 국내 기업의 중국 진출은 괄목할 만하였다. 온라인게임의 성공과 정부의 해외 진출 지원시설 설치에 독려된 우리나라의 인터넷 관련 기업이 Dotcom붐을 타고 중국으로 들어갔다. 1988년도부터 추진된 북경시 중관촌의 IT산업단지 개발 사업이 2000년도 초에 본격적으로 진행되면서 우리 기업의 중국 시장, 특히 북경 진출이 가속화되었다.

iPark 동경 설립과 동시에 일본 진출도 가시화되었다. 당시의 일본은 인터넷 라인 확충에 박차를 가하고 있을 때이므로 네트워크 관련 기업들, 예를 들면 다산인터넷, 기가링크 등이 진출하였다. 그 외에 핸디소프트, 티맥스소프트 등 기업의 정보화 관련 기업들이 진출하였다. 미국에도 하우리, 핸디소프트, 마크애니, 나모인터랙티브 등이 시장조사 및 선진 기술흡수 등의 목적으로 실리콘밸리 등으로 진출하였다.

그 당시 진출한 기업의 전략은 거의 다 실패로 끝났다고 생각한다. 개별 시장의 구조, 경쟁업체, 유통채널, 최종소비자의 수준 등에 대한 파악이 전무한 상태에서 우선 나가고 보자는 식의 무모한 도전이었다고 생각한다. 물론 그 당시 진출한 기업 중에서 마이다스아이티, 알서포트, 인피니티처럼 성공한 기업도 있지만 대부분의 경우에는 사무소 유지 정도로 발만 담그고 있었다. 중국의 안랩, 일본의 티맥스소프트, 미국의 핸디소프트처럼 아직도 남아있는 기업이 있지만 그 때의 전략을 많이 수정하여 재도약을 노리고 있다.

2005년~2000년 후반

2000년대 중반에 중국을 중심으로 해외 진출 붐이 다시 일어났다. 이 당시에 중국에 진출한 기업들은 소위 '집토끼군' 기업이다. 즉 2000년대 중반에는 우리나라 기업을 쫓아서 나간 기업군들이다. 국내 고객이 사용하는 것과 동일한 솔루션을 해외 현지법인에 설치하기 위해서 동반 진출한 경우이다. 이러한 기업들 중에는 중국에 법인을 설립한 기업도 있지만 대금 결제 등이 국내에서 이루어지는 경우가 많아서 사무소만 진출한 경우도 많았다. 해외에서 정식으로 법인 설립을 하지 않은 경우에는 통계수치로서는 잡히지 않기 때문에 이들에 대한 가시적인 내용은 자세히 알기 어려운 현실이다. 현재도 집토끼군 기업들은 중국 내의 우리 업체를 대상으로 사업을 하고 있다.

2010년~현재

2010년 이후에 해외 진출을 감행한 기업은 2000년대와는 달리 철저한 시장조사와 파트너 확보를 바탕으로 진출한 기업들이다. 중소형 기업의 미국 시장 진출은 거의 비현실적인 것으로 판명이 된 상태이었으며, 그 반면 동남아 및 일본 시장에 가시적 성과를 보이면서 진출하는 기업들이 많아졌다.

특히 중국의 SW시장은 2000년대 말부터 현실적인 전산화 또는 정보화의 요구가 나타나기 시작하였다. 중국의 급속한 발전에 힘입어서 통신, 금융 등과 같이 반드시 IT가 필요한 산업을 중심으로 IT시스템이 도입되었다. 특히 Oracle, IBM, MS 등 글로벌 브랜드의 제품들이 이러한 산업의 인프라인 시스템 SW를 장악하기 시작하였다. 무수히 많은 국내 기업들이 중국 시장 진출을 시도하고 있지만 로컬기업과의 경쟁, 법적 제도적 제한 및 시장의 위험도 증가 등으로 인하여 제대로 된 성과를 내지 못하고 있다.

해외 진출의 성적표

필자는 2007년도와 2014년도에 미국, 일본, 중국의 세 시장에서 성공한 순수 국내 SW 개발기업에 대한 사례조사를 실시한 적이 있다. 여기서 순수 국내 기업이란 국내에서 창업하여서 해외에 진출한 기업을 의미하며, SW 개발기업이란 게임 SW, 임베디드 SW 또는 하드웨어와 융합된 SW 제품을 제외한 패키지 SW를 개발하고 해외에 판매하고자 하는 기업을 의미한다(〈만든 글: 일본 및 중국의 SW 진출 연구〉 참조).

필자의 두 번의 조사를 바탕으로 판단하면, 이제까지 해외 진출의 성적표는 미국 시장은 D학점 또는 F(낙제), 일본 시장은 B학점, 그리고 중국 시장은 잘 주어야 C학점 정도 된다고 생각한다. 물론 이 성적은 SW기업의 범위를 어디까지로 제한할 것이냐에 따라 달라질 것이다. 또한 필자가 얻을 수 있는 정보에 바탕을 둔 주관적인 성적이니까 성적 자체에 대하여 왈가왈부 할 필요는 없을 것 같다.

1. 일본 시장 진출: B학점

2007년도 조사에서 만난 기업들은 약 4~5년간의 고생 끝에 차근차근 일본 시장에 진입하고 있었다. 8개 기업을 인터뷰하였고 이들 중 반은 성공가능성이 보인다는 결론을 내렸었다(남영호 외, 2008). 당시의 결론으로서 일본 시장의 가장 중요한 성공요인은 신뢰이며, 신뢰를 쌓는 데에는 시간이 필요하다는 사실이었다.

2014년도에 일본 시장에 대한 2차 연구를 시행할 때에는 과거에 사례 조사하였던 기업을 포함하여서 다시 7개의 기업을 조사하였다(남영호, 2014). 2014년도 인터뷰에 응했던 법인장들은 하나같이 일본 진출 후 지금까지 많은 수업료를 내고 일본 시장을 공부하였으며, 향후 일본 시장에서 성공하는 비결을 알 것 같다는 말을 하였다.

2014년도에도 1차 연구의 결론과 동일하게 일본 시장에서 성공 비결은 일본 시장에서 신뢰를 쌓는 것이라는 결론을 내렸다. 일본 시장에서 시간을 들여서 차근차근 관계를 맺고 신뢰를 잃지 않으면 시간에 절여진 우정이 생기고, 이 우정이 돈으로도 살 수 없는 신뢰관계를 만들어 나가는 시장이라는 것이다.

2. 중국 시장 진출: C학점

2007년도 1차 조사에서 중국 시장에 진출한 기업 7개를 인터뷰하였다. 당시에 내린 결론은 중국 시장은 아직 성숙되지 않아서 진정으로 SW를 필요로 하는 단계에 도달하지 않았다는 것이었다. 물론 금융, 통신 등과 같이 SW의 도움이 없으면 안 되는 산업을 제외하고는 대부분의 기업이 시장을 확대하는 데 혈안이 되어 있어서 실질적인 수요가 발생하지 않았다.

중국의 렌터카 산업의 발전 사례가 2000년대 중반까지의 중국 시장의 현황을 확실하게 이야기하고 있다. 중국에서 최초의 전산시스템을 가진 렌터카 기업인 일해조차(一嗨租車)의 설립된 연도가 2006년도이다. 즉, 2006년도부터 중국의 렌터카 산업이 시작하였다고 간주할 수 있으며, 그 이전에는 렌터카와 관련된 SW가 전혀 필요 없는 시장이라는 사실을 알 수 있다.

우리나라 기업들은 대부분 응용 SW제품 또는 엔터프라이즈 SW제품을 들고 해외 시장에 들어간다. 아직 전산 인프라도 제대로 깔려있지 않은 시장에 엔터프라이즈 SW를 들고 시장 문을 두드려보았으니 열릴 리가 없었다.

7년만의 변화와 SW 수요

필자는 2014년에 다시 중국 시장 조사를 하였다. 약 7년간의 짧은 터울이 있었지만 격세지감을 느꼈고, 중국 기업들이 괄목상대로 바뀌어서 공포감까지 들었다. 중국 SW시장의 규모는 이 기간 동안 약 3배 커졌으며, 거의 모든 산업의 성과지표들이 매년 약 30%씩 성장하였다.

최근 2~3년간 중국 SW시장은 급속히 팽창하고 있다. 중국 정부의 강력한 정책에 힘입어서 SW산업의 규모가 커지며 수요도 증가하고 있다. 중국의 중소형 지방 도시들의 정비가 진행되고 아파트 건설이 전국적으로 진행되면서 교통통제시스템, 스마트홈 시스템 등의 잠재 수요가 현실화되고 있는 실정이다.

더구나 과거에 SW를 찾지 않았던 산업에서 SW의 수요가 발생하기 시작하였다. 중국의 백화점, 슈퍼마켓을 예로 들어 보면, 2000년대 중반에 중국 출장을 가보면 백화점이나 슈퍼마켓의 운영은 형편없는 수준이었다. 이런 점포에서 무슨 관리 SW가 필요할까 하는 생각을 하였다. 그러나 2010년대에 들어오면서 경쟁이 치열해지고 수익성이 악화되면서 경영관리의 중요성을 인식하기 시작하였다. 이제까지 점포수를 늘리는 경쟁에서 관리 효율을 올려서 매출과 수익률을 올리는 경쟁으로 바뀌고 있다는 것을 알 수 있다. 이들이 효율성을 높이기 위한 경영관리 툴을 찾기 시작하면서 실제적인 SW 수요가 나타나기 시작하였다.

우리 기업의 딜레마

2000년대 초반에 진출한 기업들은 시장이 없어서 고생을 하였고, 2000년대 후반에 진입한 기업들은 중국 시장의 성장을 쫓아가지 못하고 소극적인 경영을 하여서 시기를 놓친 감이 없지 않다. 중국 SW기업의 역량이 올라가면서 각종 분야에서 중국산 제품이 개발되고 국가 정책적으로 중국산 SW사용을 권장 또는 강제하면서 우리 기업의 설 자리를 잃고 있다. 그럼에도 불구하고 중국 시장에 진출한 우리나라 기업들에게 C 또는 D학점을 준 이유는 그 와중에서도 중국 진출한 국내 기업을 대상으로 버티고 있던 집토끼군들이 아직 살아있고, 실질적으로 중국 시장의 수요에 대응하고 있는 기업이 하나 둘씩 나타나기 때문이다.

3. 일본과 중국 시장 진출 모형의 형상화

일본과 중국 시장 진출의 결론을 그림으로 표시하면 〔그림 10〕과 〔그림 11〕과 같다. 그림에서 화살표로 구성된 사이클링 원은 제품 현지화, 기업 현지화, 그리고 마케팅 현지화의 과정을 나타내며 원의 크기는 현지화의 수준을 표시한다. 싸이클 원이 점차 커지면서 현지화가 완성되는 것이 일반적인 과정이다. 별(☆)은 국내에서 개발한 SW제품을 의미하며, 별의 색깔이 진해지고 크기가 커지면서 현지화가 완성된 제품(★)으로 변해간다. 흰색의 사람형상은 국내 기업이며, 짙은 색의 사람형상은 해외 협력 파트너기업이다.

〔그림 10〕에서 보다시피 일본의 경우에는 적절한 협력 파트너를 만나기 전에 자체적으로 현지화를 하지만, 일단 파트너와 협력 계약을 맺게 되면 함께 제품 및 마케팅 현지화를 진행한다. 파트너의 지도에

그림 10 일본 시장 진출 모형

따라서 현지화를 수행하여서 제품의 완성도를 올려서 고객에게 인도되기 전에 현지화가 끝난 제품(★)이 탄생된다. 이에 따라 일반적으로 고객에게 제품이 인도된 후에는 더 이상 현지화를 하지 않아도 된다. 그림에서 보듯이 일본 시장 진출 후 초기에는 현지화 파트너를 잡기 전까지 국내 기업만이 현지화를 진행하지만, 일정 수준에 오르면 현지 파트너의 도움을 받아서 현지화 수준이 향상된다. 그림에서는 단계가 지남에 따라 사이클링 원이 커지는 것을 알 수 있다.

〔그림 11〕과 같이 중국의 경우에는 다른 양상이 일어난다. 국내 기업이 진출한 후 오랜 시간이 지나기 전에 협력 파트너를 만나게 되며 함께 현지화 작업을 진행한다. 그러나 협력 파트너의 현지화 능력의 부족, 협동 노력 부족 또는 현지 시장의 요구조건 불분명 등 매우 다양한 이유로 시간이 지나도 현지화의 수준이 올라가지 않는다. 즉, 파트너사의 도움 받아서 시간이 경과하여도 현지화 수준을 표시하는 싸이클 원의 크기가 더 확대되지 않는다. 현지화가 완성되지 못한 상태로 제품이 고객에게 넘어가므로, 판매된 후에도 고객의 요구에 따라 지속적으로 제품의 수정이 일어나게 된다. 이러한 이유로 초도판매를 한 후에 하자 보수 요청에 시달리게 되며, 결국 정상적인 판매단계로 진입하지 못한다.

4. 미국 시장 진출: F학점

2007년도에 언론자료와 관련 협회 자료를 뒤진 후 전문가들과 의논하여 보았지만 미국 시장에서 성공한 기업을 찾기가 어려웠다. 성공한 기업은커녕 살아남은 기업도 몇 개 되지 않았다. 2000년도 초에 잘

그림 11 **중국 시장 진출 모형**

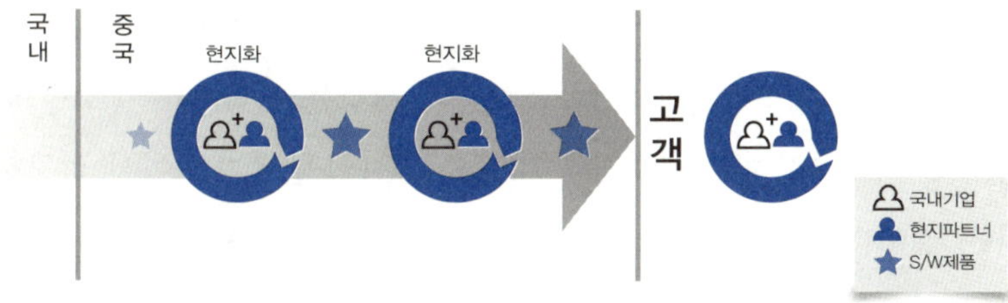

나간다고 하였던 기업들도 2007년도에 살펴보니 슬그머니 없어지거나 유명무실하여서 인터뷰를 할 대상 기업을 찾지 못하였다.

미국 시장에 진출한다는 것은 중소 SW기업에게는 무리한 이야기이다. 그 이유는 이미 제1장의 〈퍼온 글: 한국 소프트웨어 기업의 미국 진출에 대하여〉에서 조성문 씨가 일목요연하게 잘 정리하여 놓았다. 한 마디로 말해서 우리의 패키지 개발사 중에는 거대한 자금을 동원하여 미국 시장에 진출할 수 있는 기업이 거의 없다는 사실이다.

> 미국 시장에서 성공한 기업을 찾기가 어려웠다. 성공한 기업은커녕 살아남은 기업도 몇 개 되지 않았다. 2000년도 초에 잘 나간다고 하였던 기업들도 2007년도에 살펴보니 슬그머니 없어지거나 유명무실하여서…….

그럼에도 불구하고 최근 젊은 창업인들이 글로벌 창업 또는 현지 창업의 꿈을 안고 여러 가지 방법을 시도하고 있다. 또한 정부도 해외에서의 현지 창업을 독려하기 위해서 참신한 아이디어를 가진 개발자들을 실리콘밸리로 북경으로 보내고 있다. 논리인즉, 국내 기업인도 획기적인 인터넷 관련 사업모델을 시도하였지만 국내에서만 활동하다가 고사한 반면, Facebook, Twitter 등의 기업은 처음부터 글로벌 비즈니스모델을 설정하고 세계인을 대상으로 사업을 전개하여서 성공하였다는 것이다. 즉, 국경의 한계를 극복하기 위해서는 처음부터 세계인을 상대로 창업을 하여야 한다는 것이다. 또한 실리콘밸리 등에서 활동하여야지만 벤처캐피탈의 지원을 받을 수 있고 거대 자본이 들어올 수 있다는 것이다.

최근에는 학계에서 쓰이던 용어가 정부 정책 용어로 바뀐 것이 있다. 바로 born-global이다. 창업 때부터 글로벌을 겨냥한 전략을 가지고 해외 진출을 한다는 것이다. 우리 SW기업이 과연 본 글로벌이 될 수 있을까? 우리 기업들이 개발하고 있는 엔터프라이즈 응용 SW제품은 고객과 소통이 중요한데 born-global 비즈니스 모델의 적용이 가능할 것 같지 않다. 결론적으로 충분한 레퍼런스, 자금 등이 부족한 신생 SW기업의 본-글로벌 전략은 불가능하다고 생각한다. 필자는 born-global 열풍이 인터넷서비스 산업, App산업을 넘어서 SW산업까지 들어올까 걱정이다. 이제까지 많은 실패사례를 가지고 있는 SW산업에 또 다른 유형의 실패가 만들어질까 두려울 뿐이다. 글로벌 창업 이슈는 제11장 정책 제언에서 다시 거론하겠다.

왜 SW기업들 해외로 내 몰아야 하는가?

정부는 왜 해외진출을 독려하는 정책을 지속적으로 펼쳐나가야 하는가? 아마도 이 대답이 책을 쓰게 된 가장 중요한 동기일 것이다. 우선 국내 기업의 영세성을 살펴보자.

통계로 본 국내 기업의 영세성

매출액으로 본 국내 SW기업의 통계는 〔그림 12〕와 같다. SW산업에 있는 총 기업 수는 약 19만 개이며, 이중에서 패키지SW를 개발하는 기업은 12만 개, IT서비스에 종사하는 기업 수는 6만 6천여 개 정도이다. 패키지SW를 개발하는 기업의 수는 많지만 대부분이 영세한 규모이어서, 매출액이 300억 원 이상 되는 기업은 79개로서 1%도 되지 못하는 반면, 매출액이 50억 원 미만의 중소기업이 90%에 이르며 매출액이 5억 원에 이르지 못하는 기업의 수도 37%나 된다.

앞에서 분석하였듯이 해외 진출 후 손익분기점을 지나기 위해서는 여유자금이 약 20여억 원이 있어야 하며, 이에 따라 해외진출이 가능

그림 12 매출액별 국내 SW기업 수

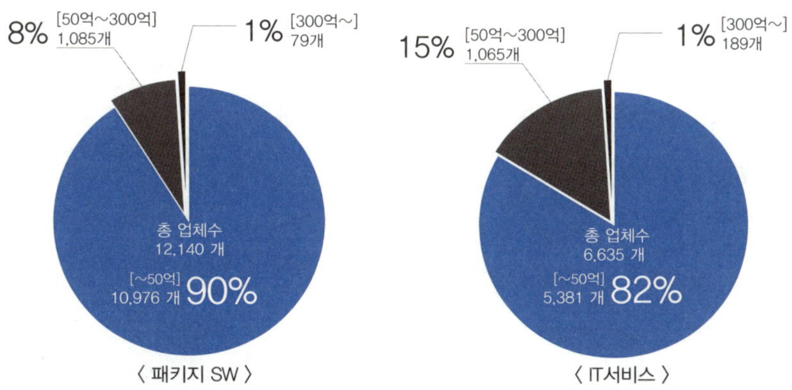

출처: 지은희(2014)에서 발췌

한 규모는 매출액이 300억 원 이상 되어야 한다. 그런데 우리나라에 매출 300억 원 이상의 기업이 총 268개이다. 패키지SW 산업에는 79개, IT서비스 산업에는 189개가 있다. 이러한 사정을 고려한다면 즉, 해외 진출에 필요한 자금을 가진 자체 개발 SW를 가진 기업의 모집단이 200여 개도 정도인 실정이다.

국내 기업의 영세성과 해외 진출을 동시에 생각하면 우리나라 SW 산업의 앞날이 깜깜하다. SW라는 무형자산의 특성상 기업의 신뢰도가 제품의 품질을 뒷받침한다. 국내 총매출이 100억 원도 안 되는 기업이 해외에 나가서 활동한다면, 제품이 아무리 우수해도 그 기업의 재정적 안정성을 믿을 수 없는데 판매 후 서비스의 영속성을 누가 신뢰를 하겠는가?

엎친 데 덮친 격의 스파게티 코드 개발

기업이 영세한 것과 더불어서 해외 진출을 가로막는 또 다른 문제점은 국내 생태계의 불완전성이다. 국내 생태계의 미발달이 왜 해외진출을 막는가에 대하여 논의하여 보자. 앞에서 논의하였듯이 불완전한 생태계와 연계되는 가장 큰 이슈는 패키지SW 제품 유통채널의 미발달 문제이다. 유통채널이 발달하지 못한 국내 시장은 우리 SW기업에게 많은 폐해를 안겨준다.

첫째, 시장의 가장 중요한 기능인 우수 제품과 엉터리 제품을 구별하고 우수 제품이 제값을 받는 기능이 발휘되지 못한다. 정부가 계속 밀어붙이는 "SW 제값받기 정책"은 유통시장이 정비되지 않는 한 효과성이 반쪽짜리 밖에 되지 못한다. 공공기관에서는 이를 지킬 수 있지만 민간은 사적인 영역이기 때문에 정책이 실효성을 가지지 못할 것이다.

이러한 옥석을 가리는 기능의 미비는 결국 개별 기업의 거래비용 증가를 가져온다. 기업은 개별적으로 판매망을 형성하고 이를 운영하기 위한 조직을 가지게 되며, 궁극적으로 거래비용의 증대를 가져와서 수익률의 악화를 초래한다.

둘째, 더 큰 문제는 고객과 직접 상대를 하면서 고객의 요구에 따라서 제품을 지속적으로 변화시켜야 하는 것이다. 좋은 말로는 커스터마이제이션이고 나쁜 의미로는 고객의 甲질에 SW개발자들이 혹사당하게 된다. 제품 개발 후 시간이 지나면서 점차 안정화되어 가는 것이 아니라 고객의 요구별로 새로운 버전을 만들게 됨에 따라 끝없는 수정과 변형이 일어나게 되어서 결국 "월, 화, 수, 목, 금, 금, 금"이라는 현상을 낳게 된다.

김익환(2015)은 국내 개발프로세스의 문제를 압축적으로 "스파게티 코드의 생산"이라고 표현하였다. 스파게티 국숫발처럼 꼬여서 본 가지와 곁가지를 찾아내기 어렵게 만들어서 수정을 하거나 업그레이드 시킬 때 많은 시간과 필요 없는 노력이 들어간다는 것을 단편적으로 표현한 것이다. 우리 SW기업은 고객의 요구에 맞추어서 새로운 기능을 추가하기도 하고 고객의 업무에 가장 적합한 방식으로 제품을 변형한다. 이러한 변형 및 수정 작업을 브랜칭을 한다고 하는데, 국내 SW개발의 문제 중의 하나는 브랜칭을 원칙 없이 하고 문서 작성을 게을리 하면서 일어난다. 개별 고객의 요구에 따라 원칙 없이 브랜칭을 하여서 브랜칭의 숫자가 많아지면, 큰 버그가 생겼을 때 브랜치별로 버그를 고쳐야 하는 괴로운 문제가 발생하게 된다.

스파게티 코드성 프로그램을 들고 해외에 나간다는 것은 말도 안 된다. 그러나 아이러니컬 하게 이런 SW제품을 일단 국내에서 판매하고 나면 고객이 결국 락-인(locked-in)되어서 해당 SW기업에게 종속되는 기현상이 일어난다. 프로그램이 엉망이어서 해당 기업 이외에는 소스코드를 손 볼 수 없으며 타 경쟁사가 손을 못 대고 고객은 울며 겨자 먹기로 해당 기업에게 종속된다.

> 스파게티 코드성 프로그램을 들고 해외에 나간다는 것은 말도 안 된다. 그러나 아이로니칼하게 이런 SW제품을 일단 국내에서 판매하고 나면 고객이 결국 제품에 락-인(locked-in)되어서 해당 SW기업에게 종속되는 기현상이 일어난다.

악순환의 고리를 끊어라

개발, 유통, 유지보수 등이 엉망인 생태계를 복원하기 위해서는 해외 진출 기업을 우대하는 정책이 필요하다. 이러한 정책에 반발을 하는 기업인도 있을 것이다. 특히 내수 위주의 기업은 매우 불공평하다는 볼멘소리를 할 것이다. 불공평한 정책임에는 틀림없다.

만일 내수 시장이 매우 크고 시장 메커니즘으로 성능이나 가격 등에 경쟁력이 있는 기업이 선발된다면 해외 지향 기업만을 우대한다는 것은 문제가 있다. 그러나 국내 시장의 시장기능이 완전하지 못하고 특히 관계기업을 통한 돌려 팔기 등이 횡행하는 시장에서 내수 매출의 규모는 기업의 경쟁력을 측정하는 데 좋은 기준이 되지 못한다. 또한 매출의 많은 부분이 SI성 활동에서 나오는 기업과 SW 패키지의 라이선싱에서 나오는 기업을 차별해야 하는 것은 당연하다고 생각한다.

창조경제 기치를 들고 있는 정부는 패키지SW의 라이선스 사업을 권장해야만 할 뿐만 아니라 패키지 라이선싱에서 수익이 발생하는 해외 매출액을 경쟁력의 판단기준으로 삼아야 하는 정책적 당위가 있는 것이다.

70년대 종합무역상사 제도의 교훈

해외 시장에서 국내 시장의 한계를 극복하는 방식은 우리 기업에게 매우 익숙한 전략이다. 해외에서 성공한 기업들이 많아지면 국내 시장도 글로벌 스탠다드를 따라서 움직이게 되면서 시장이 합리화 또는 정상화 되는 것을 여러 산업에서 보아왔다.

1970년대의 종합무역상사제도가 대표적인 사례이다. 종합무역상사 제도는 국내 시장에서 옥석을 가리기가 힘든 시절에 매우 공정한 규칙을 가지고 있는 세계 시장에서 성공하는 기업을 지원하여서 세계 시장의 룰이 국내 시장에서 작동하도록 유도하는 제도이었다. 이 제도는 시장의 왜곡을 막으면서 우리나라 기업의 국제화를 촉진하고 내수 시장을 활성화시킨 공헌을 가지고 있다.

이러한 점이 해외 시장에서 성공한 기업들을 우대해야 할 이유인 것이다. 만일 정부가 실시하는 지원정책에서 우수한 기업을 선발하기 위하여 기업의 매출 규모로 평가한다면 많은 기업들은 현재와 같이 매출을 늘리기 위해서 팔고 되사는 편법까지 동원하게 되며, 이에 따라 더욱 더 옥석을 가리지 못하게 된다.

해외 시장에서 성공한 기업을 우대하는 정책은 이러한 악순환의 고리를 끊기에 좋은 정책수단이라고 생각한다. 왜냐하면 해외 시장에서는 국내 시장과 같은 SI성 활동은 불가능하며 제품화된 SW만을 팔 수 있다. 더구나 이 제품은 해외 우수 제품과 경쟁에서 이긴 제품이기 때문이다. 해외 시장에서 매출을 올리고 있다면 기업의 기술력, 전망 등의 다른 고려요소를 따질 필요가 없이 총체적으로 잘하고 있다고 할 수 있으므로 이러한 기업에게 가산점을 주어야 한다고 생각한다.

그래도 나가야 하는가?

영세성의 악순환: 개미지옥

국내 시장의 문제점의 단면을 알 수 있는 통계는 IT서비스 대 패키지SW의 매출액 비율이 7대 3이라는 점이다. 서비스 대 패키지의 국제적인 평균 비율인 6대 4보다 높아서 국내 산업에서 IT서비스 산업이 큰 비중을 차지한다.

첫째, 기업집단별로 IT서비스 기업을 가지고 자체 수요를 충당하고자 하는 전략을 취하고 있다. IT서비스 기업은 전문 SW개발 기업에서 개발한 상용 제품을 사서 사용하기보다 자체 개발을 선호한다. 이로 인하여 기업집단 별로 가지고 IT서비스 기업은 산업 전반에 걸쳐서 종합적인 서비스를 수행하는 기업이 되었다.

둘째, 이러한 분위기 속에서 국내 고객들은 패키지성 SW를 변형없이 사용하는 것보다 자체 기업에 맞게 변형하기를 원하며, 심지어 새로이 개발하기를 원한다. 따라서 패키지SW를 판매하는 기업도 자체적으로 SI(system integration)하는 능력을 가지고 있어야 고객의 요청에 부응할 수 있다. 그 반면 해외 제품은 이미 브랜드 파워를 가지고 있는 제품이므로 국내 고객도 이를 패키지제품으로 인식하여서 변형

없이 구매하여 사용하는 경향이 있다. 비유하여 표현하면 해외 제품은 기성복으로 인식하는 반면, 국내 제품은 주문복으로 인식한다.

해외 제품은 이미 브랜드 파워를 가지고 있는 제품이므로 국내 고객도 이를 패키지제품으로 인식하여서 변형 없이 구매하여 사용하는 경향이 있다. …… 해외 제품은 기성복으로 인식하는 반면, 국내 제품은 주문복으로 인식한다.

이러한 인식은 두 가지 문제를 야기한다. 첫째는 국내 개발사는 고객 요청을 위하여 주문복을 생산하는 체제를 가짐으로서 기성복을 만들거나 제품의 완성도를 높이는 데 시간을 할애하기가 어렵게 된다. 이러한 시장 구조는 제품의 완성도를 높이는 데 기업의 핵심 역량을 사용하지 못하고 고객의 요구에 맞추어서 SI성 활동을 지속적으로 하는 악순환에 빠지게 만든다. 처음에는 이렇게 돈을 번 후 멋지게 빠져나가서 성장을 하고 싶지만 일단 발을 들여 놓으면 처음에 생각한 것과 다르게 점점 더 깊게 빠져들어 가는 "개미지옥"이 된다(〈펴온 글: 구멍가게 될 텐가? 글로벌 SW기업 될 텐가?〉 참조).

둘째, SW를 패키지화된 제품으로 인식하지 않음으로 인하여 전문성을 가진 유통망이 형성되기 어렵다는 점이다. 구매하여서 사용하는 제품이라기보다 고객사의 문제를 해결하는 solution으로 인식하므로 SW 개발사들도 자체 영업망을 가지고 직접 고객의 요구를 반영하여서 제품을 수정하여 제공하는 직판을 선호하게 된다. 결국 글로벌 제품의 유통채널만 발달하고 국내 제품의 유통채널은 명맥만 유지하고 있는 실정이다.

유통채널의 중요성

유통채널의 미발달은 패키지 산업이 영세성의 악순환으로 들어가는 데 크게 일조를 한다. 유통채널이 패키지SW를 패키지처럼 팔기 시작할 때 SW개발사는 개발에 전념하면서 완성도 높은 제품을 만들게 될 것이다. 백화점의 양복점 매장이 발달할수록 양복 메이커들이 늘어나면서 전문화될 것이지만, 주문 양복이 발달할 경우 양복산업은 기업 수만 늘어날 뿐 영세화되면서 결국 고사하게 될 것이다.

미발달된 유통망의 생태계가 패키지SW 개발 기업에 미치는 영향은 지대하다. 가뜩이나 작은 시장에서 개발사가 최종소비자를 일대일로 거래함에 따라 엄청난 거래비용이 발생한다. 일반적으로 SW제품의 수익모델은 개발 후 확대 재생산할 때 벌어드리는 라이선스 수익이다. 개발할 때는 많은 개발비가 들어가고 버전을 올리면서 제품이 안정화되면 더 이상 큰 비용이 발생하지 않고 판매를 할 수 있다. 일단 개발에 성공하고 제품이 안정화되고 SW사용권에 대한 라이선스 매출이 정상적으로 일어난다면 30% 이상의 영업이익률이 나오는 것이 일반적이다. 실리콘밸리에서 거부들이 탄생하는 이유도 이렇게 어마어마한 영업이익률을 예상하고 벤처 투자자들이 과감히 투자하고 상장 후 주식 가격도 높게 형성되기 때문이다.

우리나라의 SW기업이 라이선스 장사를 할 수 없게끔 된 환경에 처한 것은 어제, 오늘의 일이 아니다. SW 유통채널이 발달되지 않은 환경에서 개발사가 최종소비자를 직접 찾아다니고, 최종소비자의 요구조건을 만족시키기 위해 제품에 다시 손을 대야만 겨우 한 고객에게 SW 카피를 팔 수 있는 환경에 처해 있다. 더구나 이들의 소위, 甲질에 맞추어서 커스터마이징을 지속적으로 할 경우 solution 상태에서 product성 제품으로 넘어가는 길은 점점 멀어만 진다.

이러한 SW제품을 판매하는 방식은 시장성 있는 제품을 개발하였다 하더라도 단순 라이선스 판매를 어렵게 만든다. 개발 후 직접 영업을 통하여 고객 접점을 찾고 이를 만족시키기 위하여 거대한 영업조직을 유지해야 한다. 더 나아가서 대금 지급의 보증을 받는 등등 개별 거래를 위해서 들어가는 명시적 또는 암묵적 비용, 즉 거래비용(transaction costs) 때문에 한계 생산비가 거의 없다는 지적재산권 라이선스 장사의 이점도 발휘할 수 없다(조병선 외, 2014).

SW 유통채널이 발달되지 않은 환경에서 개발사가 최종소비자를 직접 찾아다니고, 최종소비자의 요구조건을 만족시키기 위해 제품에 다시 손을 대야만 겨우 한 고객에게 SW 카피를 팔 수 있는 환경에 처해 있다.

글로벌 스탠다드를 좇아서

필자는 수년 전부터 이러한 환경에 처한 국내 SW기업을 구출할(?) 수 있는 방법이 무엇인가를 생각하였다. 결국 국제화 또는 해외 진출만이 진정한 라이선스 사업을 할 수 있는 길이며, 해외 시장의 승자가 금의환향을 해서 새로운 바람을 일으켜야만 영세성의 악순환, 유통망 생태계의 미발달이라는 고질병을 고칠 수 있다는 확신을 갖게 되었다.

해외 시장을 활용하여서 국내 시장의 한계를 극복하는 방식은 우리 기업에게 매우 익숙한 전략이다. 해외 시장에서 성공한 기업들이 많아지면서 국내 시장도 글로벌 스탠다드를 따라서 움직이게 되고 시장이 합리화 또는 정상화 되는 것을 여러 산업에서 보아왔다.

1970년대의 종합무역상사 제도가 대표적인 사례이다. 해외 지사의 개수, 해외 매출액 등의 기준을 정한 후 이에 부합하는 기업에게는 종합무역상사라는 자격을 부여하고 국내 시장에서 활동하는 데 혜택을 주어서 더욱 더 수출을 잘하도록 지원하는 제도를 시행하였다. 이때 혜택을 받은 대부분의 기업들이 우리나라의 시장을 선도하며 세계 굴지의 기업으로 성공하였다. 즉 종합무역상사 제도는 국내 시장에서 옥석을 가리기가 힘든 경우에 매우 공정한 규칙을 가지고 있는 세계 시장에서 성공하는 기업을 지원하여서 세계 시장의 룰이 국내 시장에서 작동하도록 유도하는 제도이었다. 이 제도는 우리나라 기업의 국제화를 촉진하면서 내수 시장을 활성화시켰다고 평가되고 있다(이종윤, 1984).

해외 성공기업을 우대한다면?

현재 같은 추세라면 우리나라 SW산업의 정상적인 발전을 기대하기 어렵다. 일단 재벌 기업에 종속되어 있는 IT 서비스기업이 우수한 개발자원을 거의 다 차지하고 있다. 특히 이들 기업이 푼돈 벌이격인 개별 SW제품의 개발이나 중소기업 제품의 유통에는 거의 관심이 없기 때문에 단기간에 유통 시장 생태계가 만들어지기는 불가능하다고 생각한다.

해외 시장에서 성공한 기업들의 특징 중의 하나는 비록 매출이 그다지 크지 않을지라도 영업이익률이 높다는 점이다. 만일 국내 지원제도가 국내와 해외의 매출을 가리지 않고 기업의 총매출만으로 평가한다면 많은 기업들은 현재와 같이 매출을 늘리기 위해서 편법까지 동원하게 되며 더욱 더 옥석을 가리지 못하게 된다. 그 반면 해외 시장에서 성공한 기업을 우대하는 정책이 실시된다면 시장의 기능인 우수기업을 선정하고 자원을 적소에 지원하는 메커니즘이 확립되어 갈 것이다.

종합무역상사 제도와 같이 해외 시장에서 우수성을 인정받고 매출을 올리는 기업을 지원하는 제도가 정착된다면 이들 기업이 세계 시장에서 경쟁력을 갖는 제품을 개발하는 데 도움을 줄 수 있다. 우수한 인력이 몰려들 것이고, 벤처캐피탈의 자금이 유입되면서 신규 투자를 통하여 새로운 분야, 새로운 시장에 맞는 SW제품이 개발될 것이다. 이에 따라 세계 유통망에서 성공한 기업이 이러한 모델을 국내 유통망에 이식하면서 유통망을 정비하는 기업이 나타날 것이며, 이러한 기업들을 롤 모델로 삼아서 훌륭한 후배 기업이 탄생하는 선순환의 고리를 만들어 나갈 것이다.

만든 글

일본 및 중국의 SW시장 진출 연구

2007년도에 중국 시장과 일본 시장에 진출하여 현지에서 성공적으로 활동하고 있는 기업을 각각 7개 및 6개 선정하여서 해당 기업의 현지 법인장 인터뷰를 통하여 국내 SW기업의 해외진출 특성에 관한 연구를 하였다. 양국 진출기업에 대한 특성 비교 중에서 주요한 부분을 정리하여 소개하겠다. 일본 진출 국내 SW기업에 대한 자세한 자료는 남영호(2010)을 참고하기 바란다.

손익분기점 분석

아래 표는 손익분기점(BEP) 달성에 소요되는 시간과 난이도를 조사하여 정리한 것이다. 일본이 3년 정도인데 비하여 중국의 누적 손익분기점은 4년 정도 걸렸다. 또한 BEP 달성의 난이도에서는 일본 응답자는 달성의 난이도가 '보통'이라고 대답한 응답이 가장 많고 일반적인 정규분포를 보이는 반면, 중국의 응답자는 '어렵다'가 상대적으로 많아서 일본보다 매우 어려운 상황인 점을 알 수 있다. 특히 중국 진출 기업은 예상과 비교할 때 BEP 달성기간을 훨씬 더 길게 느끼는 점을 알 수 있다. 표에서 '예상 비교시 짧다'라고 한 한개의 기업은 제품 자체가 국제적 경쟁력을 가진 제품인 점을 감안할 때 거의 모든 기업이 손익분기를 달성하기가 어렵다는 점을 토로하고 있었다.

BEP 기간 및 BEP 달성 난이도(2007년도 조사)

		일본	중국	전체
평균 달성기간		37개월	49개월	43개월
BEP 달성의 난이도	어렵다	2 (33%)	5 (72%)	7 (54%)
	보통	3 (50%)	1 (14%)	4 (31%
	쉽다	1 (17%)	1 (14%)	2 (15%)
예상과 비교시	길다	4 (67%)	6 (86%)	10 (77%)
	보통	2 (33%)	0 (0%)	2 (15%)
	짧다	0 (0%)	1 (14%)	1 (8%)

현지화단계 분석

일반적으로 SW기업의 현지진출 단계는 제품 현지화, 기업 현지화 단계를 거쳐서 시험판매를 하고 이후 정상적인 판매단계로 진행한다. 아래 표에서 이러한 진출단계를 시기적인 진출 순서를 고려하여 나열하였다. 또한 중국 및 일본 진출 기업에게 가장 어렵다고 생각되는 단계를 복수 개 선택을 허락하여 대답하도록 하였다.

표에서 확연히 알 수 있듯이 일본 시장의 경우에는 채널계약을 하고 판매준비를 하는데 많은 애로요인이 발생하는 것을 알 수 있는 반면 중국 시장에서는 중간단계 뿐만 아니라 진출 후반단계에서도 지속적으로 애로요인이 발생하는 것을 알 수 있다.

중국 시장에서 발생하는 애로요인은 내용도 다양하며 전 단계에 걸쳐서 고루 펴져 있는 것을 알 수 있다. 초기의 제품 현지화, 중반 단계의 채널계약 및 판매준비, 그리고 후반단계에서 내부적인 경영관리 체제를 완성하는 데 뿐만 아니라 외부적인 고객 지원체제를 준비하는 데에도 애로가 많다는 것을 알 수 있다.

현지진출단계 중 애로요인 발생단계(2007년도 조사)

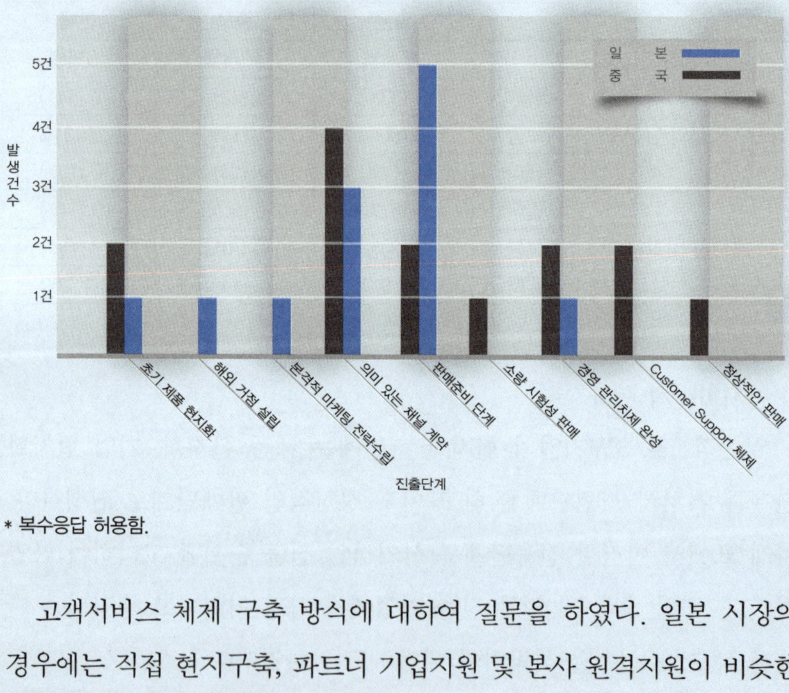

* 복수응답 허용함.

고객서비스 체제 구축 방식에 대하여 질문을 하였다. 일본 시장의 경우에는 직접 현지구축, 파트너 기업지원 및 본사 원격지원이 비슷한 비율로 나왔으나 중국의 경우에는 '직접 구축했다'는 응답이 압도적인 비율을 차지하였다. 즉 일본 시장에서는 현지 파트너 기업의 지원을 받는 비중이 큰 반면, 중국에서 현지 파트너의 지원을 받지 못하거나 지원 자체가 현지진출에 중요하지 않다는 것을 의미한다.

구체적으로 현지화 종류별로 현지 파트너로부터 지원받는 정도에 대하여 문의하였다. 예상한 바와 같이 일본의 경우에는 제품 및 마케팅 현지화에 있어서 각각 4.2, 4.3(5점 리커트 척도)을 받고 있어서 현지 파트너로부터 상당한 수준의 지원을 받는 반면, 중국의 경우는 각각 2.6, 2.9로서 중국의 현지 파트너는 큰 도움이 되지 못한다는 것을 알 수 있다.

고객서비스 체제 구축(2007년도 조사)

	일본	중국	전체
직접 현지구축	3	6	9
파트너기업의 지원	4	2	6
전문서비스 기업 계약	0	0	0
본사 원격지원 및 출장	3	2	5
계	10	10	20

* 복수응답 허용함.

마지막으로 시장 자체의 발달 정도에 대하여 문의하였다. 특징적인 것은 중국에 진출한 모든 기업이 아직 시장이 발달되지 않았다고 느끼고 있다는 점이다. 시장이 발달되지 않은 점은 국내 기업의 진출이 너무 빨랐다는 의미도 있지만 동시에 시장에서 선점을 하여서 향후 시장이 발달함에 따라 시장 점유를 할 수 있다고 해석할 수 있다.

시장 발달 정도

	일본	중국	전체
발달	1	0	1
보통	2	0	2
미발달	3	6	9
계	6	6	12

2007년도 연구의 결론

첫째, 진출시에 가장 큰 애로사항은 적절한 파트너를 찾는 것이다. 일본 시장에서는 일단 적절한 파트너와 계약을 맺은 후에는 애로사항이 적은데 반하여, 중국 시장의 경우에는 파트너를 찾는 것이 가장 큰 애로이지만 이후 단계에서도 지속적으로 애로사항이 발생한다.

둘째, 중국의 경우 지속적으로 애로요인이 발생하는 이유 중의 하나는 파트너의 지원여부와 관계가 있다고 생각한다. 즉, 파트너를 통하여 제품 현지화와 마케팅 현지화의 도움을 받는 정도가 중국 시장에서는 일본에 비하여 매우 적으며, 이에 따라 고객서비스 지원체제 등을 자체적으로 해결을 해야 하는 애로점을 갖고 있다. 마지막으로 국내 기업인들이 느끼기에 중국의 해당 제품시장은 아직 발달되지 않았었다.

출처: 남영호 외(2008), 남영호(2010)

퍼온 글

구멍가게 될 텐가? 글로벌 SW기업 될 텐가?

나는 소프트웨어 스타트업 및 중소기업 관계자를 자주 만난다. 주로 소프트웨어 개발이나 마케팅 전략에 대해서 얘기를 한다. 최근에도 몇몇 기업의 대표를 만났다.

대부분의 기업들은 국내 시장에만 머무르지 않고 해외로 진출해서 글로벌 기업으로 성장하기를 원하고 있다. 한두 명이 시작해서 세계적인 회사가 된 뉴스를 보면 우리도 그렇게 될 수 있다는 꿈을 가지게 된다. 그러기 위해서 국내에서 일단 인지도를 쌓고 고객을 확보하여 캐시카우를 만든 후에 이를 기반으로 해외 진출한다는 전략을 가지고 있는 경우가 많다.

하지만 이런 전략은 계획대로 되지 않는 경우가 많다. 그냥 국내 시장에서 허덕대다가 그저그런 기업으로 남거나 문을 닫는다. 물론 처음부터 해외 시장은 거들떠도 보지 않고 국내 시장에서만 승부를 보는 전략도 있고 분야에 따라서 나쁜 전략도 아니다. 국내 소프트웨어 시장이 세계 시장의 2~3%에 불과하지만 지역특성이 강한 분야도 있어서 효과적인 전략이 될 수도 있다. 하지만 국내를 발판으로 해외로 나가보자는 전략이 잘 먹혀 들어가지 않는 이유를 알아보자.

A사는 기업용 서비스를 개발하는 회사인데 처음부터 글로벌 서비스를 목표로 시작을 한 회사다. 충분한 자본을 가지고 시작하지 않았기 때문에 먼저 돈을 벌어야 했다. 그래서 국내에서 몇몇 기업과 계약을 맺어 서비스를 제공했고, 상당 기간 고객들이 원하는 기능에 매달리느라고 글로벌 서비스에 필요한 준비를 별로 하지 못했다.

글로벌 서비스는 모든 프로세스가 완전히 자동화되어 사람의 수동개입이 거의 없어야 하는데 국내 고객에 대응을 하다 보니 상당 부분 사람의 노력이 들어가야 하는 반자동 서비스가 되었다. 지금은 고객이 100배로 늘어도 큰일이며 시스템의 구조를 바꾸려면 추가로 개발을 매우 많이 해야 한다. 이미 개발해 놓은 것이 많으므로 시스템 복잡도는 점점 증가하게 되었고, 이 모든 것이 미래 개발의 큰 부담이 되고 있다.

B사는 기업용 웹 솔루션을 만드는 스타트업이다. 국내 시장에서는 어느 정도 인지도를 쌓았다. 그리고 정부 지원을 받아서 해외 진출을 하기 위해 글로벌 버전을 새로 개발하고 있다.

국내에서 영업이 꽤 잘되어서 매출액이 급격히 늘었다. 하지만 국내 기업을 지원하느라고 개발자를 많이 채용해야 했다. 그러다 보니 많은 개발자의 월급을 주려면 상당한 매출을 계속 일으켜야 했다. 그렇게 계속 국내 고객을 발굴하고 기업들의 요구사항에 매달리다보니 처음에 계획했던 글로벌 솔루션에 투자할 시간이 점점 줄어들었다. 국내 고객이 캐시카우라서 포기할 수도 없고, 이를 위해서 많은 개발자

는 계속 필요하고 이런 고리에서 빠져 나올 수가 없다. (생략)

글로벌 기업이 목표인 회사에게 국내 시장 우선 공략 전략은 자칫 빠지기 쉬운 함정이 될 수 있다. 지역이 국내라서, 국내 고객들이 괴팍해서 그렇다는 것은 아니다. 로컬 비즈니스 전략으로 고객별 커스터마이징과 오프라인 지원에 매달리는 전략이 문제라는 것이다. 일단 이런 전략으로 시작한 기업은 '개미 지옥'에 빠진 기업과 같다. 처음에는 이렇게 돈을 번 후 멋지게 빠져나가서 성장을 하고 싶지만, 일단 발을 들여 놓으면 처음에 생각한 것과 다르게 점점 더 깊게 빠져 들어가는 '개미 지옥'이 된다. (이하 생략)

출처: 전규현(2014)

제11장

정부는 무엇을 할 것인가?

SW산업의 글로벌 위상은 매우 높으며 성장세도 다른 IT분야보다 훨씬 빠르다.[22] 우리 정부도 일찌감치 SW의 중요성을 인식하고 있으며, 우리 기업의 글로벌화에 많은 지원을 하여 왔다. 그러면, 왜 우리 SW산업의 글로벌화가 어려운 것인가? 좀 더 적나라하게 이야기 한다면, 왜 우리 기업은 스스로 해외 진출이라는 도화선에 불을 붙이지 못하는 것일까? 이 질문에 대한 완전한 대답은 할 수 없다. 그러나 적어도 이슈를 제기하고 해결책의 방향은 제시할 수 있을 것 같다.

22 세계 IT시장의 성장률은 3.1%이다. 하드웨어 시장(모바일 제외)은 0.5%인 반면, 패키지SW 시장의 성장률은 6.8%, 그리고 IT서비스 시장의 성장률은 3.0%이다(SPRI, 2016).

나무의 고사와 기업의 실패

필자는 최근 8년간 시골 마을에 이주하여 자연에 대하여 많은 것을 배우고 있다. 그중의 하나는 나무 기르기이다. 매년 봄이면 나무시장에서 묘목을 사와서 집 주변에 심었는데, 처음 몇 년 동안 필자의 나무 기르기는 완패로 끝났다. 다시 말해서 매년 십여 그루를 심으면 반 정도만 생육이 좋고 그 외는 죽거나 죽었는지 살았는지 모를 정도로 그대로 있다. 왜 그럴까? 책도 보고, 전문가에게 문의도 하고, 심지어는 나무학교라는 동호인 학습모임에도 나갔다.

8년이 지난 지금은 그런대로 잘 살린다. 거의 죽이지 않는다. 왜 이런 차이가 날까? 왜 전에 심은 나무가 죽었는가? 여러 각도에서 곰곰이 생각해 보았다. 전문서적에서 분석한 바에 따르면 나무가 죽는 가장 큰 원인은 나무시장에 사올 때 이미 죽어가고 있는 것을 사왔다고 한다. 제 아무리 잘 키우려고 해도 나무시장에서 뿌리를 반쯤 들어낸 채 한 달여를 지낸다면 이 묘목은 거의 빈사상태이다. 이런 나무를 심으니 당연히 죽는 것이다. 그래서 요사이는 나무시장이 개장하면 바로 가서 흙에 단단히 묻혀 있는 작은 나무를 사온다. 묘목 중에서 키만 크고 뿌리가 실하지 못한 놈은 죽을 가능성이 높기 때문에 가능한 키는 작지만 뿌리가 튼실한 묘목을 고른다.

둘째는 땅 밑의 문제이었다. 특정 자리에 심으면 그 잘 자라는 주목도 죽어나간다. 살아서 천년 죽어서 천년이라는 주목도 죽어나갔다. 죽은 나무 밑을 파보니 축축하였다. 아마도 이곳에 물을 좋아하는 버드나무를 심었으면 문제가 없었을 것이다.

셋째, 죽지 않은 나무를 죽었다고 생각하는 경우가 종종 있다. 나무는 땅속 상황이 호의적이지 않으면 천천히 자리를 잡는다. 즉 처음에는 죽어가는 것 같지만 봄, 여름 가뭄에 물을 자주 주고 가꾸면 2~3년 지나서 자리를 잡는다.

> 정부의 역할은 나가서는 안 될 기업이 해외로 못 나가게 해야 하는 동시에, 해외 시장을 확대할 수 있는 기업은 가능한 많이 해외로 나가게 해야 하는 것이라고 생각한다.

우리 기업의 해외 시장 실패원인

우리 기업의 해외 진출의 실패 원인도 나무의 고사 원인과 유사하다. 나무 기르기와 SW기업의 해외 진출은 유사한 면이 많이 있다. 첫째, 죽을 수밖에 없는 나무가 죽듯이 해외에 나갈 수 없는 기업이 해외에 나가서 실패하고 돌아오는 것이다. 해외에 나갈 수 없는 기업이란 기본적으로 자금이 충분치 못한 상태에서 꿈만 가지고 있는 기업들이다. 둘째, 주변 환경에 맞는 나무를 심어야 하듯이 시장에 적합하지 않는 제품을 가지고 험악한 해외 시장에 도전하다가 나가떨어지는 것이다. 시장 적합성을 꼼꼼히 따져보지 않고 준비 없이 불가능한 시장에 무모하게 도전하니 당연히 실패한다. 셋째, 시간이 필요한데 적절한 시간을 기다리지 않거나 기다리지 못하기 때문이다. 자금이 부족하거나 사장님의 의지가 부족하기 때문일 것이다.

둘째, 셋째의 실패에 대해서는 3장부터 9장까지 누누이 설명하여 왔다. 그런데 이제까지 지면을 할애하지 않은 실패 원인이 바로 첫 번째이다. 국내 SW기업의 영세성이 바로 실패의 원인이다. 정부의 역할은 두 번째와 세 번째 원인을 치유하는 것이 될 수는 없다. 정부가 어떤 시장이 좋다고 이야기할 수도 없고, 사장님들께 특정 시장에 진출하도록 등을 떠밀 수도 없다. 그러나 첫 번째 원인인 원래 죽기로 되어 있는 기업이 해외로 나가지 못하게 하는 것은 정부의 책무이다. 정부의 역할은 나가서는 안 될 기업이 해외로 나가는 것을 막아야 함과 동시에, 해외 시장을 확대할 수 있는 기업을 가능한 많이 해외로 나가게 해야 하는 것이라고 생각한다.

SW기업의 대형화

大禹治水의 정신

상해-북경 간 쾌속열차에서 우연히 만나서 이야기했던 중국분이 말해준 大禹治水의 신화이야기가 생각난다. 중국 고대 황제 大禹가 홍수를 다스리기 위하여 황하에 제방을 쌓아서 큰물을 막기보다, 반대로 물길을 터주면서 물이 흘러가도록 놓아두면서 치수를 했다는 신화이다. 이 大禹治水의 이야기는 해석하는 데에 따라 그 내용이 달라지겠지만 필자와 이야기했던 중국분의 의도는 중국 정부는 필요 없이 물길을 막으면서 방향을 조정하지만, 중국 기업의 글로벌화는 당연한 추세이므로 걱정할 것이 없다는 자신감의 표시이었다. 우리 정부도 大禹治水의 정신으로 제방을 만들어서 물길을 바꾸려는 노력보다 물길을 터주면서 가는 방향을 미리 알고 이에 대처하는 정신이 필요하다.

그러면 우리 기업의 글로벌화에 적절한 물길 방향은 어느 쪽인가?

대형화이다. 해외 시장에서 우리 기업의 존재는 눈에 띄지 않는다. 정부가 적극적으로 기업의 대형화를 유도하는 것이 어떨까 생각한다. 중국 정부와 같이 사회주의식 계획 경제 방법으로 기업을 대형화시킬 수는 없을 것이다. 중국은 아직도 국유기업이 대부분이기 때문에 이들 기업을 중심으로 대형화를 시킬 수 있으며 경제 계획에 명시적으로 적시할 수 있을 것이지만, 우리 정부가 강제적으로 통폐합을 실행하는 것은 불가능한 정책이다.

그 반면 정부의 정책 수단으로서 기업의 대형화를 유도하는 것은 가능하다. 예컨대 정부의 지원 정책의 선정 평가에서 기업의 운전자금 또는 순현금 흐름의 규모를 명시적인 평가기준으로 삼는 것도 한 방법이다. 중국 정부는 거대한 금액의 기술개발 자금의 지원에서 기업의 규모를 중요한 평가기준으로 삼아서 기업의 대형화를 유도하였다. 너무나 급속한 합병 및 전략적 제휴가 일어나서 이에 대한 부작용도 많이 나타나고 있다고 한다. 중국분의 말씀대로 중국 정부의 정책이 大禹의 治水 방법에 위반될지라도 대세를 밀고나가는 중국 정부의 일관성이 부러운 것도 사실이다.

내수 시장은 매우 포근한 시장이다.……
내수 시장 위주의 기업에서 해외 시장의 험난한
길로 들어갈 수 있는 기업으로 방향 전환을
하려면 기업의 치열한 노력과 정부의 지원이
필요하다. 가장 큰 방향 전환이 필요한 것은 기업
간 합종연횡에 대한 기업인의 태도이다.

외형이 신뢰를 낳는다

대형화가 해외 진출하는데 기본조건이라고 강조하였다. 그런데 이 주장을 뒤집어도 논리가 성립된다. 즉 해외 진출이 대형화를 유도한다. 해외에서 소규모 기업이 살아남을 수 있는가? 결국 대형화로 나갈 수밖에 없다.

내수 시장은 매우 포근한 시장이다. 일단 인맥으로 끈끈하게 맺어 놓은 고객들을 직판망을 통하여 관리하면 일정액의 매출이 꾸준히 발생하는 시장이다. 내수 시장 위주의 기업에서 해외 시장의 험난한 길로 들어갈 수 있는 기업으로 방향 전환을 하려면 기업의 치열한 노력과 정부의 지원이 필요하다.

기업의 방향 전환 중 가장 중요하고 시급한 것은 기업 간 합종연횡에 대한 기업인의 태도이다. 특히 직접 창업을 하여서 기업을 키워온 기업인의 태도가 중요하다. 기업을 창업할 때의 정신과 기업이 성숙기에 들어갔을 때의 기업가 정신은 달라야 한다. 창업할 때의 전문기술, 기업구조, 기업 지분 등에 대하여 가지고 있던 철학 또는 애착심을 버려야 재도약할 수 있다.

SW기업은 기술적 전문성이 있어서 다른 중소기업처럼 창업주 아들 대에 물려주기도 어려운 기업이다. 그렇다면 모든 것을 내려놓고 기업을 키울 생각을 하여야 하며, 기업을 키우려면 국내 시장은 좁다. 해외 시장 이외에는 없다. 그리고 해외 진출을 하려면 제품의 우수성도 중요하지만 기업 규모의 확대가 우선되어야 한다. 외형이 신뢰를 낳는 산업이 SW산업이기 때문이다.

요사이 빅데이터, 클라우드 컴퓨팅 등 신규 SW산업에서 이러한 "외연확장→기술 분야의 연계→해외진출"이라는 선순환(virtuous circle)의 분위기가 일어나고 있다고 생각한다. 글로벌화 하지 못하면 내수 시장도 내줄 수밖에 없다는 절박감이 SW기업인의 사고방식을 바꾸어 놓은 것이다. 아래는 엑셈이라는 기업의 합종연횡 전략에 대한 분석 기사이다. 필자가 주장하는 해외진출의 선순환 전략을 실시하고 있는 기업을 발견하여서 매우 기뻤다.

"한국 소프트웨어 시장은 아직까지 변방으로 다양한 솔루션들의 연합을 통해 대형 플레이어가 되겠다"는 목표에 따라서다. 이에 지난해 7월 데이터베이스를 직접 제작·사용하는 신시웨이를 인수했고 9월에는 인-메모리(IM) DB 기업 선재소프트의 지분 일부를 인수해 주요주주로 올라섰다. 11월에는 빅데이터·클라우스 서비스 전문기업인 아임클라우드의 지분을 인수했다. 빅데이터 기술에서 다양한 분석 결과를 시각화해 표현하는 개발사다. 가장 최근인 지난달에는 빅데이터 플랫폼 전문기업인 클라우다인을 인수, 종속회사로 편입시켰다. 이 회사가 내놓은 플라밍고는 빅데이터에서 인프라를 관리·관제하는 툴로 추가 제품의 개발 없이도 사용 가능한 완성도 높은 제품이라는 평가다. 조 대표는 엑셈을 중심으로 한 '연합군'을 통해 다양한 행사와 세미나를 열어 차츰 신인도를 확보할 방침이다. 중국에서는 현지 합작법인을 설립하고 성능관리 시장을 공략, 현지 증시 상장도 이루겠다는 계획이다(이데일리, 2016).

뭉쳐서 나가기 전략

캘리포니아에는 수천 개의 오렌지 농장이 있지만, 캘리포니아 오렌지 하면 우리는 오로지 Sunkist만 알고 있다. 6,000개의 농장이 연합하여 만든 브랜드이다. 그 반면 우리나라가 자랑하는 흰쌀(白米)의 브랜드는 1,383개이다. 즉 1,383개 지역 고유의 쌀 브랜드가 있다고 한다. 과연 이러한 브랜딩 전략을 가지고 우리 쌀을 해외로 수출할 수 있을까?

현재 중국 시장에서 가장 필요로 하는 제품 분야는 OS, middleware, DBMS와 같이 기초 SW에 관련된 것과 중국 정부의 정책에 따라서 추진하고 있는 IDC 운영, 스마트시티 건설 등과 같이 여러 HW와 SW가 합쳐져서 기능을 발휘하는 시스템기술 또는 융·복합 기술이다. 전자는 우리나라가 강한 분야가 아닐 뿐더러 글로벌 기업이 이미 시장에서 패권을 잡고 있기 때문에 우리에게 그림의 떡이지만, 후자의 시스템화, 융·복합된 SW의 진출은 그런대로 가능하다고 생각한다. 그러나 이러한 요구를 만족시키기 위해서는 여러 전문 분야를 담당하고 있는 SW기업들과 하드웨어 기업들이 협력을 하여야 한다. 이러한 협력을 하여서 시스템을 만들어 내거나 아니면 시범사업을 할 수 있는 수준의 협업체계를 만들어야 한다.

캘리포니아 오렌지 하면 우리는 오로지 Sunkist만 알고 있다. 6,000개의 농장이 연합하여 만든 브랜드이다. 그 반면 우리나라가 자랑하는 흰쌀(白米)의 브랜드는 1,383개이다.

스마트 씨티 사업 지원방안

스마트 시티 사업은 중국을 비롯하여 동남아시아, 동유럽, 중동 등 여러 지역의 지방자치 단체가 진행하고 있지만 개별 도시별로 추구하는 바가 모두 다르다. 예를 들면 발달된 지역에서는 민생에 도움이 되는 스마트 의료, 스마트 교육, 스마트 교통 등이 기본적인 레퍼토리인 반면, 새로운 도시를 건설하고자 하는 지역에서는 상하수도, 에너지관리 등 도시 인프라를 구축하는 방향으로 진행된다. 즉 이름은 하나지만 지역마다 원하는 솔루션은 상이하다.

중국, 동남아 시장 등 지역별로 다양한 요구사항은 국내 기업에게 매우 좋은 기회로 작용한다. 왜냐하면 지방자치단체별로 요구사항이 다르며 개별적인 접근이 가능하므로 지역 거점을 만들 수 있는 좋은 기회이다. 둘째, 고객의 요구사항을 필요에 맞게 적절히 제공하는 데 익숙한 우리 기업에게 맞는 방식이다. 우리 기업들은 요구에 맞게 IT 시스템 계획도(information system plan)를 만들어 줄 수 있는 능력을 가지고 있다.

사실상 우리 정부는 개도국을 대상으로 도처에서 ISP 또는 FS(feasibility study) 사업을 벌려왔다. 그러나 이 사업의 문제점은 ISP, FS가 본 사업으로 연계되는 확률이 낮다는 점이다. 그 이유 중의 하나는 사업 주체가 정부 유관기관들이기 때문에 본 사업의 연계에 크게 신경을 쓰지 않기 때문이다. 이 문제를 해결하기 위해서는 정부는 민간기업 중심의 기회발굴→FS→본 사업 연계의 순환과정을 새로이 마련하는 것이 필요할 것 같다.

스마트 시티 사업은 필요한 솔루션, 하드웨어 등은 매우 복잡하게 연결하여야 하는 시스템적인 요구를 가지고 있다. 예를 들어서 교통주차에 관한 스마트 시티 사업을 진행한다고 하면 교통주차 솔루션만이 필요한 것이 아니라 교통시설을 정비하여야 하므로 도로망에 IoT 네트워크가 깔려야 하고 주차장 시설과 연동이 되어야 하며, 센서들이 자동차를 인식하고 관리할 수 있는 솔루션이 있어야 하며, 전체적으로 통제할 수 있는 관제시스템이 있어야 한다. 따라서 여러 가지 SW 솔루션, 센서부품, 센서 인식장치, IDC 그리고 이를 관제할 수 있는 관제 시스템 등이 효과적으로 연동되어야만 완비되는 것이다. 따라서 이러한 사업에 참여하기 위해서는 여러 분야의 기업들이 상호 협력을 하여야만 가능하다. 특히 중국, 동남아 시장과 같이 무형자산을 인정하지 않는 시장에서는 SW보다 하드웨어를 앞세워서 나가야 하며, 기술 중에서도 가시적이고 외부에 보여줄 수 있는 기술이 앞장을 서야 한다.

뭉쳐나가기 전략

스마트 시티 사업에 참가하기 위해서는 여러 단계가 필요하다. 아래 그림에서는 가상적으로 스마트 시티 사업에 참여하기 위한 개념도를 그려 보았다. 〔그림 13〕에서 보듯이 우선 해외의 특정 지방정부(도시 甲)와 연계가 되는 링크 또는 거간꾼으로부터의 정보수집이 필요하다. 이러한 정보를 수집하는 기업은 IT서비스 기업이 될 수도 있고 특정 솔루션을 제공하는 기업이 될 수도 있다.

일반적으로 도시 甲이 기술적 능력을 가지고 있지 않기 때문에 해당 기업으로부터 사업타당성 분석(F/S) 및 프로젝트 제안요청서(RFP) 수립을 지원을 받는 것이 일반적인 관행이다. 이때 국내 기업 A가 해외 기업과 함께 이러한 작업을 지원하면서 도시 甲과 관계를 돈독히 할 것이다. 스마트 시티 사업의 성격상 기업 A의 능력만으로 사업을 수행할 수 없을 것이다. 기업 A는 국내에서 이러한 사업을 할 수 있는

그림 13 뭉쳐나가기 전략도

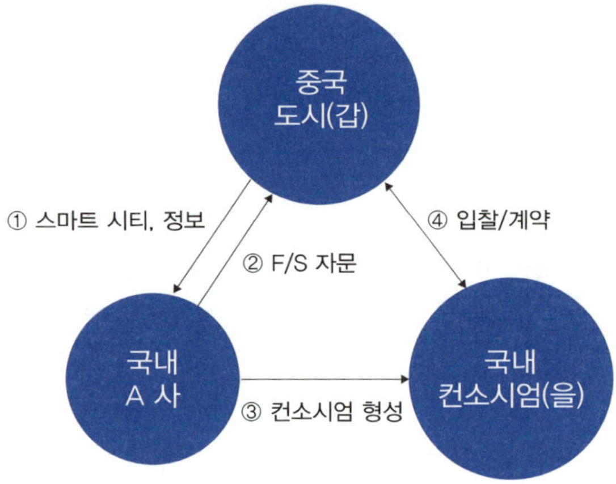

기업들과 접촉을 하게 될 것이며 이들과 여러 가지 협력관계를 통하여 사업 공동참여 컨소시엄을 형성하게 될 것이다. 결국 이 컨소시엄이 사업에 참여를 하게 된다.

정부의 컨소시엄 지원

이러한 프로세스는 매우 장기간 소요되며 개별 기업이 부담하기에는 적지 않은 자원이 소요된다. 이러한 점에서 정부의 지원이 당위성을 갖는다. 그러나 정부가 잘못 관여할 경우 시장왜곡이 있을 것이므로 지원 시기와 방식의 결정은 상황에 따라 달라지지만 아래와 같은 가이드라인을 정할 수 있다.

첫째, 가장 중요한 정부의 지원은 정보의 수집이다. 해외에서 정보수집은 매우 어렵다. 정부가 가지고 있는 채널을 이용하여서 정보를 수집하고 이를 적절한 방식으로 배포하여야 한다. 즉 KOTRA, 무역협회 등의 지사들이 해외 거점 도시에서 정보수집 작업을 하여야 한다.

특히 중국, 베트남 등과 같이 정부 또는 공산당이 모든 정보와 의사결정권을 쥐고 있는 사회주의 국가의 경우에는 공공기관 간 협약, MOU 등이 기업의 진출에 매우 중요한 역할을 한다. 우리나라의 정부가 직접 나서지 않더라도 협회 등이 적극적으로 나서서 기업의 진출에 발판을 만들어야 한다. 우리 정부는 이러한 활동을 많이 하는 협회를 적극적으로 밀어주는 프로그램을 강화해야 할 것이다.

둘째, 이러한 정보를 효과적으로 사용하여야 한다. 즉 필요 없는 경쟁을 방지하기 위해서 능력 있는 기업에게 이러한 정보의 제공이 이루어져야 한다. 우리나라 SW 및 IT시장은 왜곡되어 있어서 반드시 내수시장에서 큰 매출을 올리는 기업의 기술력이 좋다고 할 수 없다. 따라서 어떻게 이런 정보들을 적절한 기업에게 전달하는가에 묘책이 필요하다.

셋째, 컨소시엄을 만드는 일은 자원과 노력이 많이 들어간다. 특히 중심에 있는 기업은 많은 위험부담을 안으면서 자원을 투입하게 된다. 정부는 이러한 기업의 부담을 덜어주는 데에 지원의 초점을 맞추어야 한다. 이러한 지원이 없으면 반대급부는 크지만 개별 기업이 부담하는 비용의 과다로 인하여 적극적으로 나설 기업이 적을 것이다. 즉 시장의 실패를 막기 위하여 정부가 나서야 한다. 그 한 방안은 컨소시엄 가능성이 높은 이(異)업종 기업 간의 기술 교류를 활성화하여서 정보 소통 채널을 마련하여 주는 것이다.

넷째, 가장 적극적으로 정부가 나서는 방법은 국내의 지방정부와 해외의 지방정부 간에 협정을 맺고 국내 기업을 참여시켜서 지방정부의 요구사항을 만족시켜 주는 방식이다. 예를 들면 인천 송도 등의 U-city모델을 들고 해외의 주요 지방정부에게 접촉하여서 이 모델을 이식하여 주는 협약을 맺는 방식이다. 싱가포르 정부가 중국 정부와 협력하에 현재 진행하고 있는 천진의 생태도시(Sino-Singarpore Tianjin Eco-city) 건설이 바로 이러한 방식의 결과물이다(〈퍼온 글: 중국 톈진 생태도시 개발사업〉 참조).

다섯째, 스마트 씨티 컨소시움 지원 중에서 또 다른 강력한 지원은 현지에 우리 기업들의 발판을 마련하여 주는 것이다. 그 중에서 스마트 씨티와 밀접한 관계가 있는 사업은 IDC 구축 사업이다. 정부가 이러한 해외 IDC 구축에 직접 관여하거나 일부를 임대하여서 국내 기업인들을 위하여 사용하도록 하는 정책이 필요하다. 일본의 NTT 등은 이미 중국내에 자체 IDC를 가지고 있으며 일본 기업들이 사용하고 있다. 이 사업을 통하여 우리의 인터넷 관련 기업이 혜택을 볼 수 있을 뿐만 아니라 IDC 구축과 운영의 노하우를 스마트 씨티 사업에 응용하여 향후 확대 재생산이 가능하다고 생각한다.

해외 협력 거간꾼 양성 지원

중국 진출 기업이 모두 겪는 어려움 중의 하나는 초기 단계에 정보 수집이 어렵다는 점이다. 앞에서도 분석하였듯이 일회성 거간꾼들이 돌아다니며 연계를 맺어주었지만 우리 기업에게 효과적으로 전달되거나 연계되지 못하였다. 그렇다고 KOTRA 등의 현지 기관에서 국내 특정 기업을 위한 서비스를 해줄 수도 없으며 현실적으로 그러한 능력도 없다. 중국 내에서 활동하는 컨설팅 회사도 특정 기업을 위하여 조사하여서 분석한 자료를 줄 수 있을 만큼 공신력을 가지고 있지 못한 현실이다. 이처럼 중국은 정보수집의 불모지이다.

이러한 상황을 타개하기 위한 방법은 정부가 주도적으로 중국 사회에서 활동하는 한국계 인력을 국내 기업을 위한 정보를 제공하는 협력 거간꾼 또는 링크(link)로 양성하는 것이다.

중국 SW시장에서 활동하고 있는 소위 집토끼군 기업인들이 상당수 있다. 이들을 정책적으로 활용하여서 정식 링크 사업가들로 육성하여야 한다. 집토끼 기업인은 벌써 십여 년 동안 중국에서 사투를 벌이고 있다. 향후 이 분들이 사투 중에 쌓은 노하우를 활용하는 정책이 필요하다.

이 분들 중에는 중국에서 대학을 나오고 십 수 년 간 생활하면서 중국의 문화, 사회를 꿰뚫고 있으며 중국 기업인들과 꽌시를 맺고 있는 분이 다수 있다. 현재 일본 시장에서 활발한 활동을 하는 링크들의 출신이 후지쯔, 히타치 등 일본 기업이나 삼성 Japan 등에서 수십 년 동안 활동하던 분이라는 역사적 사례처럼, 중국 시장에서도 이 분들이 진정한 링크로서 활동할 시기가 오리라고 생각한다. 우리나라 기업들이 이분들을 활용할 수 있는 시기가 빨리 오기를 기다린다.

동남아시아와 동유럽에는 과거 종합무역상사에서 활동하다가 현지에 정착한 상사맨들이 많이 있다. 이들은 부분적으로 정부에서 운영하는 한인 네트워크 등에 연계되어 있지만 더욱 적극적으로 이들을 활용할 수 있는 방법을 강구해야 한다. 가장 좋은 방법은 링크 사업가로 육성하는 것이다. 중국의 집토끼군과 전 세계의 상사맨들을 활용하여서 내수 시장에서 벗어나고자 하는 기업인들을 도와주는 사업을 만들어야 한다. 중국 시장뿐만 아니라 동남아, 중동, 동유럽 등 우리 종합무역상사의 해외 진출의 역사가 깊은 지역에서 광범위하게 펼칠 필요가 있다.

현재 일본 시장에서 활발한 활동을 하는 링크들의 출신이 후지쯔, 히타치 등 일본 기업이나 삼성 Japan 등에서 수십 년 동안 활동하던 분이라는 역사적 사례처럼, 중국 시장에서도 이 분들이 진정한 링크로서 활동할 시기가 오리라고 생각한다.

링크 사업가 육성 방안

링크 사업가로 육성하는 방법에는 여러 가지 유형이 있지만 국가적 공신력을 줄 수 있는 방법이어야만 한다. 한 가지 방안으로 KOTRA 현지 지사 등 국가기관이 중심이 되어서 국내 기업들의 요구를 수합하고 개별 요구를 프로젝트화하여서 이러한 분들에게 연결하여 주는 것이다. 링크 후보자들에게 KOTRA의 파트 타임 계약직의 자격을 주고 기본적인 교육훈련을 시킨 후 국내 기업인의 요구가 있으면 이를 연계하여 주어서 장·단기적으로 지원을 하도록 하는 것이 좋은 방안

그림 14 링크 사업가 연계 방안

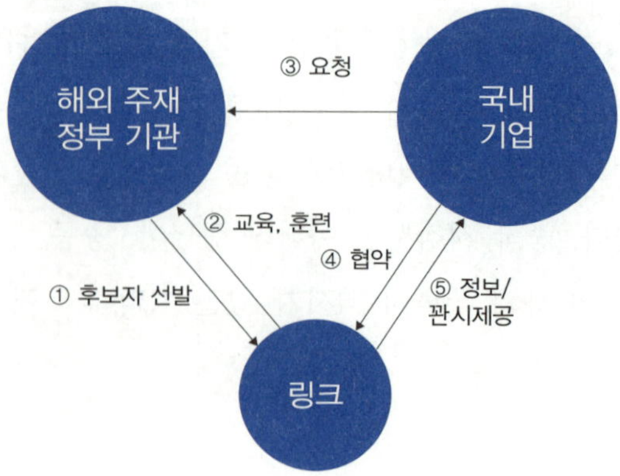

이다.

일단 링크들은 현지어에 유창할 뿐만 아니라 현지 사회에 익숙하기 때문에 국내 기업에서 우선적으로 기본 정보를 얻을 수 있으며 동시에 링크가 가지고 있는 꽌시를 이용할 수 있다. 비용 부담은 초기에는 정부지원이 가능하지만 일단 링크와 기업 간의 관계가 형성되고 비밀스러운 단계로 들어가면 정부 지원은 바람직하지 않으며, 동시에 이를 주관하는 정부기관도 참여를 하여서는 안 된다.

우리나라 정부에게 마지막 한마디

우리의 빨리빨리 바뀌기의 폐해

우리나라의 행정조직에 대한 가장 심각한 문제는, 우리도 잘 알다시피, 빨리빨리 바뀌기 관행이다. SW산업을 관장하는 부서는 1994년부터 쉬지 않고 바뀌어 왔다. 94년에 과학기술처에서 정보통신부로 이관되었고, 이어서 2008년에 정보통신부를 없애고 지식경제부로 SW산업 관련 기능을 모두 이관하였으며, 다시 2013년에 미래창조과학부라는 복잡 오묘한 이름의 부서를 만들어내면서 이 부처가 SW산업을 관장하고 있다.

필자와 인터뷰한 일본 관리들은 나이가 제법 들어있었으며, 과거지사를 샅샅이 알고 있는 점에서 부러우면서 놀랐다. 일본 공무원들은 우리 정부의 정책에 대한 칭찬과 더불어서 자신의 카운터파트인 우리의 공무원이 자주 바뀌는 것을 지적하기도 하였다.

필자가 조사 중에 놀란 것은 중국 공무원의 영속성이다. 흔히 철밥통(铁饭碗)이라고 표현하는데, 우리나라 정부의 국장 및 과장에 해당하는 司長 및 處長의 자리의 공무원 중에는 퇴직 때까지 움직이지 않고 있는 경우도 많이 있다고 한다. 우리의 장관에 해당하는 部長은 적어도 5년 이상 한자리에 있는 것이 일반적이다.[23]

우리나라 공무원들은 너무 빠른 순환보직을 하고 있다. 2~3년이 되기 전에 다른 보직으로 옮겨간다. 장관이 1~2년이 멀다하고 바뀌니 그 밑의 보직은 말할 것도 없다. 새로운 과장, 사무관이 올 때마다 SW산업이라는 어려운 주제를 맡아서 공부하고, 공부가 어느 정도 무르익어서 실제 적용할 때 쯤 되면 다른 보직으로 가는 것이 요즈음의 추세이다. 이런 상황에서 어떻게 좋은 정책이 입안될 수 있으며, 정책의 평가를 제대로 할 수 있겠는가?

새로운 과장, 사무관이 올 때마다 SW산업이라는 어려운 주제를 맡아서 공부하고, 공부가 어느 정도 무르익어서 실제 적용할 때 쯤 되면 다른 보직으로 가는 것이 요즈음의 추세이다.

정책을 만들면 끝인가?

빨리빨리 바뀌기의 또 다른 폐해가 있다. 실제로 실패로 끝난 정책사업들이 제법 있지만 누구도 비판대 위에 오르지 않는다. 이미 해당 보직을 떠나 있으니 평가받을 정책 입안자들도 없는 것이다. 예를 들

23 시진핑 정권에 들어와서는 인사이동이 이전에 비하여 잦아졌다. 특히 부패척결운동 이후 순환보직을 통하여 부패를 방지하고자 하는 노력을 보인다.

면 2000년대 초반 국내에는 전사적 자원관리(ERP) 소프트웨어 전문업체를 자처하는 회사들이 100여 개에 달한 적이 있다. 정부가 중소기업 정보화를 위해 정책자금을 풀면서, 눈먼 돈을 따먹기 위한 회사들이 좀비처럼 늘어났던 것이다. 우후죽순처럼 늘어났던 ERP 전문기업들도 시간이 흐르자 대부분 사라지면서 우리나라의 ERP 시장은 엉망이 되어 버렸다.

정부의 산하 기관이라도 굳건히 버티고 있으면 이러한 폐해를 막을 수 있다. 예를 들면 1971년도에 설립된 한국개발연구원(KDI)은 경제 정책에 관한한 50년 간 꾸준히 정부 부처를 지원하고 있는 소위 think-tank인 것이다. 그런데 과연 현재 시점에서 SW의 해외진출을 담당하는 산하기관이 있는가? 있다면 어느 기관인가? 필자도 현장에서 조사활동을 하고 있는데도 불구하고 누가 무엇을 하는지 잘 모르는 실정이니 기업인들은 오죽하겠는가. 산하기관만이라도 지속적으로 정책을 조언할 수 있도록 하여야 우리의 SW산업의 해외진출에 희망이 보일 것이다.

Born-global이 아니라 Born-again global

이러한 정부 보직 빨리빨리 바뀌기의 부작용은 비효과적인 정책을 과감히 집행한다는 것이다. 책임을 지는 분은 다음 또는 그 다음 보직자 일테니까 큰 염려 없이 대담하게 정책을 밀어붙인다. 이러한 정책 중의 대표적 예가 2000년대 초의 ERP정책이었고, 최근의 Born-global 드라이브이다.

현 정부에 들어와서 갑자기 이 단어가 유행하기 시작하였다. 국제경영학에서는 이미 오래 전부터 사용한 용어이다. 새로운 기업, 특히 생화학기업, IT기업이 태동하면서 바로 국제화하는 패턴을 Born-global이라고 칭하였다. 그러나 이를 패키지 SW산업에 적용해서는 안 된다고 생각한다.

그 반대로 상당한 현금흐름 및 투자여력이 없는 기업의 해외 진출을 자제시키는 것이 좋다. 물론 실리콘밸리와 같이 벤처캐피탈이 발달되어 있는 시장에서는 신생 기업이라도 세계 시장에 먹힐 것 같다면 거대 자금이 조달되고 해외 시장 네트워크가 형성될 수 있을 것이다. 그러나 이러한 생태계와 연계가 없는 우리나라의 현재 상황에서는 Born-global SW 기업의 해외 시장 진출은 백전백패이다.

Born-global의 또 다른 문제점은 레퍼런스의 부재이다. 현지 레퍼런스가 없다면 국내 레퍼런스라도 있어야 유통채널과의 접촉이 가능하다. *"일본에서는 현지 실적이 최저한의 거래 조건입니다. 그러나 일본 시장 진출을 추진하는 초기 단계에서는 실적이 없는 게 당연하므로 한국에서의 실적 사례를 설명하면 됩니다"*(KOTRA, 2012, 78쪽).

알티캐스트도 동일한 주장을 한다. *"국내에서 통하지 않는 것은 해외에서도 통하지 않으니, 여건이 된다면 충분히 국내에서 테스트해 본 다음 해외로 나가도 늦지 않다."*

Born-**again** global이 더욱 그럴 듯하다. 창업 후 내수 시장에만 전념하면서 제품을 안정화시킨 후 글로벌로 나가는 전략을 수립할 때 사용하는 용어이다. 기독교에서 나이가 꽤 들어서 기독교에 귀의하는 신자를 "born-again" 크리스천이라고 하는데 이를 빗대어서 만들어진 조어이다. Born-again global 기업이 많이 만들어져야 한다. 그리고 이를 도와주는 정책이 필요하다고 생각한다.

일본 기업인 曰, "한국 정부의 지원이 이렇게 세심하냐?"

일본 기업인 및 일본의 유관 협회 관계자 분들은 인터뷰를 하는 동안 우리나라의 SW산업 정책에 대하여 많은 관심을 보였다. 필자가 우리나라의 지원정책을 소개하니 이들은 한국의 지원정책이 매우 잘 되어 있고 일본 기업인으로서 부럽다는 말을 연발하였다. 특히 동경 IT 지원센터, 일명 iPark 동경(현 KOTRA 동경IT지원센터)이 가스미가세키(霞が関) 지역에 설치되어 있다는 말을 듣고는 "소오네(そうね)"를 연발하는 것이었다. 무슨 의미로 そうね라고 하는가 하고 직선적으로 물으니 겸연쩍어 하면서 대답을 하여 주었는데, 한국 정부의 정책이 매우 재미있고 대담하다는 것이다. 우선 해외에 직접 지원사무소를 차리고 지원하는 방식에 놀랐으며, 둘째, 그 위치가 관공서가 많은 지역이어서 일본 기업들은 사무실을 얻지 않는 곳인데 한국 정부의 방식은 매우 공격적이면서 독특하다는 평이었다.

사실상 iPark 동경이 입주해 있는 건물은 우리나라의 세종로 정부청사 주위와 유사한 위치이다. 문부성, 특허청 등 관공서에 둘러 싸여 있으며, 일본 수상 오피스가 눈 아래 보이는 공공기관이 있는 전형적인 위치이기 때문에 일본 기업인들의 반응도 이해가 된다. 그러나 아직까지도 임차하여 사용하는 것을 보면 국내의 소규모 기업을 위한 공간, 미팅장소 제공 등으로는 괜찮은 것 같고 우리나라 식으로 다소 공격적이고 담대하게 일본 속으로 들어가는 것도 나쁘지 않다고 생각한다.

Take the bull by the horns! (소뿔을 잡아야 황소를 잡을 수 있다)라는 미국 속담이 생각나는 대목이다.

퍼온 글

중국 톈진 생태도시 개발사업

현재 중국은 급격한 도시화 과정 속에 있다. 도시화율은 이미 50%를 넘어섰으며 2050년까지 77%에 다다를 것으로 예상되고 있다. 도시인구의 성장은 새로운 도시를 필요로 하며, 중국 정부는 Eco-city 개념을 신도시 개발에 도입해 실험 중에 있다. 2012년 중국 전역에 287개 생태도시개발사업이 진행 중이며, 톈진 생태도시는 그중 가장 성공적인 사례로 꼽히고 있다.

톈진 생태도시는 2007년 중국 정부와 싱가포르 정부가 합작해 시작한 도시개발사업으로, 30km²의 부지에 35만 명의 인구를 수용할 계획이다. 10~15년을 개발기간을 계획하고 있으며, 2020년을 개발이 완료되는 시점으로 예상하고 있다. (생략)

톈진 생태도시의 초기 투자자본금은 40억 위안이었으며, 중국과 싱가포르 정부가 각각 50%의 지분을 갖고 있다. 중국에서는 톈진 국유기업인 타이다(泰達)투자지주회사와 국가개발은행이 중심이 됐고, 싱가포르에서는 케펠(Keppel)그룹이 중심이 돼 컨소시엄을 구성했다. 중국 측의 50% 지분은 개발용 토지로 현물 출자이고, 싱가포르의 지분은 현금성 자본출자다.

2007년 11월 중국 정부와 싱가포르 정부가 개발협약에 서명한 이후 개발계획이 추진돼 2008년 9월 첫 삽을 뜨게 된다. 도시개발사업 이전에 이 지역은 바닷물과 오수의 유입으로 자연 환경적으로 개발 여건이 좋지 않았다. 따라서 개발가능지로 만들기 위한 기반시설 공사가 선행됐다. 현재 톈진 생태도시 개발이 진행 중이며, 2013년 현재 10만 명 정도의 주민이 살고 있다.

도시 계획에서는 R&D, 전력생산 및 환경보호, 문화 활동, 서비스 산업 등 네 가지를 주요 생산 활동으로 계획하고 있으며 첨단·고품질·고기술 등 전문 서비스 산업육성을 목표로 하고 있다. 특히 애니메이션 산업단지와 3D 영화단지, 행태과학단지, 정보산업단지를 활성화하고자 계획 중이다.

출처: 김형민(2013)

참고문헌

김범송(2015), 흑룡강신문, 2015년 1월 27일, (http://hljxinwen.dbw.cn)

김익수(2004), 중국투자론-이론과 실제, 박영사

김익환(2015), 글로벌 소프트웨어를 꿈꾸다, 한빛미디어

김현철(2005), 일본기업 일본마케팅, 법문사

김현철, 최상철(2006), 사례로 배우는 일본유통, 법문사

김형민(2013), 중국 톈진 생태도시 개발사업, 건축과 도시공간, n.12 (2013-12), 건축도시공간연구소, 100-103

남영호(2010), 일본진출 사례 분석을 통한 우리나라 SW기업의 해외 사회자본 축적과 재무적 성과와의 관계 연구, 경영교육연구 제 13권 제 3호, 한국경영학회

남영호(2014), 국내 SW기업의 일본 시장 진출, FKII Issue Report 2014-04, 한국정보산업연합회

남영호, 김인규, 윤일선(2014), 국내 SW기업의 해외진출을 지원하기 위한 해외거점 정책 연구, 정보기술아키텍처연구, 제 11권 제 1호, 한국엔터프라이즈아키텍처학회

남영호, 서용석(2008), 우리나라 SW제품의 해외진출 캐즘 분석: 일본과 중국 진출 기업을 대상으로, 2008 한국 IT서비스학회 추계학술대회 발표집, 151-160

디지털데일리(2015), 시디네트웍스 "CDN·클라우드 사업 확장, 글로벌 기업 성장 가속화", 디지털데일리, 2015. 5. 27

박수용, 조황희(2012), 국가 소프트웨어 경쟁력 향상 방안 연구: SW Roadmap, 조사연구 2012-13, 과학기술정책연구원

박태영, 김준연, 이근(2013), 중국과 인도의 혁신과 추격: 소프트웨어산업을 중심

으로, 진한엠엔비
아이티데일리(2016), 웨어밸리, 中 공공 연구기관과 데이터 기술 합작법인 설립, 2016. 1. 27 (http://www.itdaily.kr/news/articleView.html?idxno=74675)
유민호(2014), 일본 내면 풍경, 살림
이강만(2012), 소프트웨어제품 마케팅, 삼보아트
이데일리(2016), 엑셈, M&A 통해 연합군 구축…中증시 상장도 추진, 2016.1.19
이우광(2008), 일본시장 진출의 성공비결: 비즈니스 신뢰, 제이앤씨
이종윤(1984), 한국의 무역발전과 종합무역상사의 역할, 한국경제연구원 연구보고서
일본 컴퓨터시스템판매점 협회(2007), 소프트웨어의 유통에 관한 조사연구
전자신문(2014), 중국, 정부기관 윈도8 금지령, 전자신문, 2014.5.21, (http://www.etnews.com/20140521000140)
전규현(2014), 구멍가게 될텐가? 글로벌 SW기업 될텐가? 2014. 9. 22, (http://www.zdnet.co.kr/column/column_view.asp?artice_id=20140921172130)
정보통신산업진흥원(2011), 글로벌 SW기업 성공신화를 찾아서, 정보통신산업진흥원
정부연(2012), 국내 SW 정책현황과 시사점: 전략산업과 해외 진출 정책을 중심으로, 정보통신정책연구 제 24권 13호, 43-75
제니퍼소프트(2013), 제니퍼소프트의 홍보자료, 2013. 10. 30 (http://www.jennifer-soft.com/jennifersoft-news/article/page/1/show/ko/7456/show.html)
조병선, 조상섭(2014), 소프트웨어산업의 특징 및 구조변화에 대한 분석, 전자통신동향분석 제 29권 제 2호, 한국전자통신연구원
조성문(2013), 조성문의 실리콘밸리 이야기, (https://sungmooncho.com/2013/03/ 05/us-market-expansion/)
지은희(2014), 2014 소프트웨어 산업 실태조사 분석 연구, 연구보고서 2014-006, 소프트웨어정책연구소
티맥스소프트(2015), 티맥스소프트 홍보자료, 2015. 12. 16 (http://www.tmaxdata.com/info/storyTView.do?seq=58)
한국경제(2015), 난공불락 일본 금융시장 … 韓 증권·보험사들 사실상 '철수', 2015. 11. 10
한국소프트웨어산업협회(2009), 2010 한국 SW기업 일본진출 가이드북, 한국소프트웨어산업협회, 대한무역투자진흥공사 공동발간
한국소프트웨어산업협회(2012), 2012 국내 SW기업 일본진출 가이드북, 한국소프

트웨어산업협회
한국소프트웨어산업협회(2013), 국내 SW기업 해외진출 성공사례집, 한국소프트웨어산업협회
한국소프트웨어산업협회(2014), 2014년 국내 SW기업 중국진출 가이드북, 한국소프트웨어산업협회, 대한무역투자진흥공사 공동발간
Bech, H. P.(2015), Building Successful Partner Channels, TBK Publishing
CSIA(2014), Annual Report of Chian Software & Information Technology Service Industry, 中國軟件行業協會 (중국어판)
Economy Insight(2014), *중국 IT의 굴기- ② 은행권 위에 군림하는 IO*E, 52호, 2014. 8. 1
Fan, Y(2002), Questioning Guanxi: Defination, Classification and Implications, International Business Review, Vol 11, pp. 543-561.
KACI(2016), 중국 클라우드 산업동향, 한국클라우드산업협회, 2016. 4, (http://kcloud.or.kr/wp-content/uploads/2016/04/160413-중국-클라우드-산업정책-시장-기업-등-동향-KACI.pdf)
KIEF(2015), 구이저우성의 빅데이터산업 경쟁력, 대외 경제정책연구원, 2015, (http://csf.kiep.go.kr/news/M001000000/view.do?articleId=14243)
KOTRA 도쿄 IT지원센터(2012), IT기업 일본 시장 진출 내비게이터 (Q&A집), KOTRA 자료 12-017
Luo, Y.D. (1997), Guanxi and Performance of Foreign-invested Enterprises in China: An Empirical Inquiry, Management International Review, Vol. 37, 1997/1, pp. 51-70.
PwC(2010, 2013, 2014), PwC Global 100 Software Leaders, PwC
SPRI(2015), SW산업 주요 통계, 소프트웨어정책연구소
SPRI(2016), 2016 SW산업 전망과 대응, 소프트웨어정책연구소, 2016. 1. 13
Wang, B.(2014), The Blue Book on the Development of Software Industry in China (2013-2014), 중국전자신식산업발전연구원 편(주편자: 王鵬), 인민출판사 (중국어판)
新浪財經(2014), 2014 中国制造业企业500强发布: 国企纳税总额占81.95%
凤凰网财经(2014), 2014.4. 4 (http://finance.ifeng.com/a/20140414/12115897_0.shtml)

Korean SW, 세계가 무대다

지은이 남영호
펴낸이 윤동구
펴낸곳 창민사

출판등록 1999. 10. 28/제10-1846호
주소 서울시 마포구 구수동 68-2 대건빌딩 103호
전화 (02) 3272-1243~4
팩스 (02) 3272-1245
e-mail cmbooks@hanmail.net

2016년 6월 14일 초판 인쇄
2016년 6월 17일 초판 발행

ISBN 978-89-90359-88-9 93500